1000 मीडिया प्रश्नोज़री

1000 मीडिया प्रश्नोज़री

अनीश भसीन

सत्साहित्य प्रकाशन, दिल्ली

प्रकाशक : सत्साहित्य प्रकाशन, 205-बी चावड़ी बाजार, दिल्ली-110006
सर्वाधिकार : सुरक्षित / संस्करण : प्रथम, 2017 / मूल्य : चार सौ रुपए
मुद्रक : आर-टेक ऑफसेट प्रिंटर्स, दिल्ली ISBN 978-81-7721-318-8

1000 MEDIA PRASHNOTTARI *by* Anish Bhasin ₹ 400.00
Published by Satsahitya Prakashan, 205-B Chawri Bazar, Delhi-110006

पूजनीय

पिताजी **श्री हरीश चंद्र भसीन**

एवं

ममतामयी माँ **श्रीमती स्वर्ण भसीन**

के

श्रीचरणों में

सादर समर्पित।

भूमिका

प्रस्तुत पुस्तक '1000 मीडिया प्रश्नोत्तरी' आपके समक्ष प्रस्तुत करते हुए मुझे हार्दिक प्रसन्नता का अनुभव हो रहा है। मीडिया के क्षेत्र में बीसवीं शताब्दी के लगभग अंतिम दशक में एक विषय और एक व्यवसाय दोनों ही दृष्टियों से अभूतपूर्व विस्तार हुआ। वर्तमान में यह इलेक्ट्रॉनिक मीडिया, प्रिंट मीडिया, विज्ञापन, जन-संपर्क जैसे प्रचलित रूपों तक ही सीमित नहीं रहा है। आज उद्योग के क्षेत्र में दिन-प्रतिदिन होती प्रगति के साथ ही कॉरपोरेट कम्यूनिकेशन तथा ऑनलाइन (इंटरनेट) जर्नलिज्म के साथ-साथ सोशल मीडिया भी अस्तित्व में आ गया है।

अब थोड़ी चर्चा वस्तुनिष्ठ प्रश्नों पर। आज के भागम-भाग जीवन में सभी के पास समय का अभाव है। दूसरा, आज हर क्षेत्र में प्रतियोगिता का बोलबाला है। इसी को ध्यान में रखकर मीडिया से संबंधित समस्त महत्त्वपूर्ण जानकारी वस्तुनिष्ठ प्रश्नों के रूप दी गई है। प्रस्तुत पुस्तक को तैयार करते समय मीडिया से संबंधित उन सभी विषयों को सम्मिलित करने का प्रयास किया गया है, जिनके बारे में पाठकों को बहुत कम जानकारी है। प्रस्तुत पुस्तक में मीडिया : एक परिचय, विश्व पत्रकारिता, भारतीय पत्रकारिता, मुद्रण, समाचार-पत्र, रेडियो, एफ.एम. चैनल, टेलीविजन, टी. वी. चैनल, खोजी पत्रकारिता, वीडियो, फिल्म, न्यूज एजेंसियाँ (विश्व एवं भारतीय), सोशल मीडिया, सूचना प्रौद्योगिकी, दूरसंचार मीडिया, कानून, मीडिया संगठन, विज्ञापन एवं जन-संपर्क आदि से संबंधित एक हजार प्रश्न दिए गए हैं और हर प्रश्न के साथ चार विकल्प दिए गए हैं, जिनमें से एक सही है। कोई भी महत्त्वपूर्ण प्रश्नोत्तर छूटे नहीं, इसका यथासंभव ध्यान रखा गया है।

वर्ष 2013 में प्रकाशित अपनी शोधपरक प्रामाणिक पुस्तक 'मीडिया विश्वकोश'

(Media Encyclopedia) (कुल पृष्ठ 303) के कारण इस पुस्तक को तैयार करने में मुझे थोड़ी सुविधा हुई। उक्त पुस्तक के लिए काम करते समय मैंने जिन विषयों (अध्यायों पर शोधपरक सामग्री एकत्रित की थी, उनमें से कुछ अध्याय उस पुस्तक में नहीं जा सके। उन तथ्यों का भी समावेश प्रश्नोत्तर शैली में प्रस्तुत पुस्तक में किया गया है।

इस पुस्तक की विषय-वस्तु को उपयोगी बनाने के लिए मीडिया से संबंधित कई पुस्तकों से संदर्भ भी लिये गए हैं। इस महत्त्वपूर्ण सहयोग के लिए मैं इन पुस्तकों के लेखकों एवं प्रकाशकों का आभारी हूँ। साथ ही इस पुस्तक को तैयार करने में प्रमुख स्रोत इंटरनेट (Internet) का रहा है।

आशा है कि यह पुस्तक मीडिया एवं पत्रकारिता के संदर्भ में सामान्य जानकारी की इच्छा रखनेवाले पाठक से लेकर संबंधित क्षेत्र के विद्यार्थियों एवं मीडिया विषयक विभिन्न प्रतियोगी परीक्षाओं के लिए (जैसे यू.जी.सी. नेट) विशेष रूप से उपयोगी सिद्ध होगी। इसके अतिरिक्त मीडियाकर्मी, संपादक-उपसंपादक, संवाददाता/रिपोर्टर एवं लेखक आदि भी इस महत्त्वपूर्ण पुस्तक का लाभ उठाएँगे।

यदि इस पुस्तक में कोई कमी किसी पाठक को दिखे तो कृपया मेरा ध्यान दिलाने का कष्ट अवश्य करें।

सुझाव सदैव सादर आमंत्रित हैं।

—अनीश भसीन

एफ-84, लाजपत नगर-2,
नई दिल्ली-110024
मो.-9910754643

अनुक्रम

मीडिया : एक परिचय

1. प्रतिष्ठित 'टाइम पत्रिका' (Time Magazine) ने वर्ष 2014 के लिए 'पर्सन ऑफ द ईयर' (Person of the year) किसे घोषित किया है?
   (क) पोप फ्रांसिस (ख) बराक ओबामा
   (ग) इबोला (घ) द प्रोटेस्टर
2. संयुक्त राष्ट्र (महासभा) ने वर्ष 2015 को किस वर्ष के रूप में घोषित किया है?
   (क) लघु द्वीपीय राष्ट्र विकास वर्ष (year of Small is land Developing States)
   (ख) अंतरराष्ट्रीय प्रकाश वर्ष व मृदा वर्ष (International Year of Light)
   (ग) अंतरराष्ट्रीय सहकारिता वर्ष (International Year of Co-operatives)
   (घ) अंतरराष्ट्रीय वन वर्ष (International Year Forests)
3. यूनेस्को (UNESCO) ने किस शहर को वर्ष 2015 के लिए वैश्विक पुस्तक राजधानी (World Book Capital) घोषित किया है?
   (क) नई दिल्ली (भारत)
   (ख) इंपिऑन (द. कोरिया)
   (ग) लीमा (पेरू)
   (घ) बर्लिन (जर्मनी)

उत्तर के लिए कृपया पृष्ठ सं. 229 देखें।

4. निम्नलिखित में से किस भारतीय मूल के अमेरिकी को वर्ष 2014 के 'पुलित्जर पुरस्कार' से सम्मानित किया गया है?
(क) विजय शेषाद्रि (ख) श्रीकांत श्रीनिवासन
(ग) सिद्धांत मुखर्जी (घ) दलवीर भंडारी

5. यूनेस्को का 'गुइलेर्मो कानो प्रेस फ्रीडम पुरस्कार' (Guillermo Cano Press Freedom Prize) (वर्ष 2014) का किसे दिया गया है?
(क) अहमत सिक (टर्की)
(ख) अहमद जैदाब्डी (ईरान)
(ग) लिडिया रिबेरिया (मेक्सिको)
(घ) ईनुल्ला फातुल्लायेव (अजरबैजान)

6. फोन हैकिंग के आरोप के पश्चात् ब्रिटेन के किस प्रसिद्ध (168 वर्ष पुराने) साप्ताहिक टैबलायड समाचार-पत्र का प्रकाशन जुलाई 2011 में बंद कर दिया गया है?
(क) न्यूज वीक (News Week)
(ख) न्यूज ऑफ द वर्ल्ड (News of the world)
(ग) द गार्जियन (The Guardian)
(घ) वीकली न्यूज (Weekly News)

7. लगातार गिरती बिक्री और आर्थिक नुकसान के चलते किस प्रसिद्ध (लगभग 80 वर्ष पुरानी) अमेरिकी पत्रिका का प्रकाशन वर्ष 2012 में बंद कर दिया गया है?
(क) न्यूज ऑफ द वर्ल्ड
(ख) न्यूज वीक
(ग) पॉलिटिकल वीकली न्यूज
(घ) डेली न्यूज

8. लगभग 244 वर्षों तक लगातार प्रकाशित होती रही लोकप्रिय 'एनसाइक्लोपीडिया ब्रिटैनिका' (Encyclopedia Britannica) का प्रिंट प्रकाशन किस वर्ष से बंद कर दिया गया है?
(क) सन् 2008 से (ख) सन् 2009 से
(ग) सन् 2010 से (घ) सन् 2012 से

उत्तर के लिए कृपया पृष्ठ सं. 229 देखें।

9. अमेरिका के किस समाचार-पत्र को उसके स्वामियों ने अगस्त 2013 में 25 करोड़ डॉलर में बेच दिया है?
   (क) न्यूयॉर्क टाइम्स (New York Times)
   (ख) वाशिंगटन पोस्ट (Washington Post)
   (ग) द वॉल स्ट्रीट जर्नल (The Wall Street Journal)
   (घ) न्यूयॉर्क पोस्ट (New York Post)

10. निम्नलिखित में से किस देश ने जून 2012 से विकिलीक्स (Wikileaks) के संस्थापक जूलियन असांजे को अपने लंदन स्थित दूतावास से राजनीतिक शरण दी हुई है?
    (क) चीन (ख) इक्वाडोर
    (ग) ऑस्ट्रेलिया (घ) रूस

11. अमेरिका (USA) की खुफिया एजेंसी के गुप्त सर्विलांस कार्यक्रम का खुलासा (या) सूचनाएँ लीक (Leak) करनेवाले एडवर्ड स्नोडेन (Edward Snowden) को किस देश ने 1 अगस्त, 2013 में राजनीतिक शरण प्रदान की है?
    (क) क्यूबा (ख) रूस
    (ग) उत्तरी कोरिया (घ) इक्वाडोर

12. यूनाइटेड किंगडम (UK) से स्वतंत्रता या उसमें बने रहने के सवाल पर 18 सितंबर, 2014 को जनमत-संग्रह (referendum) कहाँ हुआ था?
    (क) क्रीमिया में
    (ख) केरोलोनिया में
    (ग) स्कॉटलैंड में
    (घ) कोसावो में

13. 'टाइम्स पत्रिका' (Times Mage.) की वर्ष 2014 के सर्वश्रेष्ठ आविष्कारों की सूची में किसे स्थान दिया गया है?
    (क) भारत के मंगल यान को
    (ख) भारत के सुपर कंप्यूटर को
    (ग) भारत के परमाणु परीक्षण को
    (घ) उपर्युक्त में से कोई नहीं

उत्तर के लिए कृपया पृष्ठ सं. 229 देखें।

14. निम्नलिखित में से किस वर्ष सोशल नेटवर्किंग साइट फेसबुक (Facebook) ने अपनी स्थापना के 10 वर्ष पूरे किए?

(क) सन् 2006 में (ख) सन् 2008 में

(ग) सन् 2011 में (घ) सन् 2014 में

15. प्रधानमंत्री नरेंद्र मोदी भारत की पहली राजनीतिक शख्सियत हैं, जिनके ट्विटर फॉलोअर (Twitter Follower) की संख्या सर्वाधिक है। निम्नांकित में से वर्तमान में (फरवरी 2015 के अंत तक) मोदी के ट्विटर फॉलोअर की संख्या लगभग कितनी है?

(क) 50 लाख (ख) 60 लाख

(ग) 75 लाख (घ) एक करोड़

16. सन् 2020 के आसपास वायलेस '5जी' (पाँचवीं पीढ़ी-5G) की इंटरनेट सेवा अस्तित्व में आ जाएगी। निम्नलिखित में से '5जी' के संबंध में कौन-सा तथ्य सही होगा?

(क) 5 जी की गति 4 जी के मुकाबले एक हजार गुना तेज होगी।

(ख) 7 अरब लोग इसके (5G) जरिए इंटरनेट से जुड़ पाएँगे।

(ग) 90 प्रतिशत ऊर्जा की बचत होगी तथा जीरो समय डाउनलोड में लगेगा।

(घ) उपर्युक्त सभी।

17. वर्तमान में माइक्रोसॉफ्ट (Microsoft) के नए मुख्य कार्यकारी अधिकारी (CEO) कौन हैं?

(क) दलवीर भंडारी (ख) कमलेश शर्मा

(ग) प्रेम वत्स (घ) सत्या नडेला

18. 12 मार्च, 2014 को 'वर्ल्ड वाइड वेब (www) को अस्तित्व में आए कितने तर्ष पूर्ण हुए हैं?

(क) 20 वर्ष (ख) 25 वर्ष

(ग) 30 वर्ष (घ) 40 वर्ष

19. अक्तूबर 2014 में प्रसार भारती (Prasar Bharti) का नया चेयरमैन (Chairman) किसे नियुक्त किया गया है?

(क) नृपेंद्र मिश्र (ख) वेद प्रताप वैदिक

(ग) सूर्य प्रकाश (घ) मृणाल पांडे

उत्तर के लिए कृपया पृष्ठ सं. 229 देखें।

20. आई.एन.एस. (INS) की 75वीं आम बैठक में वर्ष 2014-15 के लिए इंडियन न्यूजपेपर सोसाइटी का अध्यक्ष किसे चुना गया है?
(क) किरण बी. वडोदरिया (ख) सूर्य प्रकाश
(ग) रावुरी भारद्वाज (घ) वी.एस. संपत

21. जनवरी 2015 में सेंसर बोर्ड (Censor Board) का नया अध्यक्ष किसे नियुक्त किया गया है?
(क) लीला सैमसम
(ख) पहलाज निहलानी
(ग) विश्वनाथ प्रसाद तिवारी
(घ) के. के. चक्रवर्ती

22. भारत का 45वाँ अंतरराष्ट्रीय फिल्म महोत्सव नवंबर 2014 में कहाँ संपन्न हुआ?
(क) मुंबई (ख) हैदराबाद
(ग) गोवा (घ) चंडीगढ़

23. निम्न में से कब भारतीय सिनेमा (Indian Cinema) ने अपनी स्थापना के 100 वर्ष (शताब्दी वर्ष) पूरे किए हैं?
(क) 3 मई, 2013 (ख) 13 दिसंबर, 2013
(ग) 3 मई, 2014 (घ) 13 दिसंबर, 2014

24. निम्न में से सर्वप्रथम पैगंबर मोहम्मद साहब के व्यंग्य भरे कार्टून सितंबर, 2005 में यूरोप के किस समाचार-पत्र में प्रकाशित हुए थे?
(क) ब्रिटेन के 'डेली टेलीग्राफ' में
(ख) डेनमार्क के 'जॉयलैंड पोस्ट' में
(ग) स्वीडन के 'ऑडीनरी पोस्ट' में
(घ) जर्मनी के 'बोशिस्त्र जेतुंग' में

25. फ्रांस के किस बहुचर्चित साप्ताहिक अखबार के पेरिस स्थित संपादक पर 7 जनवरी, 2015 को आतंकी हमला हुआ, जिसमें संपादक सहित 10 पत्रकार मारे गए?
(क) ली मोनडे (ख) द पेरिस वीकली
(ग) चार्ली एबदी (घ) जॉयलैंड पोस्ट

उत्तर के लिए कृपया पृष्ठ सं. 229 देखें।

26. भारत में मंगल मिशन का मजाक (कार्टून द्वारा) उड़ानेवाले अमेरिका के किस समाचार-पत्र ने अक्तूबर 2014 में माफी माँगी है?
(क) वॉल स्ट्रीट जर्नल (ख) द वॉशिंगटन पोस्ट
(ग) द न्यूयॉर्क पोस्ट (घ) द न्यूयॉर्क टाइम्स

27. भारतीय कॉमिक्स (comics) के कई मशहूर पात्रों (जैसे चाचा चौधरी, साबू, पिंकी आदि) के रचयिता किस कार्टूनिस्ट का निधन 7 अगस्त, 2014 को हुआ है?
(क) आर.के. लक्ष्मण (ख) शंकर
(ग) कुट्टी (घ) प्राण

28. दिसंबर 2008 में तत्कालीन अमेरिकी राष्ट्रपति जॉर्ज बुश की इराक यात्रा के दौरान बगदाद में उनकी एक पत्रकार वार्त्ता में उन पर जूता फेंकनेवाला इराकी टी.वी. पत्रकार कौन था?
(क) अहमद करीम (ख) मुंतजर अल जैदी
(ग) अली अब्दुस्सलाम (घ) महमूद अहमदीनेजाद

29. वर्तमान में ब्रिटिश ब्रॉडकास्टिंग कॉरपोरेशन (BBC) ट्रस्ट के चेयरमैन कौन हैं?
(क) जिम योंग किम (Jim Yong Kin)
(ख) रॉबर्टो एजेवेदी (Robirto Azevedo)
(ग) महारानी एलिजाबेथ II (Queen Elizabeth II)
(घ) रोना फेयरहेड (Rona Fairhead)

30. जेम्स बॉण्ड (James Bond) शृंखला की 23वीं फिल्म (वर्ष 2012 में) स्काई फॉल (Sky fall) में जेम्स बॉण्ड की भूमिका किस अभिनेता ने निभाई है?
(क) रोजर मूर (ख) डेनियल क्रेग
(ग) टिमोथी डाल्टन (घ) पियर्स ब्रॉसनन

31. इसलाम-विरोधी फिल्म के विरोध में किस देश में अमेरिकी वाणिज्य दूतावास पर प्रदर्शनकारियों के हमले में अमेरिकी राजदूत की मृत्यु 11 सितंबर, 2012 को हुई थी?
(क) इराक (ख) लीबिया
(ग) सीरिया (घ) लेबनान

उत्तर के लिए कृपया पृष्ठ सं. 229 देखें।

32. भारत के जाने-माने लेखक, पत्रकार व स्तंभकार खुशवंत सिंह, जिनका निधन 20 मार्च, 2014 को (नई दिल्ली में) हुआ। निम्न में से उनके संबंध में कौन सा कथन गलत है?
(क) खुशवंत सिंह की सबसे चर्चित पुस्तक 'ट्रेन टू पाकिस्तान' है।
(ख) वह अंग्रेजी साप्ताहिक 'इलेस्ट्रेटेड वीकली' तथा 'हिंदुस्तान टाइम्स' के संपादक रहे।
(ग) खुशवंत सिंह ने स्वर्ण मंदिर (अमृतसर) में सेना के ऑपरेशन ब्लू स्टार के विरोध में सन् 1984 में 'पद्म भूषण' सम्मान लौटा दिया था।
(घ) खुशवंत सिंह को वर्ष 1999 में (गुरदयाल सिंह के साथ) 'ज्ञानपीठ पुरस्कार' से सम्मानित किया गया।

33. भारत के विख्यात कार्टूनिस्ट आर.के. लक्ष्मण, जिनका निधन जनवरी 2015 में हुआ था। निम्न में से आर.के. लक्ष्मण का पूरा नाम क्या था?
(क) राघव कुमार लक्ष्मण
(ख) राजाराम कृष्ण लक्ष्मण
(ग) रासीपुरम कृष्णस्वामी लक्ष्मण
(घ) रमाकांत लक्ष्मण

34. डी.डी. डायरेक्ट प्लस (D.D. Direct Plus) का नाम बदलकर वर्ष 2014 के अंत में क्या किया गया है?
(क) फ्री डिश (Free dish)
(ख) डिश टी.वी. (Dish TV)
(ग) डायरेक्ट डिश (Direct Dish)
(घ) बिग टी.वी. (Big TV)

35. सी.जे. नेल्सन रिसर्च इन कॉरपोरेशन के एक सर्वेक्षण के अनुसार, एक सामान्य पाठक (Reader) एक मिनट में औसतन कितने शब्द पढ़ सकता है?
(क) 150 शब्द (ख) 200 शब्द
(ग) 250 शब्द (घ) 300 शब्द

उत्तर के लिए कृपया पृष्ठ सं. 229 देखें।

36. अंग्रेजी भाषा का 1 मिलियन (10 लाख वाँ) शब्द बनने का सम्मान किसे प्राप्त है?
   (क) स्लमडॉग (Slumdog)
   (ख) वेब 2.0 (Web 2.0)
   (ग) जय हो (Jai Ho)
   (घ) ट्विट (Tweet)

37. संयुक्त राज्य अमेरिका के किस समाचार-पत्र ने वर्ष 2013 में 150 वर्ष पूर्व की गई एक संपादकीय टिप्पणी की गलती को स्वीकार किया है, जिसमें पत्र ने अब्राहम लिंकन के नवंबर 1863 के संबोधन (टाइमलेस स्पीच) को मूर्खतापूर्ण कहा था?
   (क) द पैट्रियॉट न्यूज (ख) पेनसिल्वेनिया गजट
   (ग) बोस्टन न्यूज लेटर (घ) न्यूयॉर्क सन

38. जनवरी 2014 तक भारत में टेलीफोन (Telephone) उपभोक्ताओं की कुल संख्या लगभग कितने करोड़ थी?
   (क) 72 करोड़ (ख) 82 करोड़
   (ग) 86 करोड़ (घ) 92 करोड़

39. ट्राई (TRAI) के ताजा आँकड़ों के अनुसार, देश में सबसे बड़ी मोबाइल सेवा-प्रदाता कंपनी भारती एयरटेल (Airtel) है। वर्तमान में मोबाइल फोन सेवा बाजार में उसकी हिस्सेदारी कितने प्रतिशत है?
   (क) 20.1 प्रतिशत (ख) 24.3 प्रतिशत
   (ग) 28.1 प्रतिशत (घ) 37.2 प्रतिशत

40. निम्न में से अमेजन (Amazon.com), जो अमेरिका की एक बहुराष्ट्रीय इलेक्ट्रॉनिक कॉमर्स कंपनी है, के संबंध में कौन सा कथन सही है?
   (क) अमेजन की स्थापना (सन् 1995 में) जेफ बेजस (Jeff Bezus) द्वारा हुई थी। वही इसके संस्थापक हैं।
   (ख) अमेजन (Amazon) विश्व की सबसे बड़ी ऑनलाइन रिटेलर कंपनी है।
   (ग) अमेजन द्वारा वर्ष 2007 में किंडल (Amazon kindle) रिलीज किया गया, जो एक ई-बुक रीडर (e-book reader) है।
   (घ) उपर्युक्त सभी।

उत्तर के लिए कृपया पृष्ठ सं. 229 व 230 देखें।

41. 'वर्ल्ड प्रेस फ्रीडम इंडेक्स' (World Press Freedom Index) में 179 देशों की सूची में भारत का कौन सा स्थान (वर्ष 2013 में) रहा है?
(क) 100वाँ (ख) 120वाँ
(ग) 140वाँ (घ) 160वाँ

42. वर्ष 2013 में प्रेस एवं पुस्तक पंजीकरण अधिनियम में संशोधन (PRB Amendment Act) कर क्या प्रावधान किया गया है?
(क) समाचार-पत्रों में उप-संपादक (Sub Editor) का नाम अनिवार्य रूप से दिया जाए।
(ख) पेड न्यूज (Paid News) छापनेवाले प्रकाशन का पंजीकरण रद्द कर दिया जाए।
(ग) किसी समाचार-पत्र में 10 प्रतिशत से अधिक विज्ञापन न दिया जाए।
(घ) किसी भी समाचार-पत्र को प्रारंभ करने से पूर्व प्रेस कौंसिल ऑफ इंडिया में उसका पंजीकरण (Registration) कराया जाए।

43. 14 जुलाई, 2013 से भारतीय डाक की कौन सी सेवा अंततः 163 वर्ष के बाद बंद कर दी गई है?
(क) पेजर सेवा (ख) अंतरदेशीय पत्र सेवा
(ग) टेलीग्राम (घ) किसान विकास पत्र

44. निम्न में से किस मीडिया/प्रेस संगठन की प्लेटिनम जुबली (75वीं वर्षगाँठ वर्ष 2014 में मनाई गई?
(क) इंडियन वर्किंग जर्नलिस्ट यूनियन
(ख) इंडियन न्यूजपेपर सोसाइटी (INS)
(ग) ऑल इंडिया एडिटर्स एसोसिएशन
(घ) प्रेस इन्फॉरमेशन ब्यूरो (PIB)

45. नए राष्ट्रीय मीडिया सेंटर (National Media Center) का उद्घाटन प्रधानमंत्री मनमोहन सिंह द्वारा कब किया गया?
(क) 13 जून, 2010 (ख) 11 दिसंबर, 2011
(ग) 24 अगस्त, 2013 (घ) 13 मार्च, 2014

उत्तर के लिए कृपया पृष्ठ सं. 230 देखें।

46. विश्व स्तर पर मीडिया के अवतरण का सही क्रम कौन सा विकल्प प्रदर्शित करता है?
   (क) रेडियो — समाचार-पत्र — टी.वी. — इंटरनेट
   (ख) रेडियो — टी.वी. — समाचार-पत्र — इंटरनेट
   (ग) समाचार-पत्र — रेडियो — टी.वी. — इंटरनेट
   (घ) समाचार-पत्र — रेडियो — इंटरनेट — टी.वी.
47. निम्न में से किसे 'इंटरएक्टिव मीडिया' की संज्ञा प्रदान की जा सकती है?
   (क) कंप्यूटर (ख) उपग्रह
   (ग) सेल्युलर फोन (घ) उपर्युक्त सभी
48. एशिया (ASIA) में पहला पत्रकारिता विश्वविद्यालय 'माखनलाल चतुर्वेदी राष्ट्रीय पत्रकारिता' की स्थापना कहाँ हुई है?
   (क) भोपाल (मध्य प्रदेश)
   (ख) पुणे (महाराष्ट्र)
   (ग) कोलकाता (प. बंगाल)
   (घ) नई दिल्ली
49. निम्न में से पत्रकारिता को जनतंत्र/लोकतंत्र व्यवस्था में क्या कहा जाता है?
   (क) जनवाणी (ख) लोक संग्रह
   (ग) चतुर्थ स्तंभ (घ) जनमत
50. भारतीय पत्रकारिता के संबंध में कौन सा कथन सही है?
   (क) भारतीय पत्रकारिता का जन्म कोलकाता में हुआ था।
   (ख) भारतीय पत्रकारिता का गुरु राजा राममोहन राय को कहा जाता है।
   (ग) बँगला भाषा भारत में भाषा पत्रकारिता का पथ-प्रदर्शक बनी।
   (घ) उपर्युक्त सभी।
51. निम्न में से 'हिंदी पत्रकारिता दिवस' प्रतिवर्ष कब मनाया जाता है?
   (क) 11 जनवरी (ख) 3 मई
   (ग) 30 मई (घ) 30 जून

उत्तर के लिए कृपया पृष्ठ सं. 230 देखें।

52. निम्न में से प्रिंट मीडिया (Print Media) और ब्रॉडकास्टिंग मीडिया में (Broadcasting Media) क्या अंतर है?
(क) प्रिंट मीडिया बहुत खर्चीला है, जबकि ब्रॉडकास्टिंग मीडिया कम खर्चीला है।
(ख) प्रिंट मीडिया सभी मुद्दों का ध्यान रखता है, जबकि ब्रॉडकास्टिंग मीडिया केवल राजनीतिक मुद्दों/विषयों का।
(ग) प्रिंट मीडिया मुद्रण के लिए पुरानी तकनीक का इस्तेमाल करता है, जबकि ब्रॉडकास्टिंग मीडिया हमेशा प्रसारण हेतु आधुनिक तकनीकों का इस्तेमाल करता है।
(घ) प्रिंट मीडिया स्थान-अभिप्रेरित है, जबकि ब्रॉडकास्टिंग मीड़िया समय (Time) अभिप्रेरित है।

53. विभिन्न प्रकार के मीडिया के लोकप्रिय होने के कालक्रम को कौन सा विकल्प प्रदर्शित करता है?
(क) बी, कास्टिंग — प्रिंटिंग प्रेस — नेरोकास्टिंग — वेब कास्टिंग
(ख) बी, कास्टिंग — प्रिंटिंग प्रेस — वेब कास्टिंग — नेरोकास्टिंग
(ग) प्रिंटिंग प्रेस — नेरोकास्टिंग -- बी, कास्टिंग — वेब कास्टिंग
(घ) प्रिंटिंग प्रेस — बी, कास्टिंग — वेब कास्टिंग — नेरोकास्टिंग

54. निम्न में से किस देश की मीडिया संक्रमण के दौरे से गुजर रही है?
(क) ऑस्ट्रेलिया (ख) संयुक्त राज्य अमेरिका
(ग) भारत (घ) चीन

55. संचार (Communication) के संबंध में कौन सा कथन सही है?
(क) संचार की दुनिया में वर्ष 1980 से 1990 का दशक 'संचार दशक' कहलाता है।
(ख) संचार की दुनिया में वर्ष 1991 से 2000 का दशक 'सूचना क्रांति' दशक कहलाता है।
(ग) संचार की दुनिया में वर्ष 2001 से 2010 का दशक 'ई-कन्वर्जेंस' का दशक कहलाता है।
(घ) उपर्युक्त सभी।

56. निम्न में से किसे ब्रॉडबैंड संचार माध्यम माना जाता है?
(क) माइक्रोवेव सर्किट (ख) कोएक्सियल केबल
(ग) फाइबर ऑप्टिकल केबल (घ) उपर्युक्त सभी

उत्तर के लिए कृपया पृष्ठ सं. 230 देखें।

57. भारत में (संचार) प्रणालियों के विकास का सही अनुक्रम क्या है?
(क) उपग्रह संचार प्रणाली, मोबाइल संचार प्रणाली, जलगर्भीय संचार प्रणाली, सेल्युलर संचार प्रणाली।
(ख) सेल्युलर संचार प्रणाली, उपग्रह संचार प्रणाली, जलगर्भीय संचार प्रणाली, मोबाइल संचार प्रणाली।
(ग) सेल्युलर संचार प्रणाली, जलगर्भीय संचार प्रणाली, उपग्रह संचार प्रणाली, मोबाइल संचार प्रणाली।
(घ) मोबाइल संचार प्रणाली, सेल्युलर संचार प्रणाली, उपग्रह संचार प्रणाली, जलगर्भीय संचार प्रणाली।

58. निम्न में से कौन सा देश ब्रॉडबैंड सेवा को (1 जुलाई, 2010 से) मूल अधिकार घोषित करनेवाला विश्व का प्रथम देश बना है?
(क) भारत (ख) ऑस्ट्रेलिया
(ग) जापान (घ) फिनलैंड

59. निम्न में से किसे विश्व का सबसे सस्ता टैबलेट पी.सी. (Personal Computer) माना जाता है?
(क) गंगोत्री (ख) मैत्री
(ग) आकाश (घ) विद्यार्थी

60. पेड न्यूज स्कैंडल (Paid News Scandal) की जाँच करने हेतु 'प्रेस काउंसिल ऑफ इंडिया (भारतीय प्रेस परिषद्) द्वारा गठित द्वि-सदस्यीय उप-समिति के दो सदस्य कौन थे?
(क) पी. साईंनाथ तथा अरुण पुरी
(ख) विनोद दुआ तथा अनुपम खेर
(ग) प्रणंजय गुहा तथा बरखा दत्त
(घ) शर्मिला टैगोर तथा के. रेड्डी

61. निम्नलिखित में से किस मीडिया विशेषज्ञ का यह वाक्य कि 'माध्यम (मीडिया) ही संदेश है' (Media is the message) एक विश्वविख्यात मुहावरा बन चुका है?
(क) डेनिस मैकवेल (ख) माइकेल वुल्हर
(ग) मार्शल मैक्लुहान (घ) हेरॉल्ड डी. लॉसवेल

उत्तर के लिए कृपया पृष्ठ सं. 230 देखें।

62. निम्न में से मार्शल मैक्लुहान के जन-संचार माध्यमों के संबंध में कौन सा कथन सही है?

(क) मैक्लुहान ने जनसंचार माध्यमों को दो भागों में बाँटा है — एक गरम माध्यम (Hot medium), दूसरा ठंडा माध्यम (Cold Medium)।

(ख) मैक्लुहान के अनुसार टी. वी., इलेक्ट्रॉनिक माध्यम, पुस्तकें, पिछड़े देश आदि ठंडे (cold) माध्यम है; जबकि रेडियो, फिल्म, फोटोग्राफी, मुद्रित माध्यम, विकसित देश आदि गरम (Hot) माध्यम हैं।

(ग) मैक्लुहान विकसित पश्चिमी देशों को 'गरम माध्यम समाज' मानते हैं; जबकि भारत जैसे विकासशील देश को 'ठंडे माध्यमवाले समाज' मानते हैं।

(घ) उपर्युक्त सभी।

63. ''जन-संचार ने विश्व को ग्लोबल विलेज' (Global Village) में बदल दिया है। अब शहर, गाँव, देश-विदेश सभी साथ मिलकर कार्य करते हैं। सभी वर्ग के जन देश-विदेश की राजनीतिक व सामाजिक समस्याओं से संबंधित दृष्टिकोण व आँकड़े प्राप्त करते हैं।'' निम्न में से यह कथन किसका है?

(क) वाल्टर लिपमैन (ख) मार्शल मैक्लुहान

(ग) सैम ब्लैक (घ) हेरॉल्ड जे. लास्की

64. निम्न में से कौन सा पुरस्कार पत्रकारिता के क्षेत्र में नहीं दिया जाता है?

(क) पुलित्जर पुरस्कार

(ख) गोल्डन पैन ऑफ फ्रीडम

(ग) गुइलेर्मो कानो प्रेस फ्रीडम पुरस्कार

(घ) गोल्डन ग्लोब पुरस्कार

65. निम्न में से किस भारतीय मूल के अमेरिकी को 'पुलित्जर पुरस्कार' से सम्मानित किया जा चुका है?

(क) झुंपा लाहिड़ी (ख) गीता आनंद

(ग) सिद्धार्थ मुखर्जी (घ) उपर्युक्त सभी

उत्तर के लिए कृपया पृष्ठ सं. 230 देखें।

66. 'गुइलेर्मो कानो (Guillermo Cono Press Freedom prize) प्रेस फ्रीडम पुरस्कार' के संबंध में कौन सा कथन गलत है?
   (क) यह पुरस्कार प्रतिवर्ष 3 मई को विश्व प्रेस फ्रीडम/स्वतंत्रता दिवस पर प्रदान किया जाता है।
   (ख) यह पुरस्कार यूनेस्को के मुख्यालय (पेरिस) में प्रदान किया जाता है।
   (ग) इस पुरस्कार के तहत 25 हजार डॉलर की राशि प्रदान की जाती है।
   (घ) यह पुरस्कार मेक्सिको के पत्रकार गुइलेर्मो कानो की स्मृति में (यूनेस्को द्वारा) स्थापित किया गया है।

67. 'गोल्डन पैन ऑफ फ्रीडम' पुरस्कार किसके द्वारा प्रदान किया जाता है?
   (क) वर्ल्ड एसोसिएशन ऑफ न्यूजपेपर (WAN) द्वारा।
   (ख) यूनेस्को (UNESCO) द्वारा।
   (ग) यूनिसेफ द्वारा (UNICEF) द्वारा।
   (घ) इंटरनेशनल प्रेस इंस्टीट्यूट (IPI) द्वारा

68. निम्न में से पुलित्जर पुरस्कारों (से सम्मानित भारतवंशियों) के संबंध में कौन सा कथन गलत है?
   (क) सर्वप्रथम सन् 1937 में भारतीय मूल के अमेरिकी गोविंद बिहारी लाल को रिपोर्टिंग के लिए 'पुलित्जर पुरस्कार' दिया गया।
   (ख) सन् 2000 में भारतीय मूल की झुंपा लाहिड़ी को उनके कहानी संग्रह 'इंटरप्रेटर ऑफ मैलेडी' हेतु पुरस्कार प्रदान किया गया।
   (ग) सन् 2003 में भारतीय मूल के गीत आनंद को वॉल स्ट्रीट जर्नल में खोजी पत्रकारिता हेतु 'पुलित्जर पुरस्कार' दिया गया।
   (घ) सन् 2008 में भारतीय मूल के विजय शेषाद्रि को उनकी पुस्तक 'ए बायोग्राफी ऑफ कैंसर' के लिए नॉन फिक्शन श्रेणी का 'पुलित्जर पुरस्कार' दिया गया।

69. निम्न में से भारतीय मूल के किस व्यक्ति को वर्ष 2011 का 'पुलित्जर पुरस्कार' देकर सम्मानित किया गया?
   (क) सिद्धार्थ मुखर्जी (ख) निकी हैली
   (ग) रविंदर सिंह (घ) पीयूष बॉबी जिंदल

उत्तर के लिए कृपया पृष्ठ सं. 230 देखें।

70. निम्न में से कौन सा पुरस्कार भारत में पत्रकारिता के क्षेत्र में नहीं दिया जाता है?

(क) रामनाथ गोयनका पुरस्कार

(ख) शांतिस्वरूप भटनागर पुरस्कार

(ग) प्रेम भाटिया पुरस्कार

(घ) चमेली देवी जैन पुरस्कार

☐

उत्तर के लिए कृपया पृष्ठ सं. 230 देखें।

विश्व पत्रकारिता

71. विश्व का सबसे पहला समाचार-पत्र 'ऐक्टा डियोनी पोपुली रोमानी' ईसा से 59 वर्ष पूर्व कहाँ से प्रकाशित हुआ था?
    (क) संयुक्त राज्य अमेरिका से (ख) भारत से
    (ग) रोम से (घ) ब्रिटेन से
72. विश्व का सबसे पहला समाचार-पत्र किस भाषा में प्रकाशित हुआ?
    (क) जर्मन में (ख) अंग्रेजी में
    (ग) फ्रेंच में (घ) अरबी में
73. निम्न में से लंदन से प्रकाशित (सन् 1702 में) विश्व के पहले दैनिक समाचार-पत्र का नाम क्या था?
    (क) लंदन टाइम्स (ख) डेली करेंट
    (ग) मॉर्निंग पोस्ट (घ) डेली टेलीग्राफ
74. निम्न में से किस समाचार-पत्र का नाम बदलकर (सन् 1788 में) 'टाइम्स' (Times) रख दिया गया?
    (क) डेली न्यूज (ख) डेली टेलीग्राफ
    (ग) लंदन डेली एडवाइजर (घ) लंदन डेली यूनिवर्सल रजिस्टर
75 ब्रिटेन में महारानी एलिजाबेथ के समय कौन से दो समाचार-पत्र प्रकाशित होते थे?
    (क) वीकली न्यूज और डेली न्यूज
    (ख) लंदन न्यूज और लंदन टाइम्स
    (ग) पार्टन लेटर्स और सिडनी पेपर्स
    (घ) कोरांत और न्यू न्यूज

उत्तर के लिए कृपया पृष्ठ सं. 230 देखें।

76. निम्न में से कौन सा समाचार-पत्र लंदन (UK) से प्रकाशित नहीं होता है?

(क) द सन (ख) द मिरर

(ग) डेली न्यूज (घ) द टाइम्स

77. निम्न में से कौन सा समाचार-पत्र ब्रिटेन से प्रकाशित होता है?

(क) द गार्जियन (ख) डेली टेलीग्राफ

(ग) न्यू स्टेट्समैन (घ) उपर्युक्त सभी

78. इंग्लैंड से प्रकाशित प्रमुख समाचार-पत्रों एवं उनके प्रकाशन वर्ष के जोड़ों में कौन सा जोड़ा गलत है?

समाचार-पत्र	**प्रकाशन वर्ष** (जिस वर्ष इस पत्र का प्रकाशन प्रारंभ हुआ था)
(क) मॉर्निंग पोस्ट	– सन् 1772
(ख) ऑब्जर्वर	– सन् 1791
(ग) संडे टाइम्स	– सन् 1822
(घ) डेली स्टैंडर्ड	– सन् 1887

79. निम्न में से कौन सा कथन सही नहीं है?

(क) 'फ्लीट स्ट्रीट की क्रांति' का संबंध रूस से है।

(ख) सन् 1821 में लंदन से 'द गार्जियन' (The Guardian) का प्रकाशन प्रारंभ हुआ था।

(ग) सन् 1855 में लंदन से ''डेली टेलीग्राफ (Daily Telegraph) का प्रकाशन प्रारंभ हुआ था।

(घ) सन् 1964 में लंदन से लघु समाचार-पत्र ' द सन' (The Sun) का प्रकाशन प्रारंभ हुआ था।

80. निम्न में से यह किसका कथन है—''पत्रकार शिकायतखोर, टीकाकार, सलाहकार, बादशाहों के प्रतिनिधि, राष्ट्र के शिक्षक होते हैं। चार विरोधी पत्र चार हजार संगीनों से भी अधिक खतरनाक होते हैं।''

(क) मुसोलिनी (इटली)

(ख) एडॉल्फ हिटलर (जर्मनी)

(ग) नेपोलियन बोनापार्ट (फ्रांस)

(घ) फ्रेंकलिन रूजवेल्ट (अमेरिकी)

उत्तर के लिए कृपया पृष्ठ सं. 230 व 231 देखें।

81. अमेरिका के 'न्यूयॉर्क टाइम्स' (New York Times) नामक समाचार-पत्र के संबंध में कौन सा वाक्य सही है?
   (क) 'न्यूयॉर्क टाइम्स' का प्रकाशन 18 सितंबर, 1851 को प्रारंभ हुआ था।
   (ख) न्यूयॉर्क टाइम्स का (एक बार) रविवासरीय 972 पृष्ठों का निकला था।
   (ग) न्यूयॉर्क टाइम्स के विशिष्ट रविवासरीय का वजन लगभग 30 किलो था।
   (घ) उपर्युक्त सभी।

82. जोसेफ पुलित्जर न्यूयॉर्क के किस समाचार-पत्र का स्वामी था?
   (क) न्यूयॉर्क टाइम्स (ख) न्यूयॉर्क पोस्ट
   (ग) न्यूयॉर्क डेली (घ) न्यूयॉर्क वर्ल्ड

83. निम्न में से किस वर्ष 'वॉशिंगटन पोस्ट' (The Washington Post) का प्रकाशन प्रारंभ हुआ था?
   (क) सन् 1801 में (ख) सन् 1841 में
   (ग) सन् 1851 में (घ) सन् 1877 में

84. सन् 1971 में 'न्यूयॉर्क टाइम्स' ने अपने पत्र की अधिक प्रतियाँ (Copies) बेचने के लिए क्या छापा था?
   (क) मानवाधिकारों का एक चार्टर
   (ख) पेंटागन पेपर्स
   (ग) कॉन्फीडेंशिल कन्वर्सेशंस
   (घ) व्हाइट पेपर्स

85. 'द वॉल स्ट्रीट जर्नल' (The Wall Street Journal), जो अमेरिका का प्रतिष्ठित दैनिक समाचार-पत्र है, का प्रकाशन कब प्रारंभ हुआ था?
   (क) 8 जून, 1832 को (ख) 18 जून, 1852 को
   (ग) 8 जुलाई, 1889 को (घ) 18 नवंबर, 1901 को

86. निम्न में से पहला अमेरिकी समाचार-पत्र कब और कहाँ से प्रकाशित हुआ था?
   (क) 16 अप्रैल, 1688 को न्यूयॉर्क से
   (ख) 24 अप्रैल, 1704 को बोस्टन से
   (ग) 3 सितंबर, 1731 को वेस्टमिंस्टर से
   (घ) 11 जून, 1764 को वॉशिंगटन से

उत्तर के लिए कृपया पृष्ठ सं. 231 देखें।

87. 'पब्लिक अकरंसेस बोथ फॉरेन एंड डोमेस्टिक' किस देश का समाचार-पत्र था?

(क) स्वीडन (ख) संयुक्त राज्य अमेरिका

(ग) जापान (घ) कनाडा

88. अमेरिका से अगस्त 1721 में 'न्यू इंग्लैंड कारांट' नामक पत्र का प्रकाशन किसने प्रारंभ किया था?

(क) बेंजामिन हैरिस ने (ख) एंड्रयू ब्रेडफोर्ड ने

(ग) जेम्स फ्रेंकलिन ने (घ) विलियम राग ने

89. अमेरिका में बसे जर्मन जॉन पीटर जेंगर ने 'न्यूयॉर्क वीकली' का प्रकाशन किस वर्ष प्रारंभ किया था?

(क) सन् 1733 में (ख) सन् 1758 में

(ग) सन् 1793 में (घ) सन् 1813 में

90. संयुक्त राज्य अमेरिका के शहर बोस्टन से प्रकाशित समाचार-पत्र कौन सा है?

(क) मॉर्निंग पोस्ट (ख) लिबेटर

(ग) ट्रांसक्रिप्ट (घ) उपर्युक्त सभी

91. अमेरिका के न्यूयॉर्क शहर से प्रकाशित प्रमुख समाचार-पत्रों एवं उनके प्रकाशन वर्ष (के प्रारंभ) के जोड़ों में कौन सा जोड़ा गलत है?

समाचार-पत्र		**प्रकाशन वर्ष** (जिस वर्ष यह पत्र प्रारंभ हुआ)
(क) न्यूयॉर्क गजट	–	सन् 1775
(ख) न्यूयॉर्क पोस्ट	–	सन् 1801
(ग) न्यूयॉर्क सन	–	सन् 1883
(घ) न्यूयॉर्क ट्रिब्यून	–	सन् 1841

92. निम्न में से किस वर्ष स्वीडन के प्रथम पत्र ऑर्डिनरी पोस्ट डिजडेंडर का प्रकाशन हुआ था?

(क) सन् 1645 में (ख) सन् 1695 में

(ग) सन् 1737 में (घ) सन् 1788 में

उत्तर के लिए कृपया पृष्ठ सं. 231 देखें।

93. निम्न में से विश्व के किस देश में प्रथम समाचार-पत्रों को स्वाधीनता प्राप्त हुई?

(क) चीन (ख) संयुक्त राज्य अमेरिका

(ग) स्वीडन (घ) इंग्लैंड

94. निम्न में से विश्व का कौन सा देश समाचार-पत्र की प्रतिदिन प्रति व्यक्ति की खपत की दृष्टि से विश्व में सबसे आगे है?

(क) डेनमार्क (ख) फ्रांस

(ग) स्वीडन (घ) जर्मनी

95. निम्न में से कौन सा समाचार-पत्र जर्मनी से प्रकाशित है?

(क) बोशिस्त्र जेतुंग (सन् 1704)

(ख) हेमवर्गट नारराइरुटन (सन् 1792)

(ग) अलजेमीन जेतुंग (सन् 1798)

(घ) उपर्युक्त सभी

96. निम्नलिखित में से जापान से प्रकाशित दैनिक समाचार-पत्र कौन सा है?

(क) असाही शिंबून (ख) मैनीची शिंबून

(ग) योमियोरी शिंबून (घ) उपर्युक्त सभी

97. जापान के समाचार-पत्र 'अकाहाता' का झुकाव किस विचारधारा की तरफ है?

(क) साम्यवादी विचारधारा (ख) पूँजीवादी विचारधारा

(ग) मुक्त बाजार प्रणाली (घ) उपर्युक्त में से कोई नहीं

98. निम्न में से कौन सा चीन का समाचार-पत्र नहीं है?

(क) चाइना टाइम्स (ख) रेड फ्लैग

(ग) पीपुल्स डेली (घ) बीटाविया शिमाउन

99. निम्न में से कौन सा कोरिया का पहला समाचार-पत्र है?

(क) जिन्ह मिन्ह पाओ (ख) चाउबी

(ग) निदीन केइजई शिंबून (घ) वाइल्ड

100. किस वर्ष ऑस्ट्रेलिया के दैनिक समाचार-पत्र 'सिडनी सन' का प्रकाशन प्रारंभ हुआ था?

(क) सन् 1888 में (ख) सन् 1910 में

(ग) सन् 1924 में (घ) सन् 1937 में

उत्तर के लिए कृपया पृष्ठ सं. 231 देखें।

101. निम्न में से प्रमुख समाचार-पत्रों एवं उनसे संबंधित देशों (जहाँ से प्रकाशित होते हैं) के युग्म में कौन सा युग्म सुमेलित नहीं है?

समाचार-पत्र		**देश** (जहाँ से ये पत्र प्रकाशित होते हैं)
(क) ली मोनडे	–	फ्रांस
(ख) फ्रैंकफर्ट एलिजियंस	–	रोम
(ग) न्यू जर्जर जीतंग	–	स्विट्जरलैंड
(घ) प्रावदा	–	रूस

102. निम्न में से कौन सा नेपाल से प्रकाशित समाचार-पत्र है?

(क) काठमांडू पोस्ट (ख) हिमालय टाइम्स

(ग) गोरखापत्र (घ) उपर्युक्त सभी

103. निम्न में से कौन सा कथन सही नहीं है?

(क) मालदीव के प्रथम समाचार-पत्र 'अल इस्लाह' का प्रकाशन सन् 1943 में प्रारंभ हुआ था।

(ख) म्याँमार (बर्मा) का पहला समाचार-पत्र सन् 1874 में प्रारंभ हुआ।

(ग) भूटान का पहला राष्ट्रीय-पत्र 'कुजेंसिल क्लेरिटी' (सरकारी गजट के रूप में) सन् 1865 में प्रकाशित हुआ था।

(घ) पाकिस्तान के कराची शहर से प्रकाशित डॉन (छ्शठ्) समाचार-पत्र अंग्रेजी भाषा में प्रकाशित होता है।

104. निम्न में से कौन सा वाक्य सही नहीं है?

(क) फिलिपींस में समाचार-पत्रों का प्रकाशन सन् 1911 में प्रारंभ हुआ था।

(ख) सिंगापुर के प्रथम समाचार-पत्र का नाम 'प्रिंस ऑफ वेल्स आईलैंड गजट' था।

(ग) मलेशिया में छोटे साप्ताहिक समाचार-पत्रों को वहाँ की स्थानीय भाषा में 'मोस्क्यूरो पेपर्स' के नाम से जाना जाता है।

(घ) थाइलैंड का प्रथम समाचार-पत्र 'बैंकॉक रिकॉर्डर' था।

उत्तर के लिए कृपया पृष्ठ सं. 231 देखें।

105. निम्न में से प्रमुख समाचार-पत्र एवं उनसे संबंधित देश (जहाँ से प्रकाशित होता है) के जोड़ों में कौन सा जोड़ा गलत है?

समाचार-पत्र	**देश** (जहाँ से यह पत्र प्रकाशित होता है)
(क) मेरेडेका	– इंडोनेशिया
(ख) स्टार	– मलेशिया
(ग) मॉर्निंग न्यूज	– श्रीलंका
(घ) द नेशन	– पाकिस्तान

☐

उत्तर के लिए कृपया पृष्ठ सं. 231 देखें।

भारतीय पत्रकारिता

106. 'पत्रकारिता' को अंग्रेजी में 'जर्नलिज्म' (Journalism) कहते हैं। यह 'जर्नलिज्म' शब्द 'जर्नल' (Journal) से बना है। निम्न में से इसका अर्थ क्या होता है?

(क) दैनिक (ख) स्वतंत्रता

(ग) शीघ्र (घ) समानता

107. निम्न में से पत्रकारिता (Journalism) की प्रमुख विशेषता कौन सी है?

(क) पत्रकारिता का आधार वास्तविकता होती है। इसमें कल्पना का कोई स्थान नहीं होता है।

(ख) पत्रकारिता समाज की गतिविधियों का आईना है। यह शासन व जनता के बीच एक सेतु है।

(ग) पत्रकारिता का क्षेत्र विशाल होता है। जीवन का कोई भी क्षेत्र इससे अछूता नहीं रहता।

(घ) उपर्युक्त सभी।

108. पत्रकारिता की विभिन्न (विद्वानों द्वारा दी गई) परिभाषाओं के जोड़ों में कौन सा जोड़ा गलत है?

(क) 'ज्ञान का व्यवसाय पत्रकारिता है।'— सी.जी. मूलर

(ख) 'पत्रकारिता शीघ्रता से लिखा जानेवाला साहित्य है।'— मैथ्यू अर्नोल्ड

(ग) 'जिन बातों की आपको जानकारी नहीं, उन बातों से अवगत कराना पत्रकारिता है।'—लेसी स्टेफेस

(घ) 'पत्रकारिता वह माध्यम है, जिसके द्वारा हम मस्तिष्क में उस दुनिया के बारे में समस्त सूचनाएँ संकलित करते हैं, जिन्हें हम स्वतः कभी नहीं जान सकते'—जेम्स मैक्डोनॉल

उत्तर के लिए कृपया पृष्ठ सं. 231 देखें।

109. साहित्य और पत्रकारिता में प्रमुख अंतर क्या है?
   (क) साहित्य काफी चिंतन-मनन के बाद लिखा जाता है, जबकि पत्रकारिता शीघ्रता से लिखा जाता है।
   (ख) पत्रकारिता का आधार वास्तविकता होता है, जबकि साहित्य कल्पना पर आधारित होता है।
   (ग) जिन जीवन-मूल्यों की स्थापना साहित्यकार साहित्य में करता है, उन्हें पत्रकारिता व्यावहारिक आधार प्रदान करती है।
   (घ) उपर्युक्त सभी।

110. भारत में पत्रकारिता का प्रारंभ किस भाषा के पत्रों से हुआ था?
   (क) अंग्रेजी (ख) हिंदी
   (ग) बँगला (घ) फारसी

111. भारत में प्रथम समाचार-पत्र (अंग्रेजी में) प्रकाशित करने का श्रेय किसे जाता है?
   (क) जेम्स कुक को (ख) लॉर्ड केनिंग को
   (ग) सर चार्ल्स मेटकॉफ को (घ) जेम्स ऑगस्टस हिक्की को

112. इनमें से किस समाचार-पत्र का प्रकाशन जेम्स ऑगस्टस हिक्की द्वारा किया गया था?
   (क) इंडिया गजट (ख) बंगाल गजट
   (ग) कलकत्ता वीकली (घ) इंडियन हेरॉल्ड

113. 'बंगाल गजट' नामक समाचार-पत्र कब और कहाँ से प्रकाशित किया गया था?
   (क) 29 जनवरी, 1722 (कलकत्ता)
   (ख) 29 जनवरी, 1780 (कलकत्ता)
   (ग) 11 मार्च, 1822 (मद्रास)
   (घ) 11 मार्च, 1857 (दिल्ली)

114. हिंदी के प्रथम समाचार-पत्र 'उदंत-मार्त्तंड' का प्रकाशन कब और कहाँ से हुआ था?
   (क) 29 जनवरी, 1780 (कलकत्ता)
   (ख) 11 मार्च, 1806 (मद्रास)
   (ग) 30 मई, 1826 (कलकत्ता)
   (घ) 30 जून, 1857 (बंबई)

उत्तर के लिए कृपया पृष्ठ सं. 231 देखें।

115. हिंदी के प्रथम समाचार-पत्र 'उदंत-मार्त्तंड' के संपादक कौन थे?
(क) भारतेंदु हरिश्चंद्र
(ख) पं. युगल किशोर शुक्ल
(ग) माखनलाल चतुर्वेदी
(घ) राजा राममोहन राय

116. भारतीय भाषाओं (बँगला) में छपनेवाला सर्वप्रथम समाचार-पत्र कौन सा था?
(क) बंगाल गजट (ख) दिग्दर्शन
(ग) युगांतर (घ) समाचार सुधा-वर्षण

117. भारतीय भाषाओं में सर्वप्रथम छपनेवाला पत्र (दिग्दर्शन) किस वर्ष प्रकाशित हुआ था?
(क) सन् 1818 में (ख) सन् 1822 में
(ग) सन् 1826 में (घ) सन् 1854 में

118. किसी भारतीय द्वारा (सन् 1816 में) प्रकाशित पहला दैनिक समाचार-पत्र कौन सा था?
(क) बंगाल गजट (ख) दिग्दर्शन
(ग) समाचार सुधा-वर्षण (घ) उदंत मार्त्तंड

119. इनमें से हिंदी का प्रथम दैनिक समाचार-पत्र कौन सा था?
(क) उदंत मार्त्तंड
(ख) समाचार सुधा-वर्षण
(ग) संवाद कौमुदी
(घ) दिग्दर्शन

120. निम्न में से हिंदी के प्रथम दैनिक समाचार-पत्र (समाचार सुधा-वर्षण) का प्रकाशन कब और किसके द्वारा किया गया था?
(क) सन् 1816 में गंगाधर भट्टाचार्य द्वारा
(ख) सन् 1836 में पं. युगल किशोर शुक्ल द्वारा
(ग) सन् 1854 में श्याम सुंदर सेन द्वारा
(घ) सन् 1864 में जे.सी. मार्शमन द्वारा

उत्तर के लिए कृपया पृष्ठ सं. 231 देखें।

121. उत्तर प्रदेश का सबसे पहला हिंदी समाचार-पत्र, जो सन् 1845 में प्रकाशित हुआ, इनमें से कौन सा था?
(क) प्रताप (ख) बनारस अखबार
(ग) संवाद कौमुदी (घ) सरस्वती

122. इनमें से किस पत्र/पत्रिका का प्रकाशन राजा राममोहन राय द्वारा प्रारंभ किया गया था?
(क) संवाद कौमुदी (बँगला)
(ख) मिरात अल-अखबार (फारसी)
(ग) ब्राहिनिकल मैगजीन
(घ) उपर्युक्त सभी

123. इनमें से किस पत्र/पत्रिका का प्रकाशन (सन् 1867 में) भारतेंदु हरिश्चंद्र द्वारा किया गया था?
(क) प्रताप (ख) बनारस अखबार
(ग) कविवचन सुधा (घ) हिंदोस्तान

124. काशी नागरी प्रचारिणी सभा ने इनमें से किस वर्ष 'सरस्वती' पत्रिका का प्रकाशन किया था?
(क) सन् 1900 में (ख) सन् 1910 में
(ग) सन् 1918 में (घ) सन् 1936 में

125. इनमें से किस समाचार-पत्र से गणेश शंकर विद्यार्थी का संबंध रहा है?
(क) विश्वमित्र (ख) भारत मित्र
(ग) प्रताप (घ) स्वराज्य

126. इनमें से आर्यसमाज (अजमेर) के मुखपत्र का क्या नाम था?
(क) स्वराज्य (ख) बाला बोधिनी
(ग) भारत भ्राता (घ) देश हितैषी

127. इनमें से किस पत्रिका का प्रकाशन मुंशी प्रेमचंद द्वारा (काशी से) किया गया था?
(क) प्रताप (ख) हंस
(ग) कल्याण (घ) मिलाप

128. इनमें से महात्मा गांधी किस पत्र से संबद्ध थे?
(क) हरिजन (ख) यंग इंडिया
(ग) इंडियन ओपिनियन (घ) उपर्युक्त सभी

उत्तर के लिए कृपया पृष्ठ सं. 231 व 132 देखें।

129. इन पत्र/पत्रिकाओं और उनके संपादक के जोड़ों में कौन सा जोड़ा गलत समेलित है?

पत्र/पत्रिकाएँ	संपादक
(क) सोम प्रकाश (सन् 1859)	- ईश्वरचंद्र विद्यासागर
(ख) बंगाल (सन् 1879)	- सुरेंद्रनाथ बनर्जी
(ग) अल बिलाग (सन् 1913)	- मौलाना अबुल कलाम आजाद
(घ) नृसिंह (सन् 1907)	- तेजबहादुर सप्रू

130. सन् 1861 में रॉबर्ट नाइट ने किन तीन पत्रों को मिलाकर 'टाइम्स ऑफ इंडिया' का प्रकाशन प्रारंभ किया था?

(क) बॉम्बे जर्नल, बॉम्बे हेरॉल्ड तथा बॉम्बे गजट

(ख) बॉम्बे डेली, बॉम्बे क्रॉनिकल तथा बॉम्बे फॉर्स्ट

(ग) बॉम्बे टाइम्स, बॉम्बे टेलीग्राफ तथा बॉम्बे स्टैंडर्ड

(घ) बॉम्बे न्यूज, बॉम्बे वीकली तथा बॉम्बे पीपुल्स

131. इनमें से किसे भारत में उर्दू का प्रथम समाचार-पत्र माना जाता है?

(क) सदर-ए-इनायत (सन् 1888 में प्रकाशित)

(ख) जाम-ए-जहाँ (सन् 1922 में प्रकाशित)

(ग) कौमी आवाज (सन् 1938 में प्रकाशित)

(घ) किरान-उल-सदायु (सन् 1944 में प्रकाशित)

132. ''खींचो न कमानों को, न तलवार निकालो,
जब तोप मुकाबिल हो तो अखबार निकालो।''
अकबर इलाहाबादी की यह पंक्तियाँ किस समाचार-पत्र में प्रकाशित होती थीं?

(क) प्रताप (ख) सरस्वती

(ग) मतवाला (घ) कर्मवीर

133. 'जरा सोचो तो यारो, यह बम क्या है'—यह पंक्ति किस हिंदी पत्र पर अंकित होती थी?

(क) उदंत मार्त्तंड (ख) माधुरी

(ग) प्रदीप (घ) प्रताप

उत्तर के लिए कृपया पृष्ठ सं. 232 देखें।

134. इनमें से कौन सा पत्र आर्यसमाज के सिद्धांतों के प्रचार-प्रसार से संबंधित रहा है?
(क) आर्य भूषण (ख) आर्य पत्रिका
(ग) आर्य वृक (घ) उपर्युक्त सभी

135. इनमें से गीता प्रेस गोरखपुर से प्रकाशित मासिक पत्रिका कौन सी है?
(क) हिंदू दर्शन (ख) कल्याण
(ग) धर्म एवं संस्कृति (घ) कर्मभूमि

136. भारत में प्रथम ब्रेल (Braile) संपादक बनने का गौरव किसे प्राप्त है?
(क) प्रताप नारायण मिश्र को
(ख) ठाकुर विश्व नारायण सिंह को
(ग) वेंकटेश नारायण तिवारी को
(घ) शांति देवी को

137. इनमें से महिला पत्रकारिता के संबंध में कौन सा कथन सही है?
(क) हिंदी में महिलाओं की पहली पत्रिका 'बालाबोधिनी' को माना जाता है।
(ख) हिंदी पत्रकारिता में पहली महिला संपादक होने का श्रेय हेमंत कुमारी देवी को है।
(ग) भारत की प्रथम अंग्रेजी महिला पत्रिका (सन् 1901, इंडियन लेडीज मैगजीन) की प्रथम संपादक कमला स्वामीनाथन थीं।
(घ) उपर्युक्त सभी।

138. दादाभाई नौरोजी का संबंध किस पत्र से रहा है?
(क) द हिंदू (ख) रास्त गोफ्तार
(ग) नेटिव ओपिनियन (घ) बॉम्बे कूरियर

139. 'गदर' नामक साप्ताहिक समाचार-पत्र का प्रकाशन लाला हरदयाल ने 1 नवंबर, 1913 को कहाँ से किया था?
(क) जर्मनी (ख) ब्रिटेन
(ग) संयुक्त राज्य अमेरिका (घ) फ्रांस

140. 'आवश्यकता है वीर सिपाहियों की। वेतन : मृत्यु, पुरस्कार : शहादत, पेंशन : स्वतंत्रता, युद्ध स्थल : भारत।' यह विज्ञापन किस पत्र में प्रकाशित किया जाता था?
(क) कॉमरेड (ख) गदर
(ग) युगांतर (घ) केसरी

उत्तर के लिए कृपया पृष्ठ सं. 232 देखें।

141. मैडम भीकाजी कामा ने 'वंदे मातरम्' पत्र का प्रकाशन किस वर्ष किया था?
(क) सन् 1897 में (ख) सन् 1901 में
(ग) सन् 1907 में (घ) सन् 1923 में

142. महात्मा गांधी ने दक्षिण अफ्रीका में 'इंडियन ओपिनियन' का (हिंदी में) प्रकाशन किस वर्ष किया?
(क) सन् 1885 में (ख) सन् 1903 में
(ग) सन् 1917 में (घ) सन् 1921 में

143. पं. जवाहरलाल नेहरू ने किस समाचार-पत्र की स्थापना की थी?
(क) वंदे मातरम् (ख) हिंदू पेट्रियॉट
(ग) नेशनल हेरॉल्ड (घ) फाइट फॉर फ्रीडम

144. फौजी पत्रिका 'सैनिक समाचार' (Sainik Samachar) के संबंध में कौन सा कथन गलत है?
(क) फौजी अखबार नाम से इस (सैनिक समाचार) साप्तहिक पत्रिका का प्रकाशन 2 जनवरी, 1909 से मूलत: उर्दू में प्रारंभ हुआ।
(ख) इस पत्रिका का प्रकाशन सन् 1923 में प्रारंभ हुआ। बाद में अन्य भाषाओं में भी संस्करण शुरू किए गए।
(ग) सन् 2007 में इसका प्रकाशन साप्ताहिक के स्थान पर पाक्षिक किया गया।
(घ) सन् 2009 में इस पत्रिका के प्रकाशन के सौ वर्ष पूरे हुए।

□

उत्तर के लिए कृपया पृष्ठ सं. 232 देखें।

मुद्रण

145. इनमें से प्रेस (मुद्रण) के संबंध में कौन सा कथन सही नहीं है?

(क) भारत में सन् 1556 में पुर्तगालियों द्वारा प्रथम प्रेस की स्थापना की गई।

(ख) भारत में पहली प्रेस गोआ में स्थापित की गई।

(ग) भारत में मुद्रण कला के माध्यम से छापी गई पहली पुस्तक 'दौक्त्रीना मेंजाला' थी।

(घ) भारतीयों ने सर्वप्रथम (सन् 1622 में) भीमजी पारिख ने मुंबई में प्रेस स्थापित की।

146. इनमें से कौन सा वाक्य गलत है?

(क) भारतीय भाषाओं में सबसे पहले तमिल के टाइप बनाए गए थे।

(ख) भारत में चार्ल्स विल्किंस और पंचानन कर्मकार को बँगला तथा नागरी टाइप का जनक माना जाता है।

(ग) सन् 1796 में क्रॉनिकल प्रेस द्वारा हिंदुस्तानी भाषा का व्याकरण प्रकाशित किया। यह पुस्तक देवनागरी लिपि में मुद्रित पहली पुस्तक थी।

(घ) सरकारी छापाखाना सन् 1669 में स्थापित किया गया।

147. भारत में सबसे पहला मुद्रणालय (सन् 1787 में) कहाँ स्थापित किया गया था?

(क) गोवा (ख) कलकत्ता

(ग) मद्रास (घ) मुंबई

उत्तर के लिए कृपया पृष्ठ सं. 232 देखें।

148. इनमें से मुद्रण की कला का जन्म किस देश में प्रारंभ हुआ था?
(क) इंग्लैंड
(ख) रूस
(ग) संयुक्त राज्य अमेरिका
(घ) चीन

149. आधुनिक मुद्रण कला के आविष्कारक (या छपाई के जन्मदाता) कौन थे, जिन्होंने सन् 1455 में 'बाइबल' को छापा, जिसे यूरोप की प्रथम मुद्रित पुस्तक भी माना जाता है?
(क) पी शेंग (चीन)
(ख) जॉन गुटेनबर्ग (जर्मनी)
(ग) जोनीज वाइंटो (बेल्जियम)
(घ) पागकीलो क्रास्टेल्डे (इटली)

150. ऑफसेट (offset) मुद्रण के क्षेत्र में एक अनोखी पद्धति है। इसके संबंध में कौन सा कथन सही है?
(क) ऑफसेट मुद्रण पद्धति लिथोग्राफी (Lithography) का ही विकसित रूप है।
(ख) ऑफसेट में तीन सिलेंडर (प्लेट, ब्लैंकेट एवं इंप्रेशन सिलेंडर) एक साथ काम करते हैं।
(ग) ऑफसेट में एल्यूमीनियम की चादर पर से अक्षर रबड़ के टोल पर उतर जाते हैं और खड़ के टोल से कागज पर छपाई होती है।
(घ) उपर्युक्त सभी सही हैं।

151. इनमें से ऑफसेट मुद्रण की विशेषता क्या है?
(क) ऑफसेट मुद्रण पद्धति छपाई सस्ती व आकर्षक होती है।
(ख) इसमें ब्लॉक एवं फर्मा बनाने की आश्यकता नहीं होती।
(ग) ऑफसेट पद्धति में चार रंग (काला, नीला, लाल व पीला) की छपाई एक साथ हो सकती है। प्रत्येक रंग की प्लेट के तीन सिलेंडर होते हैं।
(घ) उपर्युक्त सभी।

उत्तर के लिए कृपया पृष्ठ सं. 232 देखें।

152. लिथोग्राफी मुद्रण पद्धति (Lithography Printing) के संबंध में कौन सा कथन गलत है?

(क) 'लिथोग्राफी' (Lithography) शब्द फ्रेंच भाषा के 'लिथो' (Litho) से बना है, जिसका अर्थ कागज है।

(ख) लिथोग्राफी पद्धति का आविष्कार सेनेफ्रिल्डर नामक व्यक्ति ने (सन् 1798) में किया था।

(ग) इस पद्धति में खास प्रकार के पत्थर का इस्तेमाल किया जाता है। इस मुद्रण प्रणाली में प्रत्यक्ष (Direct) छपाई होती है।

(घ) लिथोग्राफी एक समतल सतह द्वारा मुद्रण की विधि है, जिसे 'प्लेनोग्राफिक प्रोसेस' (Planographic Process) के नाम से भी जाना जाता है।

153. ऑफसेट प्रिंटिंग में प्लेट की छवि को निम्न में से किसमें अंतरित किया जाता है?

(क) पेपर मशीन प्लेट में

(ख) रबड़ के ब्लैकेट में

(ग) पेपर शीटों में

(घ) प्लास्टिक फ्वाइल में

154. कंपोजिंग (Composing) के संबंध में कौन सा वाक्य सही नहीं है?

(क) केस (Case) के खाने में से एक-एक अक्षर को उठाकर ठीक जगह पर स्टिक (Stick) में रखने के कार्य को कंपोजिंग कहते हैं।

(ख) कंपोजिंग का सामान्य अर्थ मुद्रा योजन है। कंपोजिंग दो प्रकार से किया जाता है—एक हाथ द्वारा कंपोजिंग, दूसरा मशीन द्वारा।

(ग) मशीनों में लाइनो टाइप तथा मोनोटाइप कंपोजिंग प्रमुख हैं।

(घ) छपाई के अक्षरों को जोड़नेवाले व्यक्ति को 'प्रूफ रीडर' कहते हैं।

उत्तर के लिए कृपया पृष्ठ सं. 232 देखें।

155. कंप्यूटर से कंपोजिंग (Computer Composing) के संबंध में कौन सा वाक्य सही है?

(क) वर्तमान में कंप्यूटर से कंपोजिंग प्रारंभ हो जाने से अब टाइपों को केस में भरकर रखने की जरूरत नहीं रही। लाइनों तथा मोनोटाइप मशीनों से कंपोजिंग करने की भी जरूरत समाप्त हो गई है।

(ख) फोटो कंपोजिंग (Photo Composing) में की-बोर्ड (Key-board) के द्वारा चुंबकीय तरंगों के माध्यम से फ्लॉपी पर मैटर अंकित किया जा सकता है, जिसे कंपोज करना होता है।

(ग) लेजर कंपोजिंग से आवश्यकतानुसार मुद्रित मैटर को छोटा करना, इटैलिक करना, काला करना एवं अशुद्धियाँ भी साथ-साथ लगाई जा सकती हैं।

(घ) उपर्युक्त सभी।

156. फोटो कंपोजिंग, जो छपाई की एक नई प्रौद्योगिकी है, का श्रीगणेश भारत में किस हिंदी समाचार-पत्र में हुआ?

(क) दैनिक भास्कर, भोपाल (ख) नई दुनिया, इंदौर

(ग) हिंदुस्तान, नई दिल्ली (घ) जनसत्ता, नई दिल्ली

157. लेटर प्रेस (Letter Press) में रोटरी मशीन के अलावा किस अन्य मशीन का प्रयोग भी होता है?

(क) सिलिंडर मशीन (ख) प्लेटन मशीन

(ग) ट्रेडल मशीन (घ) उपर्युक्त सभी

158. 'ग्रेव्योर मुद्रण प्रणाली' (Gravure printing) के संबंध में कौन सा वाक्य गलत है?

(क) ग्रेव्योर मुद्रण पद्धति लेटर प्रेस मुद्रण पद्धति के ठीक विपरीत होती है।

(ख) इस मुद्रण पद्धति में बहुरंगी छपाई नहीं हो सकती है।

(ग) इस मुद्रण पद्धति के द्वारा सस्ते कागज पर भी अच्छी छपाई की जा सकती है।

(घ) कागजी मुद्रा टिकट एवं चेकों के मुद्रण हेतु यह पद्धति अधिक उपर्युक्त है।

उत्तर के लिए कृपया पृष्ठ सं. 232 देखें।

159. 'जीरोग्राफी मुद्रण की एक बिना स्याही की पद्धति है। 'जीरोग्राफी' (Zerography) 'जीरोज' और 'ग्राफीज' नामक दो शब्दों का संयोजन है। इनमें से इसका अर्थ क्या होता है?

(क) ड्रांक राइटिंग (शुल्क लेखन)

(ख) फार्स्ट राइटिंग (शीघ्र लेखन)

(ग) रेड राइटिंग (लाल लेखन)

(घ) व्हाइट राइटिंग (सफेद लेखन)

160. ऑफसेट या रोटरी पर छापने के लिए कागज रील्स में रोल लिपटा हुआ मिलता है। इन रील्स की छपाई में वैसे ही मशीन पर चढ़कर छपाई की जाती है। निम्न में से कागज के संबंध में कौन सा वाक्य सही नहीं है?

(क) 'कागज का वजन' जी. एस. एम. (Gram per Square Maker) में तौला जाता है।

(ख) एक रिम (Rim) में लगभग 200 शीट्स होती हैं।

(ग) कागज कई प्रकार के होते हैं, जैसे सुपर रॉयल, रॉयल डिमाई, क्राउन फुलस्केप आदि।

(घ) कागज कई आकारों में भी उपलब्ध होते हैं, जैसे फोलियो, क्वार्टो : ऑक्टिवो आदि।

161. इनमें से प्रिंटिंग और उसके काल (स्थापित वर्ष) की जोड़ी में कौन सा सुमेलित नहीं है?

	प्रिंटिंग		काल
(क)	ऑफसेट प्रिंटिंग	–	सन् 1875
(ख)	स्क्रीन प्रिंटिंग	–	सन् 1957
(ग)	लेजर प्रिंटिंग	–	सन् 1967
(घ)	3डी प्रिंटिंग	–	सन् 1984

162. 'ई-प्रिंट' (E-Print) क्या है?

(क) पहले से मुद्रित पृष्ठ में कॉपी जोड़ना।

(ख) एक पृष्ठ पर आठ रंग मुद्रित करना।

(ग) एक पृष्ठ पर सिर्फ सफेद व काला रंग मुद्रित करना।

(घ) किसी पृष्ठ को पहली बार मुद्रित करना।

उत्तर के लिए कृपया पृष्ठ सं. 232 देखें।

163. मुद्रण प्रौद्योगिकी के परिप्रेक्ष्य में मैगनेटिक रंग को क्या कहा जाता है?
(क) प्रोसेज रेड (ख) ब्रिक रेड
(ग) व्हाइट एंड ब्लैक (घ) ब्लू रेड

164. इनमें से प्रेस और उसकी क्षमता के युग्म का कौन सा जोड़ा सही सुमेलित नहीं है?

	प्रेस		क्षमता
(क)	हैंड प्रेस	–	एक हजार तक
(ख)	सिलेंडर मशीन	–	चार-पाँच हजार तक
(ग)	फ्लैट बैड स्टोरी	–	दस-पंद्रह हजार तक
(घ)	स्टीरियो रोडरी	–	पच्चीस हजार और उससे ऊपर

165. इनमें से कौन सा कथन सही नहीं है?
(क) अंग्रेजी के 'टाइप' शब्द की उत्पत्ति ग्रीक भाषा से हुई है।
(ख) एक सामान्य टाइप के छह अंग होते हैं।
(ग) हिंदी दैनिक सामान्यता 12 पॉइंट के टाइप का उपयोग करते हैं।
(घ) अंग्रेज दैनिक सामान्यता 6 से 8 पॉइंट के टाइप का उपयोग करते हैं।

☐

उत्तर के लिए कृपया पृष्ठ सं. 232 व 233 देखें।

समाचार-पत्र

166. "समाचार-पत्र एक अजिल्द धारावाही प्रकाशन है, जो नियमित समय के अंतर से प्रकाशित होता है तथा जिसमें समाचारों को प्रमुखता दी जाती है।" समाचार-पत्र की यह परिभाषा किसके द्वारा दी गई है?

(क) प्रेस एवं पुस्तक पंजीकरण अधिनियम (1867) के अंतर्गत।

(ख) रजिस्ट्रार ऑफ न्यूजपेपर ऑफ इंडिया (RNI) द्वारा।

(ग) एनसाइक्लोपीडिया ब्रिटैनिका द्वारा।

(घ) द्वितीय प्रेस आयोग द्वारा।

167. भारत में समाचार-पत्र के पंजीयक (RNI) का कार्यालय कब अस्तित्व में आया?

(क) 1 जुलाई, 1956 को

(ख) 1 अप्रैल, 1962 को

(ग) 1 जुलाई, 1966 को

(घ) 1 जुलाई, 1972 को

168. द्वितीय प्रेस आयोग ने 'आर.एन.आई.' (RNI) का नाम बदलकर क्या रखा था?

(क) पी.आई. (प्रेस इंडिया)

(ख) पी.सी. (प्रेस कमिश्नर)

(ग) आर.पी.एन. (रजिस्ट्रार फॉर प्रेस न्यूजपेपर)

(घ) पी.आर. (प्रेस रजिस्ट्रार)

उत्तर के लिए कृपया पृष्ठ सं. 233 देखें।

169. 'न्यूज' (News) की परिभाषाओं/कथन के संबंध में कौन सा जोड़ा गलत है?

परिभाषा/कथन	विद्वान
(क) "समाचार वह है, जिसे कल तक आप नहीं जानते थे।"	—टर्नर केटलिज
(ख) "सब दिशाओं की घटनाओं को समाचार कहा जाता है"	—जे. डब्ल्यू. जॉनसन
(ग) "वह सत्य घटना या विचार, जिसमें बहुसंख्यक पाठकों की रुचि हो, समाचार है।"	— एम. लाइल
(घ) "सर्वश्रेष्ठ समाचार वह है, जिसमें बहुसंख्यक की अधिकतम रुचि हो"	— विलियम जे. ब्लेयर

170. इनमें से यह क़िसका मानना है कि "यदि कुत्ता आदमी को काटता है तो यह समाचार नहीं है, लेकिन यदि आदमी कुत्ते को काटे तो यह समाचार है?"

(क) जे. हेडन (ख) हिलियार्ड

(ग) चार्ल्स डाना (घ) विलियम एल. रिवर्स

171. निम्नलिखित में से समाचार में 'इंट्रो' (INTRO) लिखने की कला का प्रारंभ किसके द्वारा किया गया माना जाता है?

(क) मार्क ट्वेन (ख) एडविन एल. शुमैन

(ग) विलियम जी. ब्लेयर (घ) विलियम एल. रिवर्स

172. समाचार लेखन का 'फाइव डब्ल्यू तथा वन एच' सिद्धांत (5W1H) किसने प्रतिपादित किया है?

(क) टी.जे.एस. जॉर्ज (ख) मार्शल मैकलुहान

(ग) चार्ल्स डाना (घ) रुडयार्ड किपलिंग

173. भारत के समाचार-पत्रों पर किस देश के समाचार-पत्र की शैली का ज्यादा प्रभाव है?

(क) जर्मनी (ख) फ्रांस

(ग) ऑस्ट्रेलिया (घ) ग्रेट ब्रिटेन

उत्तर के लिए कृपया पृष्ठ सं. 233 देखें।

174. प्रिंट मीडिया में समाचार प्राय: किस शैली में लिखे जाते हैं?
(क) सीधा पिरामिड शैली (ख) विलोम पिरामिड/स्तूपी शैली
(ग) संक्षिप्त पिरामिड शैली (घ) निबंध पिरामिड शैली

175. समाचार लेखन के संबंध में इनमें से कौन सा कथन सही है?
(क) किसी भी समाचार के प्राय: तीन भाग होते हैं—शीर्षक, आमुख (इंट्रो) तथा शेष भाग।
(ख) शीर्षक के बाद समाचार का प्रथम अनुच्छेद आमुख/इंट्रो होता है, जिसे 'समाचार का प्राण /परिचय' भी कहा जाता है।
(ग) आमुख या 'इंट्रो' में ही पाठकों को छह 'ककारों' (5W1H) का ज़वाब मिल जाता है।
(घ) उपर्युक्त सभी।

176. समाचार-पत्रों में समाचार शीर्षक (Heading) लेखन में किस पर अधिक बल दिया जाना चाहिए?
(क) क्रिया-विश्लेषण (ख) क्रिया
(ग) विश्लेषण (घ) उपर्युक्त में से कोई नहीं

177. निम्न में से किसे 'समाचार का प्रदर्शक' (Display windows) कहा जाता है?
(क) समाचार के शीर्षक को (ख) समाचार के इंट्रो को।
(ग) समाचार के डेट लाइन को (घ) समाचार-पत्र को।

178. इनमें से कौन सा विकल्प एक न्यूज स्टोरी (News story) का सही क्रम बताता है?
(क) हेडलाइन — लीड — बाईलाइन — बॉडी
(ख) हेडलाइन — डेटलाइन — बाईलाइन — लीड
(ग) डेटलाइन — बाईलाइन — हेडलाइन — लीड
(घ) बॉडी — लीड — टेल बाईलाइन

179. एक न्यूज स्टोरी के प्रवाह का सही क्रम इनमें से कौन सा है?
(क) रिपोर्टर — संपादक — डेस्क — सहायक संपादक।
(ख) सोर्स — रिपोर्टर — संपादक — प्रिंट।
(ग) रिपोर्टर — संपादक — समाचार संपादक — प्रिंट।
(घ) सोर्स — रिपोर्टर — संपादक — उपसंपादक।

उत्तर के लिए कृपया पृष्ठ सं. 233 देखें।

180. समाचार के 'शीर्षक' जिसे 'हेडलाइन' (Headline) कहा जाता है, के संबंध में कौन सा वाक्य गलत है?

(क) सन् 1702 में लंदन से प्रकाशित प्रथम दैनिक समाचार-पत्र 'डेली करेंट' के प्रथम पृष्ठ में भी छोटे-छोटे शीर्षक होते थे।

(ख) किसी समाचार-पत्र को लोकप्रिय बनाने में हेडलाइन की विशेष भूमिका होती है। पाठक हेडलाइन से ही आकर्षित होता है, इसलिए शीर्षक संक्षिप्त, जीवंत व सार्थक होना चाहिए।

(ग) विद्वान् एडविन शुमैन के अनुसार "समाचार-पत्र का शीर्षक समाचार का दर्पण होता है।"

(घ) विद्वान् रोलैंड ई. वूल्सले ने शीर्षक को समाचार का 'शो विंडो' (Show Window) माना है।

181 "समाचार-पत्र का पहला कर्तव्य है कि वह सुंदर दिखे और दूसरा यह कि वह सच बोले।" यह कथन किस विद्वान् का है?

(क) ब्रुस वेस्टले (ख) एडविन एल. शुमैन

(ग) रुडयार्ड किपलिंग (घ) मार्क ट्वेन

182. पृष्ठ-सज्जा के लिए इनमें से किस शब्द का प्रयोग होता है?

(क) डिजाइन (Design) (ख) ले-आउट (Lay-out)

(ग) मेक-अप (Make-up) (घ) उपर्युक्त सभी

183. समाचार-पत्र का पृष्ठ निर्माण जिसके आधार पर होता है, वह क्या कहलाता है?

(क) इंट्रो (Intro)

(ख) लीड (Lead)

(ग) सर्कुलेशन (Circulation)

(घ) ले-आउट (Lay-out)

184. 'ले-आउट' के विभिन्न चरणों के संबंध में कौन सा कथन सही है?

(क) 'ले-आउट' के प्रथम-चरण को 'थंबनेल स्केच' कहते हैं।

(ख) 'ले-आउट' के दूसरे चरण को 'एफ ले-आउट' कहते हैं।

(ग) 'ले-आउट' के अंतिम चरण को 'आर्ट कॉपी' कहते हैं।

(घ) उपर्युक्त सभी।

उत्तर के लिए कृपया पृष्ठ सं. 233 देखें।

185. इनमें से 'डमी' (Dummy) के संबंध में कौन सा वाक्य गलत है?
(क) डमी वस्तुतः समाचार-पत्र एवं पत्रिका की समग्र सामग्री का कच्चा खाका है।
(ख) डमी (Dummy) में रेखांकित किया जाता है कि कौन सी सामग्री किस पृष्ठ पर किस ढंग से ली जाएगी। डमी के आधार पर ही पृष्ठ का मेक-अप (Make-up) होता है।
(ग) 'डमी' (Dummy) निर्माण विज्ञापन का ही अंग होता है।
(घ) डमी वास्तव में पृष्ठ का एक ब्लू प्रिंट (Blue print) होता है तथा सामग्री सूचक भी।

186. इनमें से कौन सा समाचार-पत्र की संरचना या मेक-अप या पृष्ठ सज्जा (Page Layout) का नियम/सिद्धांत माना जाता है?
(क) संतुलन (Balance)
(ख) फोकस एवं विरोधाभास (Contrast)
(ग) संगति (Harmony) और गति (Motion)
(घ) उपर्युक्त सभी

187. इनमें से समाचार-पत्र के किस विभाग को 'विश्व भर की ख़बर रखनेवाला' माना जाता है?
(क) विज्ञापन विभाग (ख) संपादकीय विभाग
(ग) मुद्रण विभाग (घ) अकाउंट विभाग

188. इनमें से संपादकीय विभाग (Editorial Dept.) का प्रमुख कार्य क्या होता है?
(क) समाचारों को एकत्रित करना (ख) समाचारों का चयन करना
(ग) समाचारों का संपादन करना (घ) उपर्युक्त सभी

189. संपादकीय विभाग में पदाधिकारियों का सही (अवरोही) क्रम कौन सा विकल्प प्रदर्शित करता है?
(क) संयुक्त संपादक—प्रधान संपादक—समाचार संपादक—सहायक संपादक।
(ख) संयुक्त संपादक—प्रधान संपादक—सहायक संपादक—समाचार संपादक।
(ग) प्रधान संपादक—संयुक्त संपादक—सहायक संपादक—समाचार संपादक।
(घ) प्रधान संपादक—संयुक्त संपादक—समाचार संपादक—सहायक संपादक।

उत्तर के लिए कृपया पृष्ठ सं. 233 देखें।

190. संपादकीय विभाग (Editorial Dept.) के संबंध में कौन सा वाक्य सही है ?

(क) संपादक विभाग के मूलत: दो मुख्य अनुभाग होते हैं—एक रिपोर्टिंग (Reporting) और दूसरा डेस्क (Desk)।

(ख) समाचारों के संकलन का कार्य जहाँ रिपोटर्स करते हैं, वहीं समाचार-पत्र हेतु विविध सामग्री का सही अनुपात में संयोजन तथा प्रस्तुत करने का बौद्धिक उद्यम विभाग का डेस्क (Desk) करता है।

(ग) संपादकीय विभाग में कार्य कई 'डेस्कों (Desks) में बँटा होता है, जैसे अंतरराष्ट्रीय, खेल, राष्ट्रीय, वाणिज्य, मनोरंजन, कला, साहित्य व फीचर।

(घ) उपर्युक्त सभी।

191. वह रजिस्टर, जिसमें संपादकीय विभाग की दैनिक सूचनाएँ लिखी जाती हैं, क्या कहलाता है?

(क) एडिटर/संपादक बुक (ख) प्रेस रजिस्टर

(ग) लॉग बुक (घ) सर्कुलर रजिस्टर

192. संपादकीय पृष्ठ (Editorial Page) पर संपादकीय (Editorial) के अतिरिक्त क्या प्रकाशित नहीं होता है?

(क) टिप्पणियाँ एवं स्तंभ (ख) सामयिक लेख एवं व्यंग्य लेख

(ग) विज्ञापन (घ) संपादक के नाम पत्र

193. संपादकीय/अग्रलेख के संबंध में कौन सा कथन सही नहीं है?

(क) संपादकीय पृष्ठ पर प्रकाशित मुख्य लेख को (या प्रथम संपादकीय लेख को) ही संपादकीय (Editorial) कहा जाता है।

(ख) संपादकीय लेख किसी भी समाचार-पत्र की रीति या नीति का दर्पण होता है। संपादकीय के माध्यम से भी किसी पत्र की साख का निर्माण होता है।

(ग) संपादकीय लेख लगभग 2,000 से 2,500 शब्दों का होता है।

(घ) इसे (संपादकीय को) संपादकीय पृष्ठ (Editorial Page) का हृदय भी कहा जाता है। इस लेख का सीधा उत्तरदायित्व संपादक (Editor) से होता है।

उत्तर के लिए कृपया पृष्ठ सं. 233 देखें।

194. 'संपादक के नाम पत्र' (Letter to Editor) के संबंध में इनमें से कौन सा वाक्य/कथन सही है?
(क) संपादकीय पृष्ठ (Editorial Page) का सबसे महत्त्वपूर्ण स्तंभ 'संपादक के नाम पत्र' होता है।
(ख) यह स्तंभ जनता के विचारों का प्रतिनिधित्व करता है।
(ग) यह स्तंभ लगभग सभी पत्र-पत्रिकाओं में होता है।
(घ) उपर्युक्त सभी।

195. जो व्यक्ति समाचार-पत्र के संपादकीय कार्य का निदेशक, नियंत्रण एवं निरीक्षण करता है, उसे क्या कहते हैं?
(क) संवाददाता (Reporter)
(ख) संपादक (Editor)
(ग) उप-संपादक (Sub-Editor)
(घ) प्रूफ रीडर (Proof Reader)

196. समाचार-पत्र में छपी किसी सामग्री पर अपनी राय व्यक्त करने के लिए समाचार-पत्र के संपादक को लिखा जानेवाला पत्र क्या कहलाता है?
(क) प्रत्युत्तर (Rejoinder)
(ख) संस्वीकृति (Confession)
(ग) सिफारिश (Recommand)
(घ) अनुस्मारक (Reminder)

197. अनेक चीजों के अतिरिक्त समाचार-पत्र समाचारों, संपादकीय, लेखों तथा संपादक के नाम पत्रों (पाठक पत्र) का प्रकाशन करता है। इन मदों का उनकी अधिक संख्या से कम संख्या का सही क्रम क्या है?
(क) समाचार—लेख—संपादक के नाम पत्र—संपादकीय
(ख) समाचार—लेख—संपादकीय—संपादक के नाम पत्र
(ग) लेख—समाचार—संपादक के नाम पत्र—संपादकीय
(घ) लेख—संपादकीय—समाचार—संपादक के नाम पत्र

198. समाचार-पत्र के संपादकीय विभाग का 'अज्ञात योद्धा' समाचार सर्जक तथा 'क्रियात्मक कलाकार' किसे कहा जाता है?
(क) संपादक (ख) समाचार संपादक
(ग) उप-संपादक (घ) संवाददाता

उत्तर के लिए कृपया पृष्ठ सं. 233 देखें।

199. इनमें से किसका कार्य समाचार समितियों का चयन करना और मुद्रण हेतु भेजने से पूर्व उनकी भाषा सही करना है?
(क) रिपोर्टर (ख) ब्यूरो चीफ
(ग) न्यूज एडिटर (घ) सब-एडिटर

200. समाचार-पत्र का न्यूज डेस्क अपने पत्रकारों, न्यूज एजेंसियों के अलावा इनमें से किससे खबरें/समाचार प्राप्त कर सकता है?
(क) जनता से (ख) समाचार-पत्र के पिछले अंक से
(ग) इंटरनेट से। (घ) उपर्युक्त में से कोई नहीं

201. संपादकीय विभाग के अंतर्गत जो व्यक्ति पांडुलिपियों (Manuscripts) में गलतियों का संशोधन/सुधार करता है, वह क्या कहलाता है?
(क) मेकअप मैन (ख) प्रूफ रीडर
(ग) संपादक (घ) कॉपी राइटर

202. 'नोज फॉर द न्यूज' (Nose for the News) शब्द का संबंध इनमें से किससे है?
(क) प्रूफ रीडर से (ख) संवाददाता से
(ग) मशीन मैन से (घ) न्यूज रीडर से

203. संवाददाता की कॉपी जब समाचार कक्ष में पहुँचती है तो सबसे पहले वह किस प्रक्रिया से गुजरती है?
(क) ले-आउट (Layout)
(ख) कंपोजिंग (Composing)
(ग) फोटोग्राफी (Photography)
(घ) संपादन (Editing)

204. 'संवाददाता/रिपोर्टर' के संबंध में कौन सा वाक्य सही है?
(क) रिपोर्टर का मूलभूत कार्य समाचार संकलन करना (News gathering) तथा समाचारों को लिखकर समाचार डेस्क हेतु उपलब्ध कराना होता है।
(ख) रिपोर्टर जहाँ समाचार संकलन करने के लिए क्षेत्र में जाता है, वहीं उप-संपादक समाचार डेस्क पर ही बैठकर कार्य करता है तथा रिपोर्टर द्वारा प्रेषित समाचारों को मुद्रण हेतु उपयुक्त बनाता है।
(ग) रिपोर्टिंग का कार्य रिपोर्टर ही करता है, जो समाचारों को एकत्रित कर समाचार-पत्र को प्रेषित करता है।
(घ) उपर्युक्त सभी।

उत्तर के लिए कृपया पृष्ठ सं. 233 देखें।

205. 'संवाददाता/रिपोर्टर' को जो विशेष क्षेत्र सूचना-प्राप्ति हेतु सौंपा जाता है, उसे क्या कहते हैं?

(क) डेस्क (Desk) (ख) बीट (Beet)

(ग) समीक्षा (Review) (घ) रिपोर्टिंग (Reporting)

206. संवाद-प्रेषक (या) 'स्ट्रिंगर' (Stringer) का क्या अर्थ है?

(क) न्यूज संपादक (News Editor)

(ख) मुद्रक (Printer)

(ग) अंशकालिक संवाददाता (Part time Reporter)

(घ) कॉपी राइटर (Copy writer)

207. समाचार-पत्र का सबसे महत्त्वपूर्ण एवं प्रथम संस्करण क्या कहलाता है?

(क) कैच लाइन (ख) बाई लाइन

(ग) बुल डॉग (घ) एक्सक्लूसिव

208. इनमें से किसे 'कॉलमनिस्ट' (Columnist) कहा जाता है?

(क) विज्ञापन लेखक को (ख) छद्म लेखक को

(ग) स्तंभ लेखक को (घ) कॉपी होल्डर को

209. भारत में प्रकाशित होनेवाले कुल समाचार-पत्रों में हिंदी भाषा माध्यम के पत्रों का लगभग कितना प्रतिशत है?

(क) 10 प्रतिशत (ख) 15 प्रतिशत

(ग) 25 प्रतिशत (घ) 45 प्रतिशत

210. भारतीय समाचार-पत्र एवं पत्रिका में प्रत्यक्ष विदेशी निवेश (FDI) की सीमा क्या है?

(क) 10 प्रतिशत (ख) 26 प्रतिशत

(ग) 51 प्रतिशत (घ) 75 प्रतिशत

211. समाचार-पत्रों के परिचालन के संबंध में इनमें से कौन सा युग्म सही है?

(क) लघु समाचार-पत्र : 25,000 तक प्रतियाँ

(ख) मध्यम समाचार-पत्र : 50,000 तक प्रतियाँ

(ग) बड़े समाचार-पत्र : 75,000 तक प्रतियाँ

(घ) उपर्युक्त सभी

उत्तर के लिए कृपया पृष्ठ सं. 233 व 234 देखें।

212. प्रिंट मीडिया (समाचार-पत्र व पत्रिका) के संदर्भ में प्रयुक्त शब्द 'सर्क्युलेशन' (Circulation) का क्या अर्थ है?
(क) छापी गई प्रतियों की संख्या
(ख) संस्करणों की संख्या
(ग) बेची गई प्रतियों की संख्या
(घ) उपर्युक्त में से सभी

213. निम्नलिखित में से 'ई-समाचार-पत्र' (E-News Paper) किसे कहते हैं?
(क) एक ऐसा समाचार-पत्र, जिसमें किसी भी प्रकार का संशोधन संभव न हो।
(ख) ऐसा समाचार-पत्र, जिसमें केवल इलेक्ट्रॉनिक्स सामग्री की ही जानकारी दी गई हो।
(ग) ऐसा पत्र, जो केवल एक राष्ट्र की सीमा के भीतर ही पढ़ा जा सके, किसी दूसरे राष्ट्र में नहीं।
(घ) ऐसा समाचार-पत्र, जिसकी प्रकाशित प्रति को इंटरनेट पर पढ़ा जा सके।

214. 'इलेक्ट्रॉनिक समाचार-पत्र' (E- News Paper) किस रूप में (कनेक्शन में) उपलब्ध होता है?
(क) फुल कनेक्शन
(ख) डायल-अप कनेक्शन
(ग) गेट-वे कनेक्शन
(घ) उपर्युक्त सभी

215. भारत में सर्वप्रथम (सन् 1997 में) हिंदी समाचार-पत्रों में किस समाचार-पत्र ने अपना इंटरनेट संस्करण प्रारंभ किया था?
(क) नवभारत टाइम्स (दिल्ली से)
(ख) पंजाब केसरी (जालंधर से)
(ग) नई दुनिया (इंदौर से)
(घ) दैनिक भास्कर (भोपाल से)

उत्तर के लिए कृपया पृष्ठ सं. 234 देखें।

216. 'ई-पत्रिकाओं/जर्नल' (E-Journals/Magz.) के संबंध में कौन सा कथन सही नहीं है?

(क) ई-पत्रिकाएँ वे पत्रिकाएँ होती हैं, जिन्हें कंप्यूटर और संप्रेषण प्रौद्योगिकी की सहायता से प्राप्त किया जा सकता है और जो इलेक्ट्रॉनिक स्वरूप में उपलब्ध हैं।

(ख) ये पत्रिकाएँ पूर्ण पाठ्य (Full text) या सार/अंतर्वस्तु (Contents) के रूप में उपलब्ध होती हैं।

(ग) ई-पत्रिकाओं को तीन समूहों में बाँटा जा सकता है। एक ऑनलाइन जर्नल, दूसरा सी.डी. रोम जर्नल, तीसरा नेटवर्क्ड ई. जर्नल।

(घ) ई-पत्रिकाएँ/जर्नल मुद्रित संस्करण की अपेक्षा महँगी होती हैं तथा इन्हें डाउनलोड (Download) किया जा सकता है।

217. 'ई-जर्नल' (E-Journals) को किस अन्य नाम से भी जाना जाता है?

(क) पेपरलेस जर्नल (Paperless Journals)

(ख) नेटवर्क्ड जर्नल (Networked E-Journals)

(ग) सी.डी. रोम जर्नल (CD-Rom Journals)

(घ) उपर्युक्त सभी

218. 'टैबलॉयड' (Tabloid) समाचार-पत्र के संबंध में कौन सा वाक्य/कथन गलत है?

(क) 'टैबलॉयड' छोटे आकार का समाचार-पत्र होता है, जो लगभग पाँच कॉलम का ही होता है।

(ख) यह लंबाई एवं चौड़ाई में समाचार-पत्र का आधा होता है। यह 11 इंच चौड़ा एवं 16 इंच लंबा होता है।

(ग) टैबलॉयड समाचार-पत्र पाठको को आकर्षित करने हेतु चौंकानेवाली सुर्खियाँ (Heading) लगाते हैं।

(घ) टैबलॉयड समाचार-पत्र में केवल राजनीतिक समाचार ही प्रकाशित होते हैं।

उत्तर के लिए कृपया पृष्ठ सं. 234 देखें।

219. 'ऑनलाइन एडिटिंग' (Online Editing) के संबंध में कौन सा वाक्य सही है?

(क) वर्तमान में लगभग सभी समाचार-पत्रों व पत्रिकाओं में संपादन (Editing) का कार्य ऑनलाइन (online) होता है।

(ख) वर्तमान में समाचार लेखन से लेकर प्रस्तुति तक सभी कार्य कंप्यूटर द्वारा ही संपादित (Editing) होते हैं। इस प्रक्रिया में किसी भी गलती को कंप्यूटर स्क्रीन पर ही संशोधित किया जा सकता है।

(ग) कंप्यूटर ऑनलाइन एडिटिंग का सबसे बड़ा लाभ यह है कि इसमें कागजी कार्यवाही, डमी एवं प्रूफ आदि की कोई समस्या नहीं होती।

(घ) उपर्युक्त सभी।

220. भारत के किस अंग्रेजी समाचार-पत्र ने सर्वप्रथम (सन् 1995 में) अपना इंटरनेट संस्करण (Internet Edition) प्रारंभ किया था?

(क) इंडियन एक्सप्रेस (ख) द हिंदू (चेन्नई)

(ग) हिंदुस्तान टाइम्स (घ) द ट्रिब्यून (जालंधर)

221. भारत की सर्वाधिक प्रसारवाली अंग्रेजी न्यूज/समाचार-पत्रिका कौन सी है?

(क) द फ्रंटलाइन (ख) इंडिया टुडे

(ग) आउटलुक (घ) द वीक

222. इनमें से प्रायः किसमें 'गेटफोल्ड' देखा जाता है?

(क) पत्रिकाओं में (ख) समाचार-पत्रों में

(ग) पुस्तकों में (घ) पोस्टरों में

223. 'फ्रंटलाइन' किस प्रकार की पत्रिका है?

(क) साप्ताहिक पत्रिका (ख) पाक्षिक पत्रिका

(ग) मासिक पत्रिका (घ) त्रैमासिक पत्रिका

224. इनमें से कौन सी पत्रिका लिविंग मीडिया प्रा. लि. द्वारा प्रकाशित होती है?

(क) इंडिया टुडे (ख) फ्रंटलाइन

(ग) आउटलुक (घ) द वीक

उत्तर के लिए कृपया पृष्ठ सं. 234 देखें।

225. किस पत्रिका का आदर्श वाक्य है—फ्री, फेयर, फियरलेस?
(क) तहलका (ख) फ्रंटलाइन
(ग) द वीक (घ) इंडिया टुडे

226. अंग्रेजी पत्रिका 'द वीक' (The Week) किस प्रकाशन समूह की पत्रिका है?
(क) कस्तूरी एंड संस (ख) मलयाला मनोरमा
(ग) बेनेट एंड कोलमैन (घ) उपर्युक्त में से कोई नहीं

227. इनमें से 'मनोरमा इयर बुक' (Manorma Year Book) कहाँ से प्रकाशित होती है?
(क) बेंगलुरु (ख) दिल्ली
(ग) कोलकाता (घ) कोट्टायम

228. इनमें से किस समाचार-पत्र ने पहली बार अपने हवाई जहाज से पत्रों का वितरण किया?
(क) द हिंदू (ख) द पायोनियर
(ग) टाइम्स ऑफ इंडिया (घ) द संडे ऑब्जर्वर

229. इनमें से किस समाचार-पत्र को 'वन आना पेपर' के नाम से जाना जाता है?
(क) द ट्रिब्यून (ख) द टेलीग्राफ
(ग) द पायोनियर (घ) द स्टेट्समैन

230. इनमें से कौन सा वृहत्पत्रक पत्रकारिता (Broad sheet Journalism) अर्थात् ऐसा समाचार-पत्र है, जो प्रायः 4×60 सें.मी. आकार के बड़े पन्नों पर छापा जाता है?
(क) इंडियन एक्सप्रेस (ख) मिड डे (Mid day)
(ग) ब्लिट्ज (Blitz) (घ) उपर्युक्त में से कोई नहीं

231. भारत का वह एकमात्र राज्य कौन सा है, जहाँ से कोई समाचार-पत्र प्रकाशित नहीं होता है?
(क) असम (ख) अरुणाचल प्रदेश
(ग) हिमाचल प्रदेश (घ) गोवा

उत्तर के लिए कृपया पृष्ठ सं. 234 देखें।

232. इनमें से किस राज्य से सर्वाधिक संख्या में समाचार-पत्र प्रकाशित होते हैं?

(क) राजस्थान (ख) उत्तर प्रदेश

(ग) हिमाचल प्रदेश (घ) बिहार

233. हिंदी भाषा का सबसे अधिक बिकनेवाला समाचार-पत्र कौन सा है?

(क) हिंदुस्तान (ख) नवभारत टाइम्स

(ग) दैनिक जागरण (घ) दैनिक भास्कर

□

उत्तर के लिए कृपया पृष्ठ सं. 234 देखें।

फीचर

234. फीचर (Feature) शब्द 'फैक्ट्रा' (Factura) शब्द से बना है। इनमें से यह 'फैक्ट्रा' शब्द किस भाषा का है?
(क) अंग्रेजी (ख) लैटिन
(ग) फ्रेंच (घ) ग्रीक

235. फीचर इनमें से किस विधा के अधिक निकट है?
(क) रिपोर्ताज (Reportage) (ख) समाचार (News)
(ग) लेख (Article) (घ) कहानी (Story)

236. इनमें से कौन सा मनोरंजक एवं ज्ञानवर्धक होता है?
(क) समाचार (ख) फीचर
(ग) संपादकीय (घ) आलेख

237. एक आदर्श फीचर की लंबाई कितने शब्दों की मानी जाती है?
(क) 300 या 400 शब्द (ख) 500 या 600 शब्द
(ग) 900 या 1000 शब्द (घ) 1400 या 1500 शब्द

238. इनमें से 'फीचर' के संबंध में कौन सा कथन सही नहीं है?
(क) फीचर किसी भी पत्र-पत्रिका की लोकप्रियता का आधार है। जिस पत्र-पत्रिका में जितने अधिक फीचर प्रकाशित होते हैं, उसकी लोकप्रियता का ग्राफ उतना ही ऊपर जाता है।
(ख) समाचार-पत्रों में समाचारों के अलावा कुछ विशेष प्रकार के लेख (Article) प्रकाशित होते हैं, जो रोचक, मनोरंजक व मानवीय रुचि से ओत-प्रोत होते हैं। मन की संवेदना को छूनेवाले विशेष लेख को 'फीचर' कहते हैं।
(ग) समाचार और फीचर तो लगभग सभी समाचार-पत्रों में एक जैसे ही होते हैं और दोनों में कोई प्रमुख अंतर नहीं होता है।
(घ) समाचार-पत्रों के मुख्यत: कई अंग होते हैं, जैसे—समाचार, फीचर, लेख, चित्र व विचार। इनमें फीचर समाचार जगत् की लेखन विधाओं का एक नया स्वरूप है।

उत्तर के लिए कृपया पृष्ठ सं. 234 देखें।

239. इनमें से विभिन्न विद्वानों द्वारा फीचर पर दी गई परिभाषाओं (या कथन) के संबंध में कौन सा जोड़ा गलत है?

परिभाषा/कथन	विद्वान्
(क) "फीचर में तथ्यों को मनोरंजक ढंग से प्रस्तुत किया जाता है। इसका उद्देश्य सामान्य पाठक का मनोरंजन करना या उसकी जानकारी बढ़ाना है।"	—बिलाई ब्लैथर
(ख) "कोई भी घटना, जिसमें मनुष्य की अभिरुचि हो, समाचार है। लेकिन समाचार से हटकर या समाचार-रहित होकर वह जब कथात्मक रूप से पाठकों का मनोरंजन करती है तो वह 'फीचर' है।"	—जे.जे. सिंडलर
(ग) "फीचर ऐसा सर्जनात्मक लेख है, जिसका गठन किसी घटना या जीवन के किसी पक्ष के संबंध में पाठक का मूलतः मनोरंजन करने व सूचना देने के उद्देश्य से किया गया है।"	—डेनियल आर. विलियम
(घ) "फीचर को समाचार-पत्र की आत्मा के रूप में वर्णित किया है।"	—स्टेनले वॉकर

240. इनमें से फीचर को परिभाषित करते हुए किसने कहा है कि "सामान्य समाचार के आधारभूत क्षेत्र कौन, क्या, कब, कहाँ, क्यों, कैसे (छह ककार) से परे हटकर संघात करनेवाला लेखन 'फीचर' है"?

(क) जेम्स लेविस (ख) एलैक्सस मैकिनी

(ग) डेनियल आर. विलियम (घ) मिस्टर ब्रेन निकोलस

241. फीचर के संबंध में निम्न में से कौन सा कथन सही है?

(क) फीचर (Feature) आधुनिक पत्रकारिता की ही नवीनतम विधा है।

(ख) 'फीचर' को हिंदी में 'रूपक' कहा जाता है।

(ग) फीचर को पत्रकारिता की दुनिया में 'सॉफ्ट न्यूज' (Soft News) भी कहा जाता है।

(घ) उपर्युक्त सभी।

उत्तर के लिए कृपया पृष्ठ सं. 234 देखें।

242. इनमें से कौन-सा फीचर लेखन का उद्देश्य नहीं है?
(क) मनोरंजन (ख) ज्ञानवर्द्धन
(ग) शून्य पठनीयता (घ) मार्गदर्शन

243. इनमें से कौन से लेख (Article) तथा फीचर (Feature) में प्रमुख अंतर नहीं है?
(क) लेख की उत्पत्ति मस्तिष्क से होती है, जबकि फीचर की हृदय से।
(ख) लेख छोटा होता है, वहीं फीचर लेख की तुलना में बड़ा व लंबा होता है।
(ग) लेख का विषय विस्तृत व गहन होता है, जबकि फीचर हल्के-फुल्के ढंग से लिखा जाता है। फीचर लिखने के लिए तथ्यों व आँकड़ों का प्रयोग नहीं किया जाता है।
(घ) लेख में चित्रों, व्यंग्य चित्रों, रेखाचित्र का प्रयोग आवश्यक नहीं किया जाता; जबकि फीचर में इन सभी का प्रयोग होता है।

244. फीचर सिंडिकेट (Feature Syndicate) के संबंध में कौन सा कथन सही है?
(क) पत्र-पत्रिकाओं और मीडिया से जुड़े अन्य प्रतिष्ठानों को सामयिक विषयों पर लेख (या) फीचर सेवा उपलब्ध करानेवाली एजेंसी या संस्था 'फीचर सिंडिकेट/फीचर एजेंसी' कहलाती है। इनका विषय राजनीतिक, सामाजिक, आर्थिक या हास्य-व्यंग्य कुछ भी हो सकता है।
(ख) वर्तमान समय में फीचर सिंड़िकेट पत्रकारिता जगत् की प्रमुख आवश्यकता बन गए हैं।
(ग) फीचर सिंडिकेटों की शुरुआत सन् 1861 में अमेरिका में हुई।
(घ) उपर्युक्त सभी।

245. इनमें से कौन सा विश्व में सबसे बड़ा फीचर सिंडिकेट है?
(क) इंटरनेशनल न्यूज फोटोज
(ख) किंग्स फीचर्स सिंडिकेट
(ग) एसोसिएटेड फ्रांस प्रेस
(घ) एसोसिएटेड न्यूज एंड फीचर्स

उत्तर के लिए कृपया पृष्ठ सं. 234 देखें।

246. भारत की प्रमुख सिंडिकेट/एजेंसी के संबंध में कौन सा वाक्य गलत है?
(क) भारत की प्रमुख फीचर सिंडिकेट/एजेंसी में 'इंडिया न्यूज एंड फीचर एलायंस' (इन्फा) 'न्यूज फीचर्स ऑफ इंडिया', 'इंडिया प्रेस सर्विस', 'इंडियन पब्लिकेशन सिंडिकेट' आदि शामिल हैं।
(ख) भारत की सबसे पहली फीचर एजेंसी 'इंडियन न्यूज एंड फीचर एलायंस' 'इन्फा' (INFA) है।
(ग) 'इंडियन न्यूज एंड फीचर एलायंस' (INFA) की स्थापना वर्ष 1974 में हुई।
(घ) भारत में पी.टी. आई. (PTI) तथा यूनाइटेड न्यूज ऑफ इंडिया (UNI) की अपनी फीचर सेवाएँ हैं।

247. फीचर राइटिंग फॉर न्यूजपेपर्स (Features writing for News Paper) के लेखक कौन हैं?
(क) विलियम एंड रिवर्स (ख) डेनियल आर. विलियम
(ग) ब्रिसन निकेल्स (घ) डॉन डंकन

248. 'आर्टिकिल्स एंड फीचर्स' (Articles and Features) नामक पुस्तक के लेखक कौन हैं?
(क) रायपॉल नेल्सन (ख) एलेक्सस मैकनी
(ग) डेनियल आर. विलियम (घ) बिलाई ब्लेयर

249. इनमें से रिपोर्ताज'(Reportage) के संबंध में कौन सा वाक्य गलत है?
(क) 'रिपोर्ताज' (Reportage) शब्द अंग्रेजी के 'रिपोर्ट' से बना है। 'रिपोर्ट' (Report) का ही कलात्मक रूप 'रिपोर्ताज' है।
(ख) मूल रूप से रिपोर्ताज फ्रेंच भाषा का शब्द है, जिसमें मीडिया से संबंधित रिपोर्टिंग भाव निहित है। हिंदी में रिपोर्ताज को 'सूचनिका' भी कहा जाता है।
(ग) रिपोर्ताज को 'डायरी', 'फीचर', 'संस्मरण' तथा 'यात्रा वृत्तांत भी कहा जा सकता है।
(घ) रिपोर्ताज मीडिया की एक ऐसी विधा है, जिसमें किसी घटना, युद्ध, अकाल, बाढ़ आदि का तथ्यात्मक मार्मिक विवरण प्रस्तुत किया जाता है। इसमें प्रभावपूर्ण चित्रों के रूप में छोटी-छोटी घटनाओं को प्रस्तुत किया जाता है।

उत्तर के लिए कृपया पृष्ठ सं. 234 व 235 देखें।

250. 'डॉक्यूमेंटरी' (Documentary) के संबंध में कौन सा वाक्य सही है?

(क) 'डॉक्यूमेंटरी' शब्द को हिंदी में 'वृत्त रूपक', 'वृत्तचित्र' या 'आलेख रूपक' कहा जाता है।

(ख) 'डॉक्यूमेंटरी' शब्द 'डॉक्यूमेंट' (Document) से बना है, जिसका शाब्दिक अर्थ है—दस्तावेज या लिखित प्रमाण।

(ग) डॉक्यूमेंटरी वह विधा है, जो किसी सत्य घटना, तथ्य, सूचना, व्यक्तित्व और परिस्थिति पर आधारित होती है तथा जिसका उद्देश्य मनोरंजन की अपेक्षा शिक्षा व सूचना देना अधिक होता है।

(घ) उपर्युक्त सभी।

☐

उत्तर के लिए कृपया पृष्ठ सं. 235 देखें।

कार्टून

251. इनमें से 'कार्टून'/व्यंग्य चित्र के संबंध में कौन सा कथन सही है?
(क) चित्रों को व्यंग्यपूर्ण ढंग से प्रदर्शित करने की कला 'कार्टून' है, जिसमें मनोरंजन का पुट होता है।
(ख) कार्टून समाचारों, व्यक्तियों, घटनाओं व समस्याओं की रेखाओं द्वारा बनाई गई व्यंग्यात्मक आकृतियाँ होती हैं।
(ग) कार्टून्स देखने में आकर्षक होते हैं और एक ही स्थान पर कम शब्दों में सारी बातें स्पष्ट कर देते हैं।
(घ) उपर्युक्त सभी।

252. इनमें से कौन सा एक भारत का मशहूर कार्टूनिस्ट नहीं है?
(क) प्राण (ख) आर.के. लक्ष्मण
(ग) शंकर (घ) खुशवंत सिंह

253. इनमें से कौन सा कथन सही नहीं है?
(क) कार्टून आज मीडिया का एक अभिन्न अंग बन गया है।
(ख) 'कैरिकेयर' शब्द का सर्वप्रथम प्रयोग अमेरिका में हुआ।
(ग) मशहूर कार्टूनिस्ट लीच का संबंध इंग्लैंड से है।
(घ) ब्रिटिश व्यंग्य चित्रों का पितामह विलियम होगार्थ को कहा जाता है।

254. इनमें से किसे 'भारत का वॉल्ट डिजनी' कहा जाता है?
(क) शेखर सुमन (ख) शंकर
(ग) प्राण शर्मा (घ) जसपाल भट्टी

उत्तर के लिए कृपया पृष्ठ सं. 235 देखें।

255. इनमें से 'मिकी माउस' कार्टून किसके दिमाग की उपज है?
(क) जे.के. रोलिंग (ख) वॉल्ट डिजनी
(ग) चार्ली चैपलिन (घ) आर.के. लक्ष्मण

256. वर्तमान में हिंदी में प्रत्येक समाचार-पत्र-पत्रिका में हास्य-व्यंग्य एवं कार्टून के लिए स्थान रहता है। इन समाचार-पत्रों में छपनेवाले कार्टून कॉलम के संबंध में कौन सा वाक्य गलत है?
(क) 'हिंदुस्तान टाइम्स' पत्र में प्रतिदिन 'गुस्ताखी माफ' के नाम से कार्टून छपता है।
(ख) 'नोक-झोंक' कार्टून कॉलम 'दैनिक भास्कर' में प्रकाशित होता है।
(ग) 'चोंच की बातें' कार्टून कॉलम नवभारत टाइम्स में प्रकाशित होता है।
(घ) 'तोता बाबू' कार्टून कॉलम 'दैनिक जागरण' में छपता है।

257. शिवसेना प्रमुख रहे बाल ठाकरे ने प्रारंभ में अपना कैरियर एक अंग्रेजी दैनिक में एक कार्टूनिस्ट के रूप में शुरू किया था। इनमें से वह कौन सा दैनिक पत्र था?
(क) केसरी मराठा (ख) द हिंदू (मुंबई)
(ग) फ्री प्रेस जर्नल (मुंबई) (घ) मराठा एक्सप्रेस

258. भारत में किस पत्र ने सबसे पहले चित्रों का बहुतायत से प्रयोग किया?
(क) द हिंदू (ख) टाइम्स ऑफ इंडिया
(ग) दि इलस्ट्रेटेड वीकली (घ) धर्मयुग

259. कॉमिक्स (Comics) के संबंध में कौन सा कथन सही नहीं है?
(क) कॉमिक्स कॉन्सेप्टर मेक्सिको से आया।
(ख) स्विज आर्टिस्ट रुडोल्फ टकर ने 19वीं सदी में पहली बार कॉमिक किरदारों की रचना की।
(ग) विश्व की पहली कॉमिक्स एक अमेरिकी अखबार में एक पट्टी के तौर पर प्रकाशित हुई।
(घ) भारत में आनंत पाई ने अमर चित्र कथा की शुरुआत की थी।

उत्तर के लिए कृपया पृष्ठ सं. 235 देखें।

260. विश्व में वह कौन सा पत्र था, जिसने चित्रकला पत्रकारिता को एक लंबे समय तक अपने पत्र से दूर रखा?

(क) द न्यूयॉर्क टाइम्स (ख) लिमांडो

(ग) टाइम्स ऑफ इंडिया (घ) वॉशिंगटन पोस्ट

261. इनमें से किस अमेरिकी पत्रकार ने फोटोग्राफी में अधिक धन और ध्यान लगाकर अपने समाचार-पत्र की चित्रकला पत्रकारिता के एक दीप्तिमान उदाहरण के रूप में प्रस्तुत की?

(क) जॉन सोमेरिल (ख) डेनियल पर्ल

(ग) मार्शल मैक्लुहान (घ) यूज़ीन एल. रॉबर्ट्स

☐

उत्तर के लिए कृपया पृष्ठ सं. 235 देखें।

रेडियो

262. इटली के गुग्लीलमो मार्कोनी (Guglielmo Marconi) ने इनमें से किसकी खोज की, जिसने रेडियो (Radio) के विकास में महत्त्वपूर्ण भूमिका निभाई?

(क) टेलीफोन (ख) टेलीग्राफ

(ग) विद्युत् तरंगों (घ) वायरलेस टेलीग्राफ

263. रेडियो (Radio) के आविष्कार से संबंधित कौन सा जोड़ा सही नहीं है?

(क) सन् 1831 : जोसेफ हेनरी ने संदेशों की प्रेषित करने में सफलता प्राप्त की।

(ख) सन् 1864 : जेम्स क्लाई मैक्सवेल ने चुंबकीय विद्युत् तरंगों का सिद्धांत प्रतिपादित किया।

(ग) सन् 1876 : अमेरिका के एलेक्जेंडर ग्राहम बेल ने ध्वनि की विद्युत् चुंबकीय तरंगों के माध्यमों से संदेश प्रणाली का विस्तार किया।

(घ) सन् 1888 : ली.डी. फॉरेस्ट ने सन् 1888 में कहा कि विद्युत् तरंगे सीधी रेखा में चलती हैं।

264. इटली के मार्कोनी (Marconi), जिसने रेडियो के विकास में महत्त्वपूर्ण भूमिका निभाई थी। इनमें से मार्कोनी के संबंध में कौन सा कथन गलत है?

(क) मार्कोनी ने सन् 1895 में वायरलेस (wireless) के द्वारा ध्वनियों व संकेतों को एक स्थान से दूसरे स्थान पर भेजने में सफलता प्राप्त की।

(ख) मार्कोनी ने सन् 1897 में 'वायरलेस टेलीग्राफ एवं सिग्नल कंपनी लि. (Wireless Telegraph Signal Company Ltd.) की स्थापना की थी।

(ग) सन् 1901 में मार्कोनी द्वारा इंग्लैंड से अमेरिका (न्यू फाउंडलैंड) के बीच मोर्स कोड प्रेषित किया गया।

(घ) मार्कोनी कंपनी ने सन् 1906 में चेम्सफोर्ड से रेडियो का प्रसारण विधिवत् प्रारंभ किया।

उत्तर के लिए कृपया पृष्ठ सं. 235 देखें।

265. इनमें से रेडियो (Radio) के आविष्कार से संबंधित कौन सा जोड़ा सही नहीं है?

(क) सन् 1901 : रेडियो पर पहली बार मनुष्य की आवाज सुनी गई।

(ख) सन् 1912 : ली.डी. फॉरेस्ट (अमेरिका) ने ट्रायोड वॉल्ड की सहायता से प्रारंभिक प्रायोगिक रेडियो प्रसारित किया।

(ग) सन् 1918 : ली.डी. फॉरेस्ट ने (न्यूयॉर्क के हाडब्रिज इलाके में) विश्व का पहला रेडियो स्टेशन प्रारंभ किया।

(घ) सन् 1920 : फ्रैंक कॉनार्ड ने कानूनी तौर पर रेडियो स्टेशन प्रारंभ किया।

266. विश्व का प्रथम व्यावसायिक प्रसारण केंद्र कहाँ प्रारंभ हुआ था?

(क) पिट्सबर्ग (ख) मॉस्को

(ग) लंदन (घ) बर्लिन

267. इनमें से रेडियो के संबंध में कौन सा कथन गलत है?

(क) रेडियो जन-संचार का श्रव्य (ह्स्त्रद्धश) माध्यम है।

(ख) रेडियो जन-संचार का एक ऐसा माध्यम है, जिससे दृष्टिहीन भी उतना ही लाभ प्राप्त कर सकते हैं, जितना अन्य लोग।

(ग) टेलीविजन को रेडियो का विकसित रूप माना जाता है।

(घ) रेडियो की जिस ध्वनि (आवाज) से क्रिया का बोध होता है, उसे 'तरंग' कहते हैं।

268. इनमें से किस दिन प्रतिवर्ष 'विश्व रेडियो दिवस' (World Radio Day) के रूप में मनाया जाता है?

(क) 13 फरवरी (ख) 3 जून

(ग) 13 सितंबर (घ) 3 दिसंबर

269. रेडियो प्रसारण (Radio Broadcasting) में इन देशों का सही काल क्रम क्या है?

(क) अमेरिका—ब्रिटेन—जर्मनी—भारत

(ख) ब्रिटेन—अमेरिका—जर्मनी—भारत

(ग) ब्रिटेन—जर्मनी—अमेरिका—भारत

(घ) अमेरिका—जर्मनी—ब्रिटेन—भारत

उत्तर के लिए कृपया पृष्ठ सं. 235 देखें।

270. 'ब्रिटिश ब्रॉडकास्टिंग कंपनी' के नाम से 'बी.बी.सी.' (BBC) की स्थापना किस वर्ष की गई थी?

(क) सन् 1906 में (ख) सन् 1916 में
(ग) सन् 1922 में (घ) सन् 1932 में

271. ब्रिटिश ब्रॉडकास्टिंग कॉरपोरेशन (BBC) के संबंध में कौन सा कथन सही नहीं है?

(क) बी.बी.सी. (BBC) ने अपनी टेलीविजन सेवा (TV Service) 2 नवंबर, 1936 को उत्तरी लंदन से प्रारंभ की थी।
(ख) बी.बी.सी. ने 11 मई, 1940 को हिंदी समाचार सेवा प्रारंभ की।
(ग) बी.बी.सी. ने वर्ष 1963 में ब्रिटेन की महारानी एलिजाबेथ द्वितीय की ताजपोशी का टी.वी. पर सर्वप्रथम सीधा प्रसारण किया।
(घ) बी.बी.सी. ने वर्ष 1967 में पहली बार रंगीन प्रसारण प्रारंभ किया।

272. ब्रिटिश ब्रॉडकास्टिंग कॉरपोरेशन के संबंध में कौन सा कथन/वाक्य गलत है?

(क) बी.बी.सी. (BBC) वर्तमान समय में दो रंगीन टेलीविजन चैनलों का संचालन करता है—पहला बी.बी.सी., दूसरा बी.बी.सी.-2
(ख) बी.बी.सी. ने अपना दूसरा चैनल बी.बी.सी.-2 वर्ष 1984 में प्रारंभ किया।
(ग) बी.बी.सी. वर्तमान में अंतरराष्ट्रीय श्रोताओं और दर्शकों तक पहुँचने और उन्हें प्रभावित करने में पूरी तरह सफल रहा है। आज सैटेलाइट के माध्यम से बी.बी.सी. करोड़ों घरों के लोगों तक पहुँचकर उन्हें लाभान्वित कर रहा है।
(घ) बी.बी.सी. अंतरराष्ट्रीय समाचारों के प्रसारण परिचालन में वर्तमान में सर्वोच्च स्थान रखता है।

273. बी.बी.सी. (BBC) का लंबे समय तक मुख्य आय का स्रोत इनमें से कौन सा था?

(क) लाइसेंस शुल्क (ख) सरकारी सब्सिडी
(ग) बॉण्डों की ब्रिकी (घ) जनता से प्राप्त दान

उत्तर के लिए कृपया पृष्ठ सं. 235 देखें।

274. इनमें से किस वर्ष वॉयस ऑफ अमेरिका (Voice of America—VOA) की स्थापना हुई?
(क) सन् 1927 में (ख) सन् 1936 में
(ग) सन् 1942 में (घ) सन् 1955 में

275. इनमें वॉयस ऑफ अमेरिका (VOA) के संबंध में कौन सा कथन गलत है?
(क) वॉयस ऑफ अमेरिका अमेरिकी सरकार की आधिकारिक मल्टीमीडिया प्रसारण सेवा है। यह अंतरराष्ट्रीय प्रसारण सेवाओं में जाना जाता है।
(ख) वॉयस ऑफ अमेरिका (VOA) अंग्रेजी के अतिरिक्त लगभग 45 अन्य भाषाओं में भी प्रसारण करता है।
(ग) वॉयस ऑफ अमेरिका का मुख्यालय न्यूयॉर्क में स्थित है।
(घ) विश्व में वी.ओ.ए. (VOA) सेवा के लगभग 13 करोड़ श्रोता हैं।

276. इनमें किस वर्ष एशिया के पुराने रेडियो स्टेशनों में से एक 'रेडियो सिलोन' (Radio Ceylon) की स्थापना ('कोलंबो रेडियो' के नाम से) हुई थी?
(क) सन् 1916 में (ख) सन् 1925 में
(ग) सन् 1936 में (घ) सन् 1944 में

277. 'रेडियो सिलोन' (Radio Ceylon) का नया नाम क्या है?
(क) के.एल.बी.सी. (K L B C)
(ख) सी.आर.पी.सी. (C R P C)
(ग) एस.एल.बी.सी. (S L B C)
(घ) सी.एल.पी.सी. (C L P C)

278. भारत-विभाजन के समय पाकिस्तान के किस स्थान पर रेडियो स्टेशन स्थित था?
(क) पेशावर (ख) ढाका
(ग) लाहौर (घ) उपर्युक्त सभी

279. भारत में किस वर्ष 'टाइम्स ऑफ इंडिया' तथा डाक-तार विभाग के संयुक्त प्रयास से पहले रेडियो कार्यक्रम का प्रसारण किया गया था?
(क) सन् 1918 में (ख) सन् 1921 में
(ग) सन् 1924 में (घ) सन् 1930 में

उत्तर के लिए कृपया पृष्ठ सं. 235 व 236 देखें।

280. भारत में रेडियो प्रसारण कार्य किस वर्ष (विधिवत् रूप से) 'इंडियन ब्रॉडकास्टिंग कंपनी' (Indian Broadcasting company) द्वारा (मुंबई से) प्रारंभ किया गया था?

(क) सन् 1920 में (ख) सन् 1927 में

(ग) सन् 1930 में (घ) सन् 1936 में

281. इनमें से किस वर्ष 'इंडियन ब्रॉडकास्टिंग कंपनी' आर्थिक कठिनाइयों के चलते समाप्त कर दी गई तथा भारत सरकार ने प्रसारण का अधिकार अपने हाथ में लेते हुए 'इंडियन स्टेट ब्रॉडकास्टिंग सर्विस' (ISBS) नाम से एक नई प्रसारण सेवा प्रारंभ की थी?

(क) सन् 1927 में (ख) सन् 1930 में

(ग) सन् 1936 में (घ) सन् 1943 में

282. सरकार के स्वामित्वाधीन प्रसारण कंपनी इंडियन स्टेट ब्रॉडकास्टिंग सर्विस (ISBS) की इनमें से किसके अधीन स्थापना की गई थी?

(क) डाक व तार विभाग

(ख) सूचना एवं प्रसारण विभाग

(ग) उद्योग और श्रम विभाग

(घ) जन स्वास्थ्य एवं परिवार कल्याण विभाग

283. 'आई.एस.बी.एस.' (ISBS) के स्थान पर भारतीय रेडियो प्रसारण कंपनी का नाम 'ऑल इंडिया रेडियो' (AIR) किस वर्ष किया गया था?

(क) सन् 1930 में (ख) सन् 1936 में

(ग) सन् 1947 में (घ) सन् 1957 में

284. भारत में रेडियो प्रसारण के संबंध में कौन सा कथन सही नहीं है?

(क) भारत सरकार ने (सन् 1935 में)कंट्रोलर ऑफ ब्रॉडकास्टिंग का पद सृजित किया। इस पद पर सर्वप्रथम लियोनेल फिल्डेन की नियुक्ति की गई।

(ख) सन् 1940 में ए.एस. बुखारी को 'ऑल इंडिया रेडियो' का प्रथम भारतीय निदेशक बनाया गया।

(ग) सन् 1943 में ऑल इंडिया रेडियो का मुख्यालय नई दिल्ली के संसद् मार्ग (Parliament Street) स्थित ब्रॉडकास्टिंग हाउस में स्थानांतरित किया गया।

(घ) सन् 1957 में ऑल इंडिया रेडियो का पद नाम 'कंट्रोलर ऑफ ब्रॉडकास्टिंग' से बदलकर 'निदेशक' किया गया।

उत्तर के लिए कृपया पृष्ठ सं. 236 देखें।

285. 27 अगस्त, 1942 को बंबई से 'नेशनल कांग्रेस रेडियो' (National Congress Radio) का प्रसारण शुरू हुआ। इनमें किसे नेशनल कांग्रेस रेडियो का प्रथम उद्घोषक बनाया गया था?

(क) मुकुल बोस (ख) ऊषा मेहता

(ग) ए. एस. बुखारी (घ) अमरेंद्र चंद्र गोजू

286. 'आजाद हिंद रेडियो', जिसकी स्थापना वर्ष 1742 में की गई थी, इनमें से इसने भारतीयों के लिए कहाँ से समाचार प्रसारित किए?

(क) चीन, रूस तथा हांगकांग (ख) नेपाल, जापान तथा भूटान

(ग) नेपाल, रूस तथा हंगरी (घ) जर्मनी, सिंगापुर तथा रंगून

287. विभाजन के पूर्व 'ए.आई.आर. (AIR) के नौ प्रसारण केंद्रों में से स्वतंत्र भारत के पास छह केंद्र आए, जिनमें कलकत्ता, मद्रास, बंबई एवं दिल्ली के अतिरिक्त अन्य दो केंद्र कौन से थे?

(क) भोपाल तथा जम्मू (ख) जालंधर तथा गुवाहाटी

(ग) लखनऊ तथा त्रिचनापल्ली (घ) मेरठ तथा हैदराबाद

288. सन् 1957 में ऑल इंडिया रेडियो (AIR) का नाम बदलकर क्या रखा गया?

(क) प्रसार भारती (ख) आकाश भारती

(ग) विविध भारती (घ) आकाशवाणी

289. इनमें से 'विविध भारती' के संबंध में कौन सा वाक्य सही नहीं है?

(क) भारत सरकार ने रेडियो (आकाशवाणी) की लोकप्रियता को चार चाँद लगाने एवं फिल्म संगीत के विशेष प्रसारण हेतु बंबई से 2 अक्तूबर, 1957 से विविध भारती (यानी All India Variety programme) प्रारंभ किया।

(ख) विविध भारती आकाशवाणी का मनोरंजन कार्यक्रम है। विविध भारती कार्यक्रम को आकाशवाणी की वैकल्पिक सेवा के रूप में प्रारंभ किया गया, जिसमें प्रसारण का आधा से ज्यादा समय संगीत को दिया गया।

(ग) सन् 1977 से विविध भारती में वाणिज्यिक कार्यक्रमों (विज्ञापन सेवा) की शुरुआत की गई।

(घ) विविध भारती पर प्रसारित कार्यक्रम कई तरह के होते हैं, जैसे—शास्त्रीय संगीत, लोक संगीत, फिल्मी संगीत, महापुरुषों के बयान व उद्घोषणाएँ, प्रायोजित कार्यक्रम एवं व्यावसायिक कार्यक्रम आदि।

उत्तर के लिए कृपया पृष्ठ सं. 236 देखें।

290. रेडियो के संबंध में कौन सा कथन सही नहीं है।

(क) भारत में रेडियो पर पहला समाचार बुलेटिन वर्ष 1936 में प्रारंभ हुआ।

(ख) भारत में रेडियो की विदेशी सेवा का प्रसारण वर्ष 1936 में प्रारंभ हुआ।

(ग) रेडियो पर संस्कृत समाचार बुलेटिन की शुरुआत सन् 1974 में हुई।

(घ) आकाशवाणी पर प्रसारित 'हवा महल' कार्यक्रम का संबंध समाचार से है।

291. आकाशवाणी के लोकप्रिय कार्यक्रम 'युवा वाणी' के संबंध में कौन सा कथन सही नहीं है?

(क) आकाशवाणी द्वारा युवाओं के लिए विशेष प्रसारण युवा वाणी नाम से प्रारंभ किया गया।

(ख) युवा वाणी कार्यक्रम की शुरुआत प्रधानमंत्री इंदिरा गांधी के कार्यक्रम में की गई।

(ग) युवा वाणी नामक कार्यक्रम का प्रारंभ 21 जुलाई, 1969 को हुआ।

(घ) युवा वाणी नामक कार्यक्रम का प्रारंभ 2 अक्तूबर, 1981 को हुआ।

292. आकाशवाणी का वाणिज्य प्रसारण विंग 'विविध भारती' किसके प्रतिद्वंद्वी के रूप में प्रारंभ किया गया था?

(क) बी.बी.सी. (BBC)

(ख) वॉइस ऑफ अमेरिका (VOA)

(ग) रेडियो सिलोन (Radio Cylone)

(घ) रेडियो बीजिंग (Radio Beijing)

293. भारत में जन-संचार के एक महत्त्वपूर्ण साधन रेडियो के इतिहास के विकास का सही क्रम क्या है?

(क) ए.आई.आर.—डिजिटल ऑडियो प्रसारण—एफ.एम—इंटरनेट रेडियो

(ख) ए.आई.आर.—एफ.एम.—डिजिटल ऑडियो प्रसारण—इंटरनेट रेडियो

(ग) ए.आई.आर.—इंटरनेट रेडियो—एफ.एम.—डिजिटल ऑडियो प्रसारण

(घ) एफ.एम.—ए.आई.आर—डिजिटल ऑडियो प्रसारण—इंटरनेट रेडियो

उत्तर के लिए कृपया पृष्ठ सं. 236 देखें।

294. भारत की आजादी के समय (वर्ष 1947 में) आकाशवाणी के पास मात्र छह रेडियो स्टेशन थे और उनकी पहुँच 11 प्रतिशत लोगों तक थी। इनमें से वर्तमान में आकाशवाणी के पास कितने रेडियो स्टेशन हैं तथा उनकी पहुँच कितने प्रतिशत भारतीयों तक है?
(क) 186 रेडियो स्टेशन और उनकी पहुँच 82% भारतीयों तक
(ख) 198 रेडियो स्टेशन और उनकी पहुँच 88% भारतीयों तक
(ग) 206 रेडियो स्टेशन और उनकी पहुँच 92% भारतीयों तक
(घ) 232 रेडियो स्टेशन और उनकी पहुँच 99.1% भारतीयों तक

295. आकाशवाणी (रेडियो) के संबंध में कौन सा कथन सही है?
(क) आकाशवाणी पर हर एक घंटे बाद समाचारों का प्रसारण 15 अगस्त, 1985 से प्रारंभ हुआ।
(ख) आकाशवाणी पर 'फोन इन कार्यक्रम' की शुरुआत 10 जनवरी, 1993 से हुई।
(ग) वर्ष 1995 में रेडियो पेजिंग सेवा का शुभारंभ हुआ।
(घ) आकाशवाणी पर राष्ट्रीय चैनल की शुरुआत वर्ष 1998 में हुई।

296. आकाशवाणी का आदर्श वाक्य क्या है?
(क) सत्यमेव जयते (ख) बहुजन हिताय, बहुजन सुखाय
(ग) तमसो मा ज्योतिर्गमय (घ) असतो मा सद्गमय

297. आकाशवाणी के चैनल किस प्रकार के हैं?
(क) प्राथमिक चैनल एवं राष्ट्रीय चैनल
(ख) राष्ट्रीय चैनल एवं विज्ञापन प्रसारण सेवा
(ग) प्राथमिक चैनल, राष्ट्रीय चैनल एवं विदेश प्रसारण सेवा
(घ) प्राथमिक चैनल, राष्ट्रीय चैनल, विज्ञापन प्रसारण सेवा, एफ.एम. चैनल एवं विदेश प्रसारण सेवा

298. आकाशवाणी की केंद्रीय शिक्षा योजना इकाई द्वारा प्रसारित रेडियो धारावाहिक का नाम क्या है?
(क) नेशनल पीस (National Peace)
(ख) वर्ल्ड एंड आई (World & I)
(ग) इंफॉरमेशन वर्ल्ड (Information World)
(घ) जयमाला (Jai Mala)

उत्तर के लिए कृपया पृष्ठ सं. 236 देखें।

299. सन् 1999 में कारगिल युद्ध के समय जवानों के लिए विविध भारती (Vividh Bharti) ने कौन सा कार्यक्रम प्रारंभ किया था?

(क) युवा वाणी (ख) जयमाला

(ग) हैलो जयमाला (घ) हवा महल

300. निम्नलिखित में से किस वर्ष सर्वोच्च न्यायालय ने घोषित किया कि 'वायु तरंगें' सार्वजनिक संपत्ति हैं?

(क) सन् 1977 में (ख) सन् 1984 में

(ग) सन् 1995 में (घ) सन् 1997 में

301. रेडियो तरंगों के स्पैक्ट्रम में कौन सी तरंगें (Waves) सम्मिलित होती हैं?

(क) इंफ्रारेड तरंगें

(ख) गामा एवं अल्टा वॉयलेट

(ग) एक्स-रे एवं दृश्य प्रकाश

(घ) गामा, एक्स-रे, अल्टा वॉयलेट, दृश्य प्रकाश व इंफ्रारेड तरंगें

302. संचार विद्वान् डेनियल लर्नर तथा क्लिवर स्क्रेम ने किस जन-संचार माध्यम को 'जादुई गुणक यंत्र' कहा है?

(क) रेडियो (ख) टेलीविजन

(ग) इंटरनेट (घ) समय पत्र

303. 'रेडियो जॉकी' (Radio Jockey) के संबंध में कौन सा वाक्य सही है?

(क) 'रेडियो जॉकी' (Radio Jockey) एक ऐसा कार्यक्रम संचालक है, जो अपने चैनल (एफ.एम. चैनल) के किसी कार्यक्रम को इस खूबी से संचालित/प्रस्तुत करता है कि उसका चैनल व कार्यक्रम सबसे आगे रहे।

(ख) रेडियो जॉकी एक कुशल घुड़सवार (Horseman) की तरह बड़े ही कौशल के साथ मनचाही दिशा की ओर मोड़ता हुआ अपना कार्यक्रम प्रस्तुत करता है।

(ग) रेडियो जॉकी वह कलाकार होता है, जो किसी रेडियो पर रेडियो टॉक शो को होस्ट (Host) करता है। वह उस संगीत को चुनता है, जो टेलीफोन (या ई-मेल) के जरिए श्रोताओं से बातचीत करके उनकी पसंद पर बजाया जाता है।

(घ) उपर्युक्त सभी।

उत्तर के लिए कृपया पृष्ठ सं. 236 देखें।

304. रेडियो जॉकी का कौन सा प्रमुख कार्य नहीं है?
(क) कार्यक्रम का गीत-संगीत प्रस्तुत करना।
(ख) समाचार बुलेटिन को पढ़ना।
(ग) श्रोताओं से संवाद करना।
(घ) किसी मशूहर हस्ती का परिचय प्रस्तुत करना एवं इंटरव्यू लेना।

305. सामुदायिक रेडियो (Community Radio) की अवधारणा किसके साथ संबंधित है?
(क) नैरोकास्टिंग (ख) ब्रॉडकास्टिंग
(ग) पोडकास्टिंग (घ) पर्सनल कास्टिंग

306. सामुदायिक रेडियो/कम्यूनिटी रेडियो के संबंध में कौन सा कथन सही नहीं है?
(क) सामुदायिक (कम्युनिटी) रेडियो छोटे भौगोलिक स्थान तक सीमित होता है। यह स्थानीय रेडियो का एक रूप है। यह रेडियो स्थानीय स्तर पर किसी विशेष समुदाय को सेवाएँ देता है।
(ख) सामुदायिक रेडियो को प्रजातांत्रिक रेडियो, जन रेडियो तथा स्थानीय रेडियो के नाम से भी जाना जाता है।
(ग) सामुदायिक रेडियो ने गरीब एवं बेसहारा लोगों को जानकारी देने एवं उन्हें सशक्त बनाने में महत्त्वपूर्ण भूमिका निभाई है।
(घ) भारत में सामुदायिक रेडियो सर्वाधिक बच्चों के समूह द्वारा चलाया जाता है।

307. सामुदायिक या कम्युनिटी रेडियो के संबंध में कौन सा कथन सही है?
(क) दिसंबर 2002 में शैक्षिक संस्थानों को सामुदायिक रेडियो के लाइसेंस दिए जाने की नीति की घोषणा की गई।
(ख) 1 जनवरी, 2004 को अन्ना विश्वविद्यालय द्वारा प्रथम शैक्षिक सामुदायिक रेडियो (अन्ना एफ.एम. के नाम से) शुरू किया गया।
(ग) 16 नवंबर, 2006 की केंद्र सरकार (यू.पी.ए.) ने स्वयंसेवी संस्थाओं (NGO) को रेडियो स्टेशन खोलने की इजाजत दी।
(घ) उपर्युक्त सभी।

उत्तर के लिए कृपया पृष्ठ सं. 236 देखें।

308. भारत का सबसे पुराना सामुदायिक रेडियो (हेनलवाणी) कब और कहाँ से प्रसारित होना प्रारंभ हुआ?

(क) (वर्ष 1986 में) लखनऊ जिले में 72.8 मेगाहर्ट्ज पर

(ख) (वर्ष 1993 में) जम्मू व कश्मीर के श्रीनगर में 90.8 मेगाहर्ट्ज पर

(ग) (वर्ष 1997 में) महाराष्ट्र के पुणे जिले में 92.8 मेगाहर्ट्ज पर

(घ) (वर्ष 2001 में) उत्तराखंड के चंबा जिले में 90.4 मेगाहर्ट्ज पर

309. 'हैम रेडियो' (Ham Radio) के संबंध में इनमें से कौन सा कथन सही नहीं है?

(क) हैम रेडियो (Ham Radio) किसी खास समूह या समुदाय का एक वायरलेस संचार माध्यम होता है। यह उपग्रह संचार प्रणाली पर आधारित होता है।

(ख) हैम रेडियो वायरलेस की तरह एक छोटा सा यंत्र होता है, जिसे कहीं भी ले जाया जा सकता है।

(ग) हैम रेडियो इंटरनेट की सहायता से ऑडियो प्रसारण करनेवाली एक सेवा है।

(घ) हैम रेडियो को 'शौकिया रेडियो' भी कहा जाता है (अथवा) जो व्यक्ति 'शौकिया रेडियो' का संचालन करता है, वह 'हैम' (Ham) कहलाता है।

310. 'हैम रेडियो' (Ham Radio) के संबंध में कौन सा वाक्य सही है?

(क) प्राकृतिक आपदाओं के कारण, जब संचार बाधित हो जाता है, तब 'हैम रेडियो' जन-संचार सुलभ कराने में महत्त्वपूर्ण भूमिका निभाता है।

(ख) भारत में सन् 2004 के दिसंबर मास में आई सुनामी की (Tsunami) जानकारी सबसे पहले हैम ऑपरेटरों ने ही दी थी।

(ग) हैम रेडियो का संचालन वही व्यक्ति कर सकता है, जिसके पास इसका लाइसेंस (Licence) होता है। इस हेतु एक लघु अवधि का प्रशिक्षण भी आवश्यक है।

(घ) उपर्युक्त सभी।

उत्तर के लिए कृपया पृष्ठ सं. 236 व 237 देखें।

311. भारत में सर्वप्रथम टू-वेव हैम रेडियो (1922 में) की शुरुआत किसने की थी?
(क) मुकुल बोस ने (ख) अमरेंद्र चंद्र गोज ने
(ग) ए. एस. बुखारी ने (घ) मिस्टर गायडर ने

312. 'इंटरनेट रेडियो' (Internet Radio) के संबंध में कौन सा कथन सही है?
(क) इंटरनेट की सहायता से ऑडियो प्रसारण करनेवाली सेवा ही 'इंटरनेट रेडियो' कहलाती है।
(ख) इंटरनेट रेडियो को 'वेबकास्टिंग' कहना भी उपयुक्त है।
(ग) इंटरनेट रेडियो स्टेशन की दुनिया में कहीं से भी सुना जा सकता है, बस इस हेतु इंटरनेट कनेक्शन अवश्य होना चाहिए।
(घ) उपर्युक्त सभी ।

313. 'स्काई रेडियो' (Sky Radio) के संबंध में कौन सा कथन/वाक्य गलत है?
(क) हवाई वाहन यात्रियों की आवश्यकताओं को पूरा करने के लिए विश्व में स्काई रेडियो नेटवर्क की शुरुआत हुई है।
(ख) स्काई रेडियो का प्रमुख उद्देश्य होता है अपने एग्जिक्यूटिव वर्ग, उच्च व्यवसायी वर्ग यात्रियों की हवाई यात्रा को लाभप्रद जानकारियों से युक्त मधुर अनुभव में बदलना।
(ग) स्काई रेडियो पर परंपरागत रेडियो के समान ट्यूनिंग करना संभव होता है।
(घ) सन् 1994 में आकाशवाणी की उपग्रह सेवा 'स्काई रेडियो' प्रारंभ की गई।

314. सैटेलाइट रेडियो (Satellite Radio) या उपग्रह रेडियो के संबंध में कौन सा कथन सही है?
(क) उपग्रह (Satellite) की सहायता से रेडियो को सुनना ही 'सैटेलाइट रेडियो' कहलाता है।
(ख) विश्व के किसी भी रेडियो चैनल को, जिसका प्रसारण सैटेलाइट की मदद से हो रहा है, उसे सैटेलाइट रेडियो की मदद से आसानी से (यात्रा के दौरान) सुना जा सकता है।
(ग) सैटेलाइट रेडियो संचार उपग्रह (Communication Satellite) से प्रसारण ग्रहण करता है और बहुत बड़े भू-भाग को कवर करता है।
(घ) उपर्युक्त सभी।

उत्तर के लिए कृपया पृष्ठ सं. 237 देखें।

315. निम्नलिखित में से 'सैटेलाइट रेडियो' (Satellite Radio) के संबंध में कौन सा कथन सही नहीं है?

(क) सैटेलाइट रेडियो को सामुदायिक रेडियो भी कहते हैं।

(ख) सैटेलाइट रेडियो को 'हैम रेडियो' (Ham Radio) भी कहते हैं, क्योंकि यह रेडियो उपग्रह संचार प्रणाली पर आधारित होता है।

(ग) सैटेलाइट रेडियो को 'सब्सक्रिप्शन रेडियो' भी कहते हैं, क्योंकि इसको सुनने के लिए वार्षिक फीस देनी होती है।

(घ) सैटेलाइट रेडियो को 'शौकिया रेडियो' भी कहते हैं।

316. 'डिजिटल रेडियो' (Digital Radio) के संबंध में कौन सा वाक्य सही है?

(क) डिजिटल रेडियो प्रणाली उसी मॉड्यूलेशन (Modulation) प्रक्रिया पर निर्भर होती है, जिस पर एनालॉग रेडियो कार्य करता है।

(ख) डिजिटल रेडियो एक साधारण रेडियो से अधिक सक्षम होता है। यह श्रवण कार्यक्रमों के अतिरिक्त डिजिटल द्वारा सेवाओं को प्रसारित करने में भी समर्थ होता हैं।

(ग) डिज़िटल रेडियो एक ट्रांसमीटर का उपयोग कर लगभग छह स्टीरियो चैनल या डाटा भेज सकता है।

(घ) उपर्युक्त सभी।

317. इनमें से किस देश के रेडियो को 'के.वी.एस. वर्ल्ड रेडियो' (KVS World Radio) के नाम से जाना जाता है?

(क) रेडियो पाकिस्तान (ख) रेडियो सिलोन

(ग) रेडियो कोरिया (घ) रेडियो जर्मनी

□

उत्तर के लिए कृपया पृष्ठ सं. 237 देखें।

एफ. एम. चैनल

318. रेडियो के परिप्रेक्ष्य में 'एफ. एम.' (FM) का पूर्ण रूप क्या है?
(क) फ्रीक्वेंसी मॉडिफिकेशन (ख) फ्रीक्वेंसी मॉड्यूलेशन
(ग) फ्रीक्वेंसी मार्कोनी (घ) फ्रैंक मास

319. इनमें से 'एफ.एम.' (FM) के संबंध में कौन सा कथन सही नहीं है?
(क) एफ.एम. की ध्वनि अत्यंत स्पष्ट होती है तथा संगीत सुनने में भी आनंद आता है।
(ख) एफ.एम. (FM) लगभग 55 से 65 कि.मी. के क्षेत्र में ही सुना जा सकता है?
(ग) एफ.एम. की (भारत में) फ्रीक्वेंसी (Frequency) 550 किलो हर्ट्ज तक होती है।
(घ) एफ.एम. के कार्यक्रम सुनने के लिए अलग से एफ.एम. बैंड (FM Band) वाले ट्रांजिस्टर की आवश्यकता होती है।

320. भारत में एफ.एम. चैनलों की फ्रीक्वेंसी (Frequency) क्या होती है?
(क) 44 से 68 मेगाहर्ट्ज (MHz) (ख) 68 से 88 मेगाहर्ट्ज
(ग) 88 से 108 मेगाहर्ट्ज (घ) 108 से 122 मेगाहर्ट्ज

321. इनमें से 'एफ.एम.' (FM) के प्रमुख लाभ क्या हैं?
(क) उच्च क्वालिटी का प्रसारण।
(ख) मनोरंजन-प्रधान एवं अच्छा सिग्नल।
(ग) कम शक्ति के ट्रांसमीटर का प्रयोग।
(घ) उपर्युक्त सभी।

उत्तर के लिए कृपया पृष्ठ सं. 237 देखें।

322. विश्व का प्रथम स्टीरियो 'एफ.एम. रेडियो' (FM Radio) किस वर्ष प्रारंभ हुआ था?

(क) सन् 1948 में (ख) सन् 1962 में
(ग) सन् 1973 में (घ) सन् 1977 में

323. वर्तमान में 'एफ.एम.' (FM) के संबंध में कौन सा वाक्य सही नहीं है?

(क) टेलीविजन के आगमन के बाद जहाँ शहरों में रेडियो के श्रोता कम होते गए, परंतु एफ.एम. रेडियो के आगमन के बाद अब वर्तमान में शहरों में भी रेडियो के श्रोता बढ़ने लगे हैं।
(ख) वर्तमान में एफ. एम. की पहुँच का विस्तार बहुत तेजी से हो रहा है। कई निजी एफ.एम. स्टेशन/चैनल चालू हो गए हैं।
(ग) वर्ष 1993 में आकाशवाणी ने निजी निर्माताओं से रेडियो कार्यक्रम बनवाना प्रारंभ किया।
(घ) वर्तमान में केवल आकाशवाणी (प्रसार भारती) के एफ. एम. चैनलों का वर्चस्व है।

324. 'ए.एम.' अर्थात् 'एंप्लीट्यूड मॉड्यूलेशन' (Amplitude Modulation AM) के संबंध में कौन सा कथन सही है?

(क) जिस प्रकार रेडियो के लिए ऑडियो सिग्नल आते हैं, उसी प्रकार टी.वी. के लिए ऑडियो एवं वीडियो दोनों ही फ्रीक्वेंसी को मिक्स कर दिया जाता है। इस मिक्सिंग प्रक्रिया को 'कैरियर फ्रीक्वेंसी' या 'मॉड्यूलेशन' (Modulation) कहते हैं।
(ख) फ्रीक्वेंसी (Frequency) दो प्रकार की होती है—प्रथम 'कैरियर फ्रीक्वेंसी' (Carrier Frequency), दूसरी 'सिग्नल फ्रीक्वेंसी' (Signal Frequency)। दोनों को मिलाने के दो तरीके होते हैं—एक 'ए.एम.' (AM), दूसरा 'एफ.एम.' (FM)।
(ग) सिग्नल (Signal) को जब कैरियर से इस प्रकार मिक्स किया जाता है कि कैरियर की अपनी फ्रीक्वेंसी वही रखे, किंतु उसका एंप्लीट्यूड सिग्नल एंप्लीट्यूड के अनुसार बदलना शुरू हो जाए तो उस वेव (Wave) को 'ए.एम. वेव' (AM Wave) कहा जाता है।
(घ) उपर्युक्त सभी

उत्तर के लिए कृपया पृष्ठ सं. 237 देखें।

325. सामान्यतः आकाशवाणी (रेडियो) पर ए.एम. (AM) का ही प्रसारण क्यों किया जाता है?

(क) क्योंकि यह ए.एम. तरंगें (AM Waves) बिना क्षय हुए लंबी दूरी तक जा सकती हैं।

(ख) क्योंकि आकाशवाणी के केवल कम शक्ति के ट्रांसमीटर का ही प्रयोग किया जाता है।

(ग) क्योंकि आकाशवाणी के कार्यक्रम सुनने के लिए अलग से ए.एम. बैंड (AM BAND) वाले ट्रांजिस्टर की आवश्यकता होती है।

(घ) क्योकि यह ए.एम. तरंगें कम इंटरफियरेंस तथा मनोरंजन प्रधान होती हैं।

326. ए.एम. (एंप्लीट्यूड मॉड्यूलेशन) की फ्रीक्वेंसी (Frequency) लगभग कितने किलो हट्‌र्ज तक होती है?

(क) 88 किलो हट्‌र्ज तक (ख) 108 किलो हट्‌र्ज तक

(ग) 228 किलो हट्‌र्ज तक (घ) 550 किलो हट्‌र्ज तक

327. इनमें से 'ए.एम.' (AM) तथा 'एफ.एम.' (FM) के संबंध में कौन सा कथन सही है?

(क) ए.एम. के विस्तार पर मौसम की खराबी का असर पड़ता है, जबकि एफ.एम. पर इसका कोई प्रभाव नहीं पड़ता।

(ख) ए.एम. के जहाँ फरमाइशी कायक्रमों में चिट्ठियों का हफ्तों तक श्रोता को इंतजार करना पड़ता था, वहीं अब एफ.एम. में वह सीधे फोन करके फरमाइशें कर सकते हैं।

(ग) ए.एम. जहाँ रेडियो जीवन एवं समाज के पारंपरिक प्रश्नों, समस्याओं की अभिव्यक्ति करता है, वही एफ.एम. (FM) बदलते महानगरीय जीवन के कारण उत्पन्न हुई नवीन समस्याओं से जूझता है।

(घ) उपर्युक्त सभी।

328. भारत में प्रयोगिक तौर पर पहली बार एफ.एम. (FM) प्रसारण (मद्रास में) कब हुआ था?

(क) 23 जुलाई, 1977 को (ख) 6 जून, 1986 को

(ग) 15 अगस्त, 1996 को (घ) 3 जुलाई, 2001 को

उत्तर के लिए कृपया पृष्ठ सं. 237 देखें।

329. सन् 1993 में 'टाइम्स एफ.एम.' 'रेडियो मिर्ची' कहाँ से प्रारंभ हुआ था?
(क) मद्रास (ख) अहमदाबाद
(ग) बेंगलुरु (घ) दिल्ली

330. भारत के पहले पूर्णत: निजी एफ.एम. चैनल का प्रसारण (बेंगलुरु से) कब प्रारंभ हुआ था?
(क) 6 मार्च, 1977 को (ख) 16 जून, 1993 को
(ग) 3 जुलाई, 2001 को (घ) 1 नवंबर, 2006 को

331. भारत में पहला निजी एफ.एम. चैनल किस नाम से प्रारंभ हुआ था?
(क) रेडियो सिटी (ख) रेडियो मिर्ची
(ग) रेड एफ.एम. (घ) बिग एफ.एम.

332. ए.आई.आर. (AIR) ने वर्ष 2001 में एफ. -II (FM-2) नामक इन्फोटेनमेंट चैनल किस शहर में प्रारंभ किया?
(क) कोलकाता (ख) हैदराबाद
(ग) लखनऊ (घ) पुणे

333. एफ.एम. बुलेटिनों (FM-Bulletin) की शुरुआत कब हुई?
(क) 16 जुलाई, 1993 को
(ख) 26 जून, 1998 को
(ग) 6 मार्च, 2001 को
(घ) 3 सितंबर, 2007 को

334. इनमें से कौन सा 'आकाशवाणी' (प्रसार भारती) का एफ.एम. चैनल नहीं है?
(क) एफ.एम. रेनबो
(ख) एफ.एम. गोल्ड
(ग) रेड एफ.एम.
(घ) उपर्युक्त सभी

335. इनमें से कौन सा जोड़ा गलत है?
(क) रेडियो मिर्ची : टाइम्स समूह
(ख) रेडियो सिटी : स्टार समूह
(ग) रेड एफ. एम. : भास्कर समूह
(घ) बिग एफ. एम. : रिलायंस समूह

उत्तर के लिए कृपया पृष्ठ सं. 237 देखें।

333. निम्नलिखित में से रेड एफ.एम. (Red FM) नामक, एफ.एम. रेडियो चैनल का संबंध किससे है?

(क) इंडिया टुडे (ख) स्टार समूह

(ग) टाइम्स समूह (घ) मिड-डे समूह

337. इनमें से किस एफ.एम. चैनल की पंचलाइन है—'बजाते रहो'?

(क) रेडियो सिटी (ख) बिग एफ.एम.

(ग) रेडियो मिर्ची (घ) रेड एफ.एम.

338. एफ. एम. चैनल 'रेडियो मिर्ची' की पंचलाइन क्या है?

(क) थोड़ी मीठी थोड़ी कैरी (यानी गॉसिप)

(ख) बजाते रहो

(ग) इट्स हॉट (It's Hot)

(घ) उपर्युक्त में से कोई नहीं

339. निम्न में से कौन सा भारत का पहला एफ.एम. रेडियो स्टेशन केवल महिलाओं को ध्यान में रखकर प्रारंभ किया गया?

(क) बिग एफ. एम. (ख) गो एफ.एम.

(ग) रेड एफ. एम. (घ) म्यॉऊ-म्यॉऊ

□

उत्तर के लिए कृपया पृष्ठ सं. 237 देखें।

टेलीविजन

340. टेलीविजन के आविष्कार से संबंधित इनमें से कौन सा जोड़ा गलत है?

(क) सन् 1906 : वायरलेस टेलीग्राफ का फ्लोमिंग द्वारा पेटेंट करवाया गया।

(ख) सन् 1908 : कैंपबेल द्वारा टेलीविजन के सिद्धांत को प्रस्तुत किया गया।

(ग) सन् 1923 : डॉ. ज्वारिकीन ने आइकोनॉस्की इलेक्ट्रॉनिक कैमरे का पेटेंट करवाया।

(घ) सन् 1926 : मार्कोनी ने 27 जनवरी के दिन टेलीविजन का आविष्कार किया।

341. इनमें से किसने टेलीविजन का आविष्कार किया था?

(क) जॉन लॉगी बेयर्ड (ख) मार्कोनी

(ग) एलेक्जेंडर ग्राहम बेल (घ) फ्रांसिस जेनकिंग

342. 'टेलीविजन' (Television)) के संबंध में कौन सा कथन सही है?

(क) 'टेलीविजन' (Television) मूलत: अंग्रेजी भाषा का शब्द है, जो दो शब्दों 'टेली' (Tele) तथा 'विजन' (Vision) से मिलकर बना है।

(ख) 'टेली' ग्रीक भाषा का शब्द है, जिसका अर्थ होता है—दूरी तथा 'विजन' शब्द लैटिन भाषा का है, जिसका अर्थ होता है—देखना। इस प्रकार 'टेलीविजन' का अर्थ हुआ (दूर से देखना), दूर स्थित किसी वस्तु या घटना के साक्षात् दर्शन करानेवाला उपकरण।

(ग) टेलीविजन को हिंदी में 'दूर-दर्शन' (हाइफन-युक्त) लिखना ही उचित है, 'दूरदर्शन' (बिना हाइफन लगाए) नहीं।

(घ) उपर्युक्त सभी

उत्तर के लिए कृपया पृष्ठ सं. 237 देखें।

343. यूरोप और अमेरिका में सी.ए.टी.वी. (CATV) को वर्तमान में किससे सबसे बड़ी प्रतिस्पर्द्धा का सामना करना पड़ रहा है?

(क) डी.टी.एच. (DTH) (ख) डिश एंटीना (DISH)

(ग) सी.ए.एस. (घ) उपर्युक्त में से कोई नहीं

344. 'नेशनल टेलीविजन सिस्टम कमेटी' (NTSC) इनमें से किस अर्थ में प्रयुक्त होती है?

(क) अमेरिका और जापान में प्रयुक्त रंगीन टी.वी. प्रणाली

(ख) भारत, चीन और ब्रिटेन में प्रयुक्त रंगीन टी.वी. प्रणाली

(ग) यूरोपीय संघ में प्रयुक्त रंगीन टी.वी. प्रणाली

(घ) तीसरी दुनिया में प्रयुक्त रंगीन टी.वी. प्रणाली

345. विश्व में सर्वप्रथम नियमित रंगीन टेलीविजन प्रसारण सेवा की शुरुआत किस देश में हुई थी?

(क) ऑस्ट्रेलिया (ख) संयुक्त राज्य अमेरिका

(ग) ब्रिटेन (घ) जर्मनी

346. वैज्ञानिक रेमंड विलियम ने जन-संचार के किस माध्यम को 'सहस्त्रमुखी प्रौद्योगिकीय दानव' कहा है?

(क) प्रिंट मीडिया को (ख) रेडियो को

(ग) इंटरनेट को (घ) टेलीविजन को

347. टेलीविजन के संबंध में कौन सा कथन सही है?

(क) टेलीविजन देखते समय मस्तिष्क का दायाँ भाग कम सक्रिय रहता है।

(ख) एक सर्वेक्षण के अनुसार, लगभग 52 प्रतिशत लोग स्वीकार करते हैं कि टेलीविजन के माध्यम से निश्चित रूप से दुनिया सिमट गई है।

(ग) जनमानस के 95 प्रतिशत समूह के मध्य टी.वी. की पहुँच है।

(घ) उपर्युक्त सभी।

348. बीजिंग टेलीविजन का (वर्ष 1978 में) नाम बदलकर क्या कर दिया गया है?

(क) चाइना सेंट्रल टेलीविजन (CCTV)

(ख) चाइना पीपुल्स टेलीविजन (CPTV)

(ग) चाइना ब्रॉडकास्टिंग कॉरपोरेशन (CBC)

(घ) चाइना टेलीविजन नेटवर्क (CTVN)

उत्तर के लिए कृपया पृष्ठ सं. 237 व 238 देखें।

349. इनमें से चीन में टेलीविजन के (प्रारंभिक दिनों में) संबंध में कौन सा कथन गलत है?

(क) प्रारंभ में चीन में निजी टेलीविजन की अनुमति नहीं थी।

(ख) प्रारंभिक दिनों में चीन में सैटेलाइट के द्वारा विदेशी टेलीविजन चैनलों को देखना और केबल के माध्यम से प्रसारित करना गैर-कानूनी था।

(ग) चीन में रंगीन टेलीविजन का प्रारंभ वर्ष 1953 में ही हो गया था।

(घ) चीन में सभी टेलीविजन स्टेशनों को पार्टी के केंद्रीय प्रसार विभाग (रेडियो फिल्म एवं टेलीविजन मंत्रालय) के अंतर्गत काम करना पड़ता है।

350. इनमें से जापान टेलीविजन ब्रॉडकास्टिंग के संबंध में कौन सा कथन सही है?

(क) जापान ब्रॉडकास्टिंग द्वारा टी. वी. प्रसारण का प्रारंभ वर्ष 1953 में किया गया।

(ख) जापान का प्रमुख पब्लिक ब्रॉडकास्टर 'निप्पोन होसा क्योकाई' (NHK-NIPPON HOSO Kyokai) है।

(ग) जापान में केबल टेलीविजन का प्रारंभ वर्ष 1994 में हुआ।

(घ) उपर्युक्त सभी।

351. शंघाई केबल टेलीविजन (SCTV) विश्व के सबसे बड़े केबल टेलीविजन नेटवर्क में से है। इनमें से किस वर्ष चीन में केबल टेलीविजन की शुरुआत हुई?

(क) सन् 1991 में (ख) सन् 1994 में

(ग) सन् 1997 में (घ) सन् 1998 में

352. इनमें से विश्व में प्रमुख देशों एवं उनके वहाँ टेलीविजन की शुरुआत के युग्म में कौन सा जोड़ा गलत है?

प्रमुख देश		टेलीविजन की शुरुआत
(क) दक्षिण कोरिया	–	वर्ष 1956
(ख) मलेशिया	–	वर्ष 1963
(ग) सिंगापुर	–	वर्ष 1963
(घ) फिलीपींस	–	वर्ष 1968

उत्तर के लिए कृपया पृष्ठ सं. 238 देखें।

353. श्रीलंका में टेलीविजन के प्रसारण के संबंध में कौन सा कथन सही है?
   (क) श्रीलंका में टेलीविजन की शुरुआत वर्ष 1979 में हुई।
   (ख) वर्ष 1982 में जापान की मदद से श्रीलंका में एक शैक्षणिक चैनल का प्रसारण किया गया, जिसका नाम 'रूपवादिनी' रखा गया।
   (ग) वर्ष 1982 में प्रारंभ 'रूपवाहिनी' नामक राष्ट्रीय चैनल का काम-काज 'श्रीलंका रूपवाहिनी कॉरपोरेशन' (SLRC) देखता है।
   (घ) उपर्युक्त सभी

354. एशिया के प्रमुख देशों के टेलीविजन के संबंध में इनमें से कौन सा कथन सही नहीं है?
   (क) पब्लिक ब्रॉडकास्टिंग के रूप में बी.टी.वी. (या) 'बँगलादेश टेलीविजन' बँगलादेश का प्रमुख टी.वी. चैनल है।
   (ख) म्याँमार (बर्मा) में जापान के सहयोग से टेलीविजन की शुरुआत की गई।
   (ग) वर्ष 1968 में मालदीव में टेलीविजन की शुरुआत हुई थी।
   (घ) पाकिस्तान में पाकिस्तान टेलीविजन पी.टी.वी. की शुरुआत '80 के दशक में हुई।

355. इनमें से ऑस्ट्रेलिया में टेलीविजन प्रसारण के संबंध में कौन सा कथन सही नहीं है?
   (क) ऑस्ट्रेलिया में टेलीविजन प्रसारण की शुरुआत 16 सितंबर, 1956 को हुई। वैसे सन् 1932 में ही ऑस्ट्रेलिया ब्रॉडकास्टिंग कमीशन बना दिया गया था, लेकिन ऑस्ट्रेलिया को अपना टी. वी. शुरू करने में काफी देर हो गई।
   (ख) ऑस्ट्रेलिया के प्रमुख चैनलों में सबसे पहला नाम 'ए.बी.सी.' ऑस्ट्रेलिया ब्रॉडकास्टिंग कॉरपोरेशन' का है। 'ए.बी.सी.' अपनी गुणवत्ता के लिए विश्व भर में जाना जाता है।
   (ग) वर्ष 1975 में ऑस्ट्रेलिया में रंगीन प्रसारण प्रारंभ हुआ।
   (घ) वर्ष 1994 में ऑस्ट्रेलिया ब्रॉडकास्टिंग ट्रिब्यूनल को खत्म करके ब्रॉडकास्टिंग सर्विसेज एक्ट बनाया गया। बाद में वर्ष 2002 में ऑस्ट्रेलियन ब्रॉडकास्टिंग अथॉरिटी का गठन किया गया।

उत्तर के लिए कृपया पृष्ठ सं. 238 देखें।

356. इनमें से किस वर्ष रूस में 'ऑल रशियन स्टेट टेलीविजन एंड रेडियो कंपनी' (RTR) का गठन हुआ?
(क) सन् 1981 में (ख) सन् 1991 में
(ग) सन् 1998 में (घ) सन् 2003 में

357. 'टी.वी. ग्लोबो' (TV Gloobo) किस देश का टी.वी. चैनल है?
(क) इंडोनेशिया (ख) डेनमार्क
(ग) ब्राजील (घ) द. कोरिया

358. निम्नलिखित में से भारत में सर्वप्रथम टेलीविजन प्रसारण किस अंतरराष्ट्रीय संस्था के सहयोग से प्रारंभ हुआ था?
(क) अमेरिकी राज्यों का संगठन (OAS)
(ख) विश्व व्यापार संगठन (WTO)
(ग) यूनेस्को (UNESCO)
(घ) यूनिसेफ (UNICEF)

359. भारत में टेलीविजन सेट को प्रदर्शित करनेवाली प्रथम कंपनी इनमें से कौन सी थी?
(क) सैमसंग (ख) फिलिप्स
(ग) नोकिया (घ) वीडियोकॉन

360. भारत में दूरदर्शन (टेलीविजन)की शुरुआत कब हुई थी?
(क) 15 सितंबर, 1959 को (ख) 2 अक्तूबर, 1969 को
(ग) 15 सितंबर, 1976 को (घ) 2 अक्तूबर, 1982 को

361. भारत में प्रथम टेलीविजन केंद्र (दिल्ली केंद्र) का उद्घाटन किसने किया था?
(क) लाल बहादुर शास्त्री (ख) डॉ. राजेंद्र प्रसाद
(ग) सरदार पटेल (घ) पं. जवाहरलाल नेहरू

362. 'दूरदर्शन' के संबंध में कौन सा कथन सही नहीं है?
(क) वर्ष 1990 तक दूरदर्शन का टी. वी. पर एकाधिकार बना रहा।
(ख) वर्ष 1997 तक 'दूरदर्शन' और 'आकाशवाणी' को प्रसार भारती बोर्ड के अंतर्गत ले लिया गया है?
(ग) जनसेवार्थ प्रसारण हेतु दूरदर्शन वर्तमान में (भारत की राष्ट्रीय प्रसारण सेवा के रूप में) विश्व के सबसे बड़े (स्थलीय) प्रसारण संगठनों में से एक है।
(घ) वर्तमान में दूरदर्शन के लगभग 225 केंद्र/निर्माण केंद्र तथा 80 चैनल हैं।

उत्तर के लिए कृपया पृष्ठ सं. 238 देखें।

363. इनमें से कौन सा कथन सही है?

(क) दूरदर्शन पर समाचारों का प्रसारण सन् 1965 से प्रारंभ हुआ।

(ख) सन् 1967 में दूरदर्शन पर किसानों के लिए 'कृषि दर्शन' कार्यक्रम प्रारंभ हुआ।

(ग) सन् 1976 में दूरदर्शन की व्यावसायिक सेवा प्रारंभ हुई।

(घ) उपर्युक्त सभी।

364. इनमें से कब मुंबई में दूरदर्शन का केंद्र शुरू हुआ?

(क) 2 अक्तूबर, 1959 को

(ख) 2 अक्तूबर, 1962 को

(ग) 2 अक्तूबर, 1972 को

(घ) 2 अक्तूबर, 1976 को

365. दूरदर्शन को आकाशवाणी से अलग कब किया गया?

(क) सन् 1966 में (ख) सन् 1972 में

(ग) सन् 1976 में (घ) सन् 1986 में

366. इनमें से किस वर्ष भारत में दूरदर्शन का रंगीन प्रसारण प्रारंभ हुआ?

(क) वर्ष 1976 में (ख) वर्ष 1982 में

(ग) वर्ष 1986 में (घ) वर्ष 1992 में

367. दूरदर्शन (टेलीविजन) के संबंध में इनमें से कौन सा कथन सही है?

(क) 15 अगस्त, 1982 से दूरदर्शन ने अपने राष्ट्रीय प्रसारण की शुरुआत की।

(ख) 23 फरवरी, 1987 से दूरदर्शन द्वारा सुबह का प्रसारण प्रारंभ किया गया।

(ग) 26 जनवरी, 1989 से दूरदर्शन द्वारा दोपहर का प्रसारण प्रारंभ किया गया।

(घ) उपर्युक्त सभी।

368. दूरदर्शन पर प्रत्येक घंटे मुख्य समाचारों का प्रसारण कब प्रारंभ हुआ?

(क) 14 मार्च, 1995 (ख) 8 मार्च, 1997

(ग) 18 मार्च, 1998 (घ) 10 जुलाई, 1999

उत्तर के लिए कृपया पृष्ठ सं. 238 देखें।

369. निम्नलिखित में से साइट (SITE) का पूरा विस्तार क्या है?
(क) साइंस इंस्ट्रक्शनल टेलीविजन एक्सपेरीमेंट
(ख) सैटेलाइट इंस्ट्रक्शनल टेक्निकल एक्सपेरीमेंट
(ग) सैटेलाइट इंस्ट्रक्शनल टेलीविजन एजुकेशन
(घ) सैटेलाइट इंस्ट्रक्शनल टेलीजिवन एक्सपेरीमेंट

370. निम्नलिखित में से 'साइट' (SITE) के संबंध में कौन सा कथन सही है?
(क) 'साइट' का प्रारंभ 1 अगस्त, 1975 को हुआ।
(ख) इस परियोजना के तहत अमेरिकी सैटेलाइट (AT 5-6 को एक साल के लिए किराए पर लिया गया।
(ग) यह परियोजना 31 जुलाई, 1976 को पूरी हो गई।
(घ) उपर्युक्त सभी।

371. 'साइट' परियोजना के संबंध में इनमें से कौन सा कथन गलत है?
(क) 'साइट' एक शैक्षणिक टेलीविजन प्रसारण की महत्त्वाकांक्षी परियोजना थी।
(ख) इस परियोजना के तहत देश के नौ बड़े राज्यों के 3,400 सबसे पिछड़े गाँवों में उपग्रह के जरिए प्रसारण किया गया था।
(ग) 'साइट' कार्यक्रम का प्रमुख उद्देश्य राष्ट्रीय विकास में उपग्रह टेलीविजन की प्रणाली का परीक्षण करना था।
(घ) उपर्युक्त में से कोई नहीं।

372. प्रायः आर्थिक आँकड़ों को निरूपित करने के लिए 'बार चार्ट' तथा हिस्टोग्राम' का प्रयोग जाता है। इनमें से किस संचार माध्यम द्वारा आजकल उनका प्रयोग किया जाता है?
(क) केवल पत्रिकाओं द्वारा
(ख) केवल टेलीविजन द्वारा
(ग) टेलीविजन, अखबार, कैटलॉग तथा ब्रॉशर में
(घ) सभी तरह के संचार माध्यमों में

373. इनमें से किस वर्ष उपग्रह प्रणाली (Satellite) से टेलीनिजन संप्रेषण प्रारंभ हुआ?
(क) वर्ष 1975-76 (ख) वर्ष 1981-82
(ग) वर्ष 1986-87 (घ) वर्ष 1991-92

उत्तर के लिए कृपया पृष्ठ सं. 238 देखें।

374. दूरदर्शन में 'इनसेट (INSAT) तथा अन्य उपग्रहों के ट्रांसपोंडरों का उपयोग बड़ी संख्या में किसलिए किया जाता है?
(क) ट्रांसमीटरों का कवरेज बढ़ाने के लिए
(ख) ट्रांसमीटरों का संचालन बढ़ाने के लिए
(ग) संचालन एवं कवरेज दोनों बढ़ाने के लिए
(घ) उपर्युक्त में से कोई नहीं।

375. नई संचार टेक्नोलॉजी के आने के पश्चात् भारत में संचार माध्यमों का तेजी से विकास हुआ है?
(क) पत्रकारिता/जर्नलिज्म में (ख) उपग्रहीय संचार में
(ग) इलेक्ट्रॉनिक्स में (घ) उपर्युक्त में से कोई नहीं

376. दूरदर्शन चैनल के संबंध में कौन सा कथन गलत है?
(क) डी.डी. न्यूज चैनल का प्रारंभ वर्ष 2003 में किया गया। यह चैनल सन् 1984 में शुरू हुए डी.डी. मेट्रो के स्थान पर शुरू किया गया।
(ख) डी.डी. भारती शिक्षा एवं मनोरंजन का एक चैनल है।
(ग) डी.डी. स्पोर्ट्स चैनल का प्रारंभ वर्ष 2007 में खेल-प्रेमियों की जरूरतों को ध्यान में रखकर किया गया।
(घ) दूरदर्शन ने वर्ष 1995 में अपना अंतरराष्ट्रीय चैनल शुरू किया, जिसे पहले 'डी.डी. वर्ल्ड' कहा जाता था। वर्ष 2002 में इसका नया नाम 'डी.डी. इंडिया' दिया गया।

377. 15 अगस्त, 1993 को दूरदर्शन द्वारा प्रारंभ किए गए चैनलों में से कौन सा शामिल नहीं है?
(क) कार्टून
(ख) म्यूजिक
(ग) स्पोर्ट्स
(घ) बिजनेस न्यूज एंड करेंट अफेयर्स

378. डी.डी. के सभी चैनलों का डिजिटल प्रसारण किस वर्ष प्रारंभ हुआ?
(क) सन् 1998 में (ख) सन् 2000 में
(ग) सन् 2002 में (घ) सन् 2004 में

उत्तर के लिए कृपया पृष्ठ सं. 238 देखें।

379. प्रसार भारती ने डी.डी. भारती चैनल का प्रारंभ कब किया?
(क) 26 जनवरी, 2000 (ख) 26 जनवरी, 2002
(ग) 15 अगस्त, 2004 (घ) 15 अगस्त, 2006

380. इनमें से 'ओ.बी. वैन' (O.B. VAN) का पूर्ण विस्तार क्या है?
(क) आउटपुट ब्रॉडबैंड वैन
(ख) आउटपुट ब्रेकिंग न्यूज वैन
(ग) आउटसाइड ब्रॉडकास्ट वैन
(घ) आउटसोर्सिंग ब्रॉडबैंड वैन

381. इनमें से किसकी सहायता से टी.वी. चैनलों द्वारा आँखों देखा हाल प्रसारित किया जाता है?
(क) कम शक्तिवाले ट्रांसपोंडर्स द्वारा
(ख) मोबाइल टी.वी. वैन द्वारा
(ग) ओ.बी. वैन द्वारा
(घ) एंप्लीट्यूड मॉड्यूलेशन द्वारा

382. ओ.बी. वैन (O.B. VAN) के संबंध में इनमें से कौन सा वाक्य गलत है?
(क) ओ.बी. वैन में कार्यक्रम निर्माण व रिकॉर्डिंग के लिए आवश्यक सभी उपकरण होते हैं।
(ख) टेलीविजन पर सीधे प्रसारण के लिए ओ.बी. वैन का प्रयोग किया जाता है।
(ग) ओ.बी. वैन प्रसारण प्रक्रिया में घटनास्थल एवं टी.वी. केंद्र के बीच एक कड़ी का काम करती है। इसके ऊपर एक डिश लगा होता है, जिसका संपर्क टेलीविजन केंद्र के नियंत्रण कक्ष से होता है।
(घ) ओ.बी. वैन को चार भागों में बाँटा जा सकता है—प्रोडक्शन पैनल, कंट्रोल सेक्शन, इनपुट सेक्शन तथा आउटपुट सेक्शन।

383. इनमें से ओ.बी. वैन को क्या कहा जाता है?
(क) मिनी स्टूडियो
(ख) रिमोट टेलीकास्ट
(ग) उपर्युक्त 'क' 'ख' दोनों
(घ) उपर्युक्त में से कोई नहीं

उत्तर के लिए कृपया पृष्ठ सं. 238 व 239 देखें।

384. 'हार्ड न्यूज' (Hard News) किसे कहते हैं?
(क) संवाद समितियों से प्राप्त समाचार को
(ख) घटना-प्रधान समाचार को
(ग) कठिनाई से प्राप्त किए जानेवाले समाचार को
(घ) कठिन शब्दावली से युक्त समाचार को

385. इनमें से 'सॉफ्ट न्यूज' (Soft News) किसे कहते हैं?
(क) सरल शब्दोंवाले समाचार को
(ख) विश्लेषण-प्रधान समाचार को
(ग) हल्के समाचार को
(घ) समाज कल्याण से जुड़े समाचार को

386. ऐसा समाचार (न्यूज), जो प्रसारण के समय ही घटित हुआ हो या प्रसारण के दौरान ही ऐसी सूचनाएँ निरंतर आ रही हों, उसे क्या कहते हैं?
(क) ब्रेकिंग न्यूज (ख) टी.आर.पी.
(ग) हाई न्यूज (घ) सॉफ्ट न्यूज

387. टेलीविजन के समाचार लेखन में आजकल इनमें से कौन सा सम्मिलित है?
(क) नॉन सीक्विटर्स (ख) उभयलिंगी शब्द
(ग) असामान्य संक्षिप्तियाँ (घ) हाइपरबोल्स

388. इलेक्ट्रॉनिक मीडिया में 'साउंड बाइट' से क्या तात्पर्य होता है?
(क) यह एक ऑडियो निदेश होता है, जो टेलीविजन निर्माता समाचार वाचक (News Reader) को देता है।
(ख) यह एक ऐसी स्क्रिप्ट (Script) होती है, जिसमें किसी समाचार से संबंधित दृश्य सामग्री उपलब्ध नहीं होती है।
(ग) यह एक डिजिटल (Digital) ऑडियो सिग्नल है, जो टी.वी. (या) रेडियो स्टेशन की पहचान करता है।
(घ) उपर्युक्त में से कोई नहीं।

389. टेलीविजन समाचार में कुछ ऐसे शॉट्स, जो मुख्य घटनाक्रम में जोड़ दिए जाएँ, उन्हें क्या कहा जाता है?
(क) कट स्टोरी (ख) फ्रेमिंग
(ग) कटिंग्स (घ) क्लिपिंग

उत्तर के लिए कृपया पृष्ठ सं. 239 देखें।

390. इनमें से टी.वी. समाचार में 'काउंट डाउन' कब किया जाता है?
(क) किसी कार्यक्रम के शुरू होने से पूर्व
(ख) किसी कार्यक्रम के पूरा होने के बाद
(ग) विज्ञापन प्रसारण के बाद
(घ) विज्ञापन प्रसारण के पूर्व

391. टी.वी. की ऐसी प्रक्रिया, जिसमें टेलीविजन पर घटना या स्टोरी से संबंधित दृश्य सामग्री दौड़ती रहती है और रिपोर्टर की आवाज दृश्य सामग्री की बैकग्राउंड होती है। इनमें से इसे क्या कहते हैं?
(क) फ्रेमिंग (ख) वॉयस ओवर
(ग) मोंताज (घ) सुपर

392. टी.वी. पर समाचार के प्रसारण में 'मोंताज' से क्या तात्पर्य है?
(क) कॉमर्शियल ब्रेक के बाद एंकर का स्क्रीन पर दिखाई देने से।
(ख) समाचार प्रारंभ होने से पूर्व संगीत की धुन से।
(ग) समाचार के प्रसारण के दौरान अनेक छोटे-छोटे चित्रों के एक साथ प्रदर्शन से।
(घ) रिपोर्टिंग के अंत में रिपोर्टर का चेहरा प्रस्तुत किए जाने से।

393. टी. वी. रिकार्डिंग में प्रयुक्त होनेवाले संदर्भ कूट को किस नाम से जाना जाता है?
(क) वर्चुअल टाइम (ख) क्लॉक टाइम
(ग) रीयल टाइम (घ) प्राइम टाइम

394. टेलीविजन ऑपरेशंस के संदर्भ में 'जेपिंग' किसे कहा जाता है?
(क) जब टी. वी. पर विज्ञापन प्रसारित होता है, तब दर्शक/रिकॉर्डकर्ता डिजिटल रिकॉर्डर को बंद कर देता है, लेकिन प्रसारण होने पर वह फिल्म रिकॉर्ड करता है। इस तरह रिकॉर्डिंग के दौरान वह विज्ञापन को छोड़ देता है।
(ख) दर्शक/रिकॉर्डकर्ता कुछ समय के लिए, जैसे दो घंटे के लिए, रिकॉर्ड करता है।
(ग) दर्शक/रिकॉर्डकर्ता एक चैनल का कार्यक्रम रिकॉर्ड करता है और अन्य चैनलों को छोड़ देता है।
(घ) उपर्युक्त में से कोई नहीं।

उत्तर के लिए कृपया पृष्ठ सं. 239 देखें।

395. टेलीविजन रेडियो से बेहतर क्यों है?
(क) टेलीविजन के राष्ट्रीय नेटवर्क और केबल टी.वी. प्रणालियाँ होती हैं, जबकि रेडियो में यह सुविधाएँ प्राप्त नहीं होती हैं।
(ख) टेलीविजन सेटों के साथ प्रतिष्ठा का सवाल जुड़ा होता है, किंतु रेडियो सेटों के संदर्भ में ऐसी बात नहीं होती।
(ग) टेलीविजन एक श्रव्य-दृश्य माध्यम है और इसीलिए यह अधिक प्रभावशाली है; जबकि रेडियो केवल श्रव्य माध्यम होने के कारण श्रोताओं से इच्छित प्रतिक्रिया प्राप्त नहीं कर पाता है।
(घ) टेलीविजन के उद्घोषक अपने कार्यक्रमों की प्रस्तुति अच्छे ढंग से करते हैं, क्योंकि वे विजिबल होते हैं; जबकि रेडियो स्टेशन के उद्घोषक अपने कार्यक्रमों की प्रस्तुति अच्छे ढंग से नहीं कर पाते।

396. टेलीप्रॉम्पटर (Teleprompter) तथा संकेत पट्टों का उपयोग टेलीविजन में किसलिए किया जाता है?
(क) टेलीविजन समाचारों की प्रस्तुति हेतु
(ख) टेलीविजन समाचारों के पढ़ने हेतु
(ग) टेलीविजन समाचारों के लिखने हेतु
(घ) उपर्युक्त में से कोई नहीं

397. इनमें से स्टूडियो की भाषा में 'संकेत पट्टों' को क्या कहते हैं?
(क) भारतीय काड्र्स
(ख) इडियट काड्र्स
(ग) वेस्टर्न काड्र्स
(घ) एंटरटेनमेंट काड्र्स

398. टेलीविजन के सभी समाचारों की अवधि मिनट तथा सेकंड में मापी जाती है। निम्नलिखित में से टेलीविजन में एक मिनट का दृश्य कितनी पंक्तियों के बराबर होता है?
(क) 6 टंकित पंक्तियों के बराबर
(ख) 8 टंकित पंक्तियों के बराबर
(ग) 10 टंकित पंक्तियों के बराबर
(घ) 12 टंकित पंक्तियों के बराबर

उत्तर के लिए कृपया पृष्ठ सं. 239 देखें।

399. निम्नलिखित में से टेलीविजन पर नियमित कार्यक्रम प्रस्तुत करने का श्रेय किसे है?

(क) वॉयस ऑफ अमेरिका को (ख) एसोसिएटेड प्रेस को
(ग) रायटर को (घ) बी.बी.सी. को

400. 'टेलीविजन विदआउट फ्रंटियर' मीमांसा को सर्वप्रथम किसके द्वारा प्रोत्साहित किया गया था?

(क) संयुक्त राज्य अमेरिका (ख) चीन
(ग) फ्रांस (घ) द यूरोपियन यूनियन

401. टेलीविजन न्यूज प्रसारण में 'एंकर' किसे कहते हैं?

(क) न्यूज पढ़नेवाले को
(ख) इंटरव्यू लेनेवाले को
(ग) स्क्रिप्ट राइटर को
(घ) प्रसारण की देख-रेख करनेवाले को

402. घटना या किसी व्यक्ति से संबंधित जानकारी, जो टी.वी. स्क्रीन पर मुद्रित की जाती है, उसे क्या कहते हैं?

(क) क्लोजर (Closer)
(ख) सुपर (Supper)
(ग) फ्रेमिंग (Framing)
(घ) टेलीप्रॉम्पटर (Teleprompter)

403. टेलीविजन पर समाचार वाचक के पीछे लगी स्क्रीन पर दिखाए जानेवाले चित्र को क्या कहते हैं?

(क) बैक पिक्चर (ख) बैक पोजेक्शन
(ग) बैकअप (घ) एंगल

404. आरंभ में टी.वी. पर दिखाए जानेवाले कार्यक्रम किसके द्वारा तैयार किए जाते थे?

(क) यू.एन.ओ. के विशिष्ट अभिकरण/एजेंसी यूनेस्को द्वारा।
(ख) न्यूज एजेंसी एसोसिएट प्रेस द्वारा।
(ग) न्यूज एजेंसी ए.एफ.पी. द्वारा ।
(घ) भारत के प्रेस ट्रस्ट ऑफ इंडिया द्वारा।

उत्तर के लिए कृपया पृष्ठ सं. 239 देखें।

405. निम्नलिखित में से टेलीविजन के 'प्राइम टाइम' के संबंध में कौन सा कथन गलत है?

(क) 'प्राइम टाइम' से तात्पर्य उस समय से है, जब दर्शक सबसे ज्यादा टेलीविजन देखते हैं।

(ख) दोपहर 2 से 3 बजे तक तथा शाम 5 से 7 बजे तक का समय 'प्राइम टाइम' कहलाता है।

(ग) प्राइम टाइम सबसे कीमती समय होता है। इसका कारण यह है कि इस समय सभी दर्शक रोजमर्रा के कार्यों से निवृत्त होकर आराम से टी.वी. देखते हैं।

(घ) प्राइम टाइम पर प्रसारित विज्ञापनों का प्रभाव सबसे अधिक होता है।

406. इनमें से 'हॉट स्विचिंग' से क्या तात्पर्य है?

(क) दूरदर्शन/टेलीविजन के रिपोर्टर को कई बार जब ऑनलाइन रिपोर्टिंग (Online Reporting) करनी पड़ती है तो इसको 'हॉट-स्विचिंग' (Hot Switching) कहते हैं।

(ख) जब टेलीविजन पर घटना या स्टोरी से संबंधित दृश्य सामग्री दौड़ती रहती है तो इसे हॉट स्विचिंग' कहते हैं।

(ग) टेलीविजन पर कॉमर्शियल ब्रेक के बाद एंकर का स्क्रीन पर दिखाई देना 'हॉट स्विचिंग' कहलाता है।

(घ) 'हॉट स्विचिंग' एक डिजिटल ऑडियो सिग्नल होता है, जो टी.वी. की पहचान कराता है।

407. विश्व के पहले एनालॉग हाई डेफिनिशन टी. वी. (HDTV) की नियमित सेवा किस शहर में प्रारंभ की गई?

(क) पेरिस (ख) टोकियो

(ग) मॉस्को (घ) बर्लिन

408. एल.सी.डी. टी.वी. (LCD TV) का पूरा विस्तार क्या है?

(क) लिक्विड कलर डिस्प्ले

(ख) लिक्विड क्रिस्टल डिस्प्ले

(ग) लाइट क्रिस्टल डिस्प्ले

(घ) लिक्विड कलर डार्क

उत्तर के लिए कृपया पृष्ठ सं. 239 देखें।

409. एल.सी.डी. टी.वी. (LCD TV) के संबंध में कौन सा कथन सही है?

(क) एल.सी.डी. का प्रयोग क़ंप्यूटर, टी.वी. और बैटरीवाली इलेक्ट्रॉनिक्स डिवाइस में डिस्प्ले के लिए होता है

(ख) एल.सी.डी. डिस्प्ले कैथोड किरण दूरदर्शी (ष्टक्रञ्ज) की तुलना में बेहतर होता है

(ग) एल.सी.डी. 'पैसिव मैट्रिक्स डिस्प्ले' और 'एक्टिव मैट्रिक्स डिस्प्ले ग्रिड' से मिलकर बनते हैं

(घ) उपर्युक्त सभी

410. 'प्लाज्मा टी.वी.' के संबंध में कौन सा कथन सही नहीं है?

(क) प्लाज्मा टी.वी. हाई डेफिनेशन टी.वी. (HDTV) होता है, जो आमतौर पर प्रचलित कैथोड किरण दूरदर्शी का विकल्प होता है।

(ख) प्लाज्मा और एल.सी.डी. (ष्टष्ठ) दिखते एक जैसे हैं, लेकिन इनमें फ्लैट स्क्रीन और कम मोटाई के अलावा कुछ भी समान नहीं होता।

(ग) प्लाज्मा में दो ग्लास प्लेट में मौजूद स्थान में बिजली का प्रवाह किया जाता है, जबकि एल.सी.डी. में छोटे-छोटे गैस सेल्स में पिक्चर बनाने के लिए बिजली प्रवाहित की जाती है।

(घ) प्लाज्मा टी.वी. वजन में ज्यादा होने के साथ ऊष्मा भी ज्यादा छोड़ता है। यह बेहतर ऊँचाई पर काम भी नहीं करता और इसमें एल.सी.डी. के मुकाबले ऊर्जा की खपत ज्यादा होती है।

□

उत्तर के लिए कृपया पृष्ठ सं. 240 देखें।

टी.वी. चैनल

411. अरबी टेलीविजन न्यूज चैनल 'अल जजीरा' का मुख्यालय इनमें से किस स्थान पर स्थित है?

(क) मस्कट (ओमान) (ख) दोहा (कतर)

(ग) दमिश्क (सीरिया) (घ) कायरो (मिस्त्र)

412. सोनी टी.वी. (Sony TV) के संबंध में कौन सा कथन सही है?

(क) सोनी टी.वी. का संबंध जापान से है। इस टी.वी. का मालिक जापान की कंपनी सोनी कॉरपोरेशन है।

(ख) सोनी एंटरटेनमेंट टेलीविजन यानी सेट मैक्स (Set Max) भारत का एक प्रमुख मनोरंजन चैनल है।

(ग) भारत में वर्ष 1995 में (मुंबई में) सोनी चैनल की शुरुआत हुई।

(घ) उपर्युक्त सभी।

413. स्टार टी.वी. के संबंध में कौन सा कथन सही नहीं है?

(क) स्टार टी.वी. का पूर्ण विस्तार 'सैटेलाइट टेलीविजन एशियन रीजन' (STAR) है।

(ख) स्टार टी.वी. नेटवर्क को रूपर्ट मर्डोक (Rupert Murdoch) की विशाल न्यूज कॉरपोरेशन (News Corporation) का संबल प्राप्त है।

(ग) वर्ष 1999 में 'न्यूज कॉरपोरेशन' ने एशियाई कंपनी स्टार टी.वी. को खरीद लिया था।

(घ) स्टार टी.वी. नेटवर्क की शृंखला के अंतर्गत 'स्टार प्लस', 'स्टार गोल्ड', 'स्टार मूवीज','स्टार न्यूज', 'स्टार वर्ल्ड' आदि चैनल आते हैं।

उत्तर के लिए कृपया पृष्ठ सं. 240 देखें।

414. टेलीविजन के कंप्रेस्ड डिजिटल कंटेंट्स के कई चैनल्स का एक साथ प्रसारण किए जाने को क्या कहा जा सकता है?
(क) नैरोकास्ट (ख) ब्रॉडकास्टिंग
(ग) पर्सनल कास्ट (घ) मल्टीकास्ट

415. टेलीविजन चैनलों के संबंध में कौन सा वाक्य गलत है?
(क) भारत में निजी टी.वी. चैनलों की दृष्टि से वर्ष 1990 महत्त्वपूर्ण है।
(ख) पाश्चात्य जीवन-शैली से रचे-बसे कार्यक्रमों को प्रसारित करने में निजी चैनल्स की भूमिका महत्त्वपूर्ण एवं सर्वाधिक है।
(ग) सरकारी चैनल 'दूरदर्शन' का टी.वी. पर वर्ष 1990 तक एकाधिकार बना रहा था।
(घ) ए.एम. (AM—Amplidute Modulation) तथा एफ.एम. (FM—Frequency Modulation) के माध्यम से बहुत सारे चैनलों को टी.वी. पर देखना संभव होता है।

416. टी.वी. चैनल अपनी खबरों की पहचान बताने तथा दर्शकों को आकर्षित करने हेतु विभिन्न तरह से खुद का ही विज्ञापन करते हैं। जब चैनल अपने प्रचार हेतु जो छोटे-मोटे प्रचारात्मक संदेश दिखाते हैं, उन्हें क्या कहा जाता है?
(क) प्रोमो (Promo) (ख) प्राइम टाइम (Prime Time)
(ग) स्कैनर (Scanner) (घ) सिटकॉम (Sitcom)

417. टी.वी. समाचार चैनलों पर समाचार प्रसारण के समय स्क्रीन (Screen) पर नीचे की ओर एक पट्टी दौड़ती रहती है, जिस पर सामान्यत: मुख्य खबरें, शेयर बाजार के भाव, क्रिकेट की अपडेट आदि संदेश प्रसारित करते हैं। उसे क्या कहते हैं?
(क) टिकटैक (Tictak) (ख) टिकर (Tiker)
(ग) क्लोजर (Closer) (घ) सुपर (Supper)

418. इनमें से कौन सा कथन सही नहीं है?
(क) समाचार-पत्रों में जो स्थान शब्दों का होता है, टी. वी. में वही स्थान विजुअल का होता है।
(ख) समाचार (न्यूज) का संबंध 'बुलेटिन' शब्द से है।
(ग) रेडियो को 'छोटा परदा' कहा जाता है।
(घ) 'बुद्धू बक्सा' (Idiot Box) का अर्थ टी.वी. सेट से है।

उत्तर के लिए कृपया पृष्ठ सं. 240 देखें।

419. इनमें से 'चैनल सर्फिंग' किसे कहते हैं?
(क) रिमोट के जरिए कुछ चैनलों को हटाना।
(ख) थोड़ी देर के लिए एक चैनल पर ठहरना, फिर अगले चैनल की तरफ बढ़ना।
(ग) अवांछित चैनलों को लॉक करना, जैसे डी.टी.एच. में होता है।
(घ) उपर्युक्त सभी।

420. टी.वी. न्यूज चैनलों द्वारा प्रयुक्त 'एक्सक्लूसिव' से क्या अभिप्राय है?
(क) ऐसा समाचार, जो किसी अन्य चैनल पर उपलब्ध न हो।
(ख) ऐसा समाचार, जो सभी के लिए समान रूप से महत्त्वपूर्ण हो।
(ग) ऐसा समाचार, जिसे विशेष संवाददाता ने भेजा हो।
(घ) ऐसा समाचार, जो न्यूज एजेंसी द्वारा भेजा गया हो।

421. भारत के टेलीविजन नेटवर्क का सही कालक्रम (स्थापना क्रम) क्या है?
(क) सोनी, जी, दूरदर्शन, स्टार (ख) स्टार, जी, सोनी, दूरदर्शन
(ग) दूरदर्शन, स्टार, जी, सोनी (घ) जी, स्टार, दूरदर्शन, सोनी

422. सन् 1990 के खाड़ी युद्ध का विश्व में सीधा प्रसारण दिखाने में किस चैनल की महत्त्वपूर्ण भूमिका रही?
(क) ए.एक्स.एन. (AXN) (ख) ई.एस.पी.एन. (ESPN)
(ग) एच.बी.ओ. (HBO) (घ) सी.एन.एन. (CNN)

423. भारत का पहला निजी (सैटेलाइट) चैनल कौन सा था और किस वर्ष उसका प्रारंभ हुआ था?
(क) सोनी टी.वी. (वर्ष 1990)
(ख) स्टार टी.वी. (वर्ष 1991)
(ग) जी टी.वी. (वर्ष 1992)
(घ) सहारा टी.वी. (वर्ष 1995)

424. इनमें से 'स्पिन ऑफ' से क्या तात्पर्य है?
(क) एक ऐसा नया टी.वी. सीरियल, जिसे पहले सीरियल से लिये गए तत्त्वों द्वारा सृजित किया गया हो।
(ख) पहले बनाई गई फिल्म का द्वितीय भाग।
(ग) एक ऐसा धारावाहिक, जिसके सौ से अधिक एपिसोड हों।
(घ) उपर्युक्त में से कोई नहीं।

उत्तर के लिए कृपया पृष्ठ सं. 240 देखें।

425. जब किसी एक समूह को सैंपल के तौर पर चयनित कर उनकी राय हासिल करने हेतु किसी टी.वी. धारावाहिक के फ्रेम्स को दिखाया जाता है तो उसे क्या कहते हैं?

(क) स्टार्च जाँच (ख) अभिवृत्ति जाँच
(ग) ब्रूजोन जाँच (घ) उपर्युक्त सभी

426. इनमें से धारावाहिक के संबंध में कौन सा कथन गलत है?

(क) विश्व का सबसे लंबा धारावाहिक 'द आर्चर' था।
(ख) विश्व का सबसे लंबा धारावाहिक 'बोल्ड एंड ब्यूटीफुल' था।
(ग) विश्व के सबसे लंबे रेडियो धारावाहिक के निर्माता गॉडफ्रे वैस्ले थे।
(घ) विश्व में धारावाहिकों की शुरुआत सर्वप्रथम अमेरिका से हुई।

427. इनमें से 'सोप ओपेरा' (Soap Opera) के संबंध में कौन सा कथन सही नहीं है?

(क) 'सोप ओपेरा' शब्द धारावाहिक (टी.वी. सीरियल) के लिए प्रयुक्त होता है।
(ख) विश्व में सर्वप्रथम टी.वी. सीरियल (धारावाहिक) 'सोप ओपेरा' की शुरुआत (दक्षिण) अमेरिका से मानी जाती है।
(ग) सोप ओपेरा की शुरुआत कंपनियों द्वारा अपने प्रोजेक्ट्स की बिक्री बढ़ाने हेतु प्रचार के रूप में हुई थी। पहले प्रयोग साबुनों (Soap) के प्रचार हेतु सोप एंड डिटर्जेंट कंपनियों ने किए थे।
(घ) इसकी शुरुआत सर्वप्रथम टी.वी. प्रसारणों में हुई थी, बाद में रेडियो में इन धारावाहिकों का प्रचार किया गया।

428. दूरदर्शन पर चर्चित रहे 'हम लोग' धारावाहिक के संबंध में कौन सा कथन गलत है?

(क) भारत में 'हम लोग' को प्रथम 'सोप ओपेरा' माना जाता है।
(ख) भारत का पहला दूरदर्शन धारावाहिक 'हम लोग' 7 जुलाई, 1984 को प्रारंभ हुआ।
(ग) 'हम लोग' भारत का पहला सबसे लंबा चलनेवाला धारावाहिक था।
(घ) 'हम लोग' धारावाहिक के लेखक पी. कुमार वासुदेव थे।

उत्तर के लिए कृपया पृष्ठ सं. 240 देखें।

429. टी.वी. चैनलों के संबंध में कौन सा कथन सही नहीं है?
(क) 'डिस्कवरी' (Discovery) चैनल खोजपूर्ण जानकारीवाला चैनल है।
(ख) 'टेन स्पोर्ट्स' (Ten Sports) एक खेल चैनल है।
(ग) एम.टी.वी. (M.T.V.) समाचार चैनल है।
(घ) 'आस्था' तथा 'संस्कार' धार्मिक चैनल हैं।

430. इनमें से कौन सा टी.वी. चैनल विशेष रूप से बच्चों के लिए है?
(क) पोगो (Pogo)
(ख) डिज्नी (Disney)
(ग) कार्टून नेटवर्क (Cartoon Network)
(घ) उपर्युक्त सभी

431. इनमें से किस एक को छोड़कर अन्य सभी टी.वी. चैनलों का स्वामित्व किसी एक ही कंपनी के पास है? वह कौन सा टी.वी. चैनल है, जिस पर उस कंपनी का स्वामित्व नहीं है?
(क) सूर्या टी.वी. (ख) जेमिनी टी.वी.
(ग) कैराली टी.वी. (घ) सन टी.वी.

432. वर्तमान में निजी चैनल टी.आर.पी. (TRP) बढ़ाने के लिए नए-नए प्रयोग कर रहे हैं। इन्हीं प्रयोगों का एक परिणाम 'रिएलिटी शो' (Reality Show) अर्थात् 'वास्तविकता पर आधारित कार्यक्रम' हैं। इनमें से 'रिएलिटी शो' के संबंध में कौन सा कथन गलत है?
(क) भारत में सर्वप्रथम स्टार प्लस ने 'कौन बनेगा करोड़पति' नामक रिएलिटी शो का प्रसारण किया।
(ख) वर्तमान में छोटे परदे पर रिएलिटी शो की भरमार है। धीरे-धीरे रिएलिटी शो के नए रूप विकसित होते चले गए हैं, जैसे 'रिएलिटी शो' तथा 'रिएलिटी टैलेंट शो'।
(ग) रिएलिटी सेलिब्रिटीज शो की श्रेणी में 'बिग ब्रदर', 'झलक दिखला जा', 'नच बलिए' को शामिल किया जा सकता है। वहीं रिएलिटी हंट शो की श्रेणी में 'इंडियन आइडिल' तथा 'लिटिल चैंप' आदि कार्यक्रम शामिल किए जा सकते हैं।
(घ) रिएलिटी शो सीरियल तथा फीचर फिल्म की तरह कलात्मक कथा वस्तु पर ही आधारित होते हैं। इनमें वास्तविकता सीमित होती है।

उत्तर के लिए कृपया पृष्ठ सं. 240 देखें।

433. 'टी.आर.पी.' (TRP) का पूर्ण विस्तार क्या है?
(क) टोटल रीयल प्रोग्राम (Total Real Programme)
(ख) टेलीविजन रीयल प्रैक्टिस (Television Real Practice)
(ग) टेलीविजन रेटिंग पॉइंट (Television Rating Roint)
(घ) टेलीविजन रिकॉर्डिंग प्रोग्राम (Television Recording Programme)

434. टेलीविजन धारावाहिकों के लिए 'टी.आर.पी.' (TRP) का आकलन कितने दिनों के लिए किया जाता है?
(क) 7 दिनों के लिए (ख) 14 दिनों के लिए
(ग) 21 दिनों के लिए (घ) एक महीने के लिए

435. 'टी.आर.पी.' (TRP) के संबंध में कौन सा कथन सही है?
(क) टी.वी. रेटिंग पॉइंट का संबंध विज्ञापनों से होता है। जिस टी.वी. चैनल की टी.आर.पी. जितनी अधिक होती है, उसे उतना ही अधिक विज्ञापन मिलने की संभावना होती है।
(ख) मार्केटिंग/रेटिंग एजेंसियाँ ही टी.आर.पी. के आँकड़े जुटाती हैं।
(ग) मार्केट रिसर्च एजेंसियाँ हर सप्ताह (गुरुवार की रात या शुक्रवार) टी.वी. चैनलों के संबंध में आँकड़े जारी करती हैं।
(घ) उपर्युक्त सभी।

436. इनमें से 'टैम' (TAM) का पूरा नाम क्या है?
(क) टेलीविजन ऑडिएंस मेजरमेंट
(ख) टेलीविजन ऑडिएंस मैनेजमेंट
(ग) टेलीविजन एंप्लीट्यूड मॉड्यूलेशन
(घ) टेलीविजन ऑडिएंस मेसेज

437. भारत में टेलीविजन चैनलों से संबंधित आँकड़े देने वाली प्रमुख रेटिंग एजेंसी कौन सी है?
(क) टैम (TAM)
(ख) एमैप (AMAP)
(ग) आई टी ए एम (ITAM)
(घ) उपर्युक्त सभी

उत्तर के लिए कृपया पृष्ठ सं. 241 देखें।

438. इनमें से 'टैम' (TAM), जो टेलीविजन चैनलों से संबंधित आँकड़े देनेवाली एक प्रमुख एक एजेंसी है। इसके संबंध में कौन सा वाक्य गलत है?

(क) टैम इंडिया जो आँकड़े देती है, उसे सत्य मानकर टी.वी. इंडस्ट्री अपनी विज्ञापन व संपादकीय नीतियाँ तैयार करती है।

(ख) टैम (TAM) सप्ताह में एक बार गुरुवार की रात या शुक्रवार को अपने आँकड़े जारी करती है।

(ग) टैम इंडिया जिन मशीनों के सहारे सैंपल एकत्रित करती है, उन्हें 'प्रेस मीटर' कहा जाता है।

(घ) यह मीटर चुनिंदा व्यक्तियों के घरों में ही टी.वी. सेट्स के साथ लगा दिए जाते हैं।

439. विश्व के प्रमुख सैटेलाइट टी.वी. 'सी.एन.एन.' (C.N.N.) के संबंध में कौन सा कथन सही है?

(क) 'सी.एन.एन.' का पूर्ण विस्तार 'केबल न्यूज नेटवर्क' है।

(ख) अमेरिका के मीडिया दिग्गज टेड टर्नर ने सन् 1980 के आसपास 'सी.एन.एन.' टी.वी. चैनल की शुरुआत की थी।

(ग) सी.एन.एन. का मुख्यालय अप्लाटा (जॉर्जिया) में स्थित है।

(घ) उपर्युक्त सभी।

440. किस वर्ष सैटेलाइट टी.वी. 'स्काई' (Sky) चैनल की शुरुआत हुई थी?

(क) वर्ष 1970 में (ख) वर्ष 1980 में

(ग) वर्ष 1990 में (घ) वर्ष 1996 में

441. टी.वी. चैनल 'एच.बी.ओ.' (HBO) के संबंध में कौन सा वाक्य गलत है?

(क) टी.वी. चैनल 'एच.बी.ओ.' का पूर्ण विस्तार 'होम ब्रॉडकास्टिंग ऑफिस' है।

(ख) 'एच.बी.ओ.' (HBO) की स्थापना 18 नवंबर, 1972 को हुई।

(ग) एच.बी.ओ. का मुख्यालय न्यूयॉर्क (सं.रा. अमेरिका) में स्थित है।

(घ) एच.बी.ओ. का नाम पहले 'ग्रीन चैनल' था।

उत्तर के लिए कृपया पृष्ठ सं. 241 देखें।

442. 'ई.एस.पी.एन.' (ESPN), जो एक चर्चित स्पोर्ट्स चैनल है, का पूर्ण विस्तार क्या है?

(क) एंटरटेनमेंट स्पोर्ट्स पोस्ट न्यूज

(ख) एंटरटेनमेंट स्पोर्ट्स प्रोग्राम नेटवर्क

(ग) एंटरटेनमेंट स्पोर्ट्स प्रोग्राम नेशनल

(घ) एंटरटेनमेंट स्पोर्ट्स पब्लिक न्यूज

443. उपग्रह टी.वी. (Satellite TV) के संबंध में इनमें से कौन सा कथन सही है?

(क) सैटेलाइट टेलीविजन ने अपनी अबाध गतिशीलता से विश्व को वास्तव में एक विश्व ग्राम (Global Village) में बदल दिया है।

(ख) सैटेलाइट टी.वी. ने राष्ट्रों की भौगोलिक सीमाओं एवं राष्ट्रीय राज्य की अवधारणाओं को एक सिरे से नकारकर खारिज कर दिया है।

(ग) यदि टेलीविजन (TV) आधुनिकता (Modernism) का प्रतीक था तो सैटेलाइट टी.वी. 'उत्तर-आधुनिकता' (Post modernism) का प्रतीक है।

(घ) उपर्युक्त सभी।

444. उपग्रह टी.वी. के संबंध कौन सा कथन गलत है?

(क) उपग्रह टी.वी. की व्यवस्थित शुरुआत लगभग सन् 1960 के दशक के प्रारंभ में हुई।

(ख) वर्तमान में पूरी दुनिया में उपग्रह टी.वी. में सी.एन.एन. (CNN), बी.बी.सी. (BBC) तथा स्काई न्यूज (Sky News) ही छाए हुए हैं; परंतु इनमें भी आज सी.एन.एन. ही सबसे आगे है।

(ग) खाड़ी युद्ध (सन् 1990-91) के सीधे प्रसारण के बाद तो सी.एन.एन. (CNN) चैनल की लोकप्रियता पूरी दुनिया में फैल गई।

(घ) वर्तमान में पश्चिमी समर्थक सैटेलाइट चैनलों (CNN, BBC) के विरोध में और उनके झूठ व फरेब का पर्दाफाश करते हुए 'अल जजीरा' चैनल के टी.वी. प्रसारण विकासशील देशों, विशेषकर एशियाई देशों में लोकप्रिय हो रहे हैं।

उत्तर के लिए कृपया पृष्ठ सं. 241 देखें।

445. केबल (Cable TV) के संबंध में इनमें से कौन सा कथन गलत है?

(क) केबल टी.वी. एक ऐसी प्रक्रिया है, जिसके माध्यम से टेलीविजन संकेतों को घर में लगे टी.वी. सैट तक छत पर लगे एंटीना की जगह एक केबल तार द्वारा पहुँचाया जाता है।

(ख) केबल टेलीविजन में चित्र बहुत ही साफ दिखाई देते हैं।

(ग) विश्व के प्रमुख केबल टी.वी. 'स्टार टी.वी.', 'स्काई टी.वी.' एवं 'सी.एन.एन.' आदि हैं।

(घ) सन् 1990 के खाड़ी युद्ध ने केबल टी.वी. में एक नए युग का सूत्रपात किया था। विश्व में पहली बार स्टार टी.वी. ने इस युद्ध का सीधा प्रसारण किया।

446. केबल टी.वी. को किस अन्य नाम से भी जाना जाता है?

(क) सैटेलाइट टी.वी. (Satellite TV)

(ख) मेट्रो टी.वी. (Metro TV)

(ग) सामुदायिक/कम्युनिटी टी.वी. (Community TV)

(घ) इन्फोटेनमेंट टी.वी. (Infotainment TV)

447. केबल टी.वी. में सिग्नल (Signal) डालने से पहले किन प्रक्रियाओं से गुजरना पड़ता है?

(क) संकेत को बड़ी-बड़ी डिश एंटिना की सहायता से ग्रहण किया जाता है।

(ख) परिवर्द्धित किया जाता है।

(ग) डी-कोड किया जाता है।

(घ) उपर्युक्त सभी।

448. भारतीय संसद् द्वारा किस वर्ष केबल टेलीविजन नेटवर्क अधिनियम (Cable TV Network Act) पारित किया गया था?

(क) सन् 1988 में (ख) सन् 1990 में

(ग) सन् 1995 में (घ) सन् 1998 में

उत्तर के लिए कृपया पृष्ठ सं. 241 देखें।

449. 'डायरेक्ट टू होम' (डी.टी.एच.) (Direct to Home—DTH) के संबंध में निम्नलिखित में से कौन सा कथन सही नहीं है?
   (क) डायरेक्ट टू होम (डी.टी.एच.) से तात्पर्य है—'सीधे घर के अंदर टी.वी. का प्रसारण।
   (ख) डी.टी.एच. एक ऐसी सेवा है, जिसके जरिए टी.वी. कार्यक्रम/चैनलों को एक छोटे से 'सेट टॉप बॉक्स' (Set Top Box) का उपयोग करके उच्च फ्रीक्वेंसी के 'के.यू. बैंड' के जरिए सीधे दर्शकों के घर तक पहुँचाया जा सकता है।
   (ग) डी.टी.एच. सेवा सीमावर्ती इलाकों, जहाँ केबल ऑपरेटरों की सेवाएँ उपलब्ध नहीं हैं, के लिए बड़ी उपयुक्त सेवा है।
   (घ) डी.टी.एच. में प्राप्त टी.वी. फोटो (Video) एवं ध्वनि (Audio) साफ व स्पष्ट नहीं होती है और इसमें चैनलों की संख्या भी सीमित होती है।

450. भारत में सबसे पहले किसने 'डी.डी. डायरेक्ट' नामक डी.टी.एच. सेवा प्रारंभ की थी?
   (क) रिलायंस समूह ने (ख) प्रसार भारती ने
   (ग) टाटा समूह ने (घ) एयरटेल ने

451. भारत में सबसे पहले किस निजी टेलीविजन चैनल को डी.टी.एच. (D T H) का लाइसेंस प्रदान किया गया था?
   (क) स्टार टी.वी. (Star)
   (ख) जी टी.वी. (Zee)
   (ग) आज तक (Aaj Tak)
   (घ) एन.डी.टी.वी. 24×7 (NDTV)

452. डी.टी.एच. (DTH) प्लेटफॉर्म के 'के यू बैंड' में ए.आई.आर. (AIR) के कितने चैनलों की सुविधा दी जा रही है?
   (क) छह (ख) आठ
   (ग) दस (घ) बारह

453. निम्नलिखित में से किस समिति ने एक 'राष्ट्रीय प्रसारण ट्रस्ट' (आकाश भारती) स्थापित करने की सिफारिश की थी?
   (क) वर्गीज समिति (ख) चंद्रा समिति
   (ग) कुलदीप नैयर समिति (घ) उपर्युक्त में से कोई नहीं

उत्तर के लिए कृपया पृष्ठ सं. 241 देखें।

454. निम्नलिखित में से किस समिति ने यह सिफारिश की कि संसद् के एक अधिनियम द्वारा एक 'प्रसारण निगम' स्थापित किया जाए और उसके उद्देश्यों का उस अधिनियम से स्पष्ट उल्लेख किया जाए?

(क) चंद्रा समिति ने (ख) वर्गीज समिति ने

(ग) कृष्ण समिति ने (घ) पी. सी. जोशी समिति ने

455. 'प्रसार भारती' (Prasar Bharti) को किस अन्य नाम से भी जाना जाता है?

(क) ब्रॉडकास्टिंग एसोसिएशन ऑफ इंडिया।

(ख) ब्रॉडकास्टिंग कॉरपोरेशन ऑफ इंडिया।

(ग) इंडियन ब्रॉडकास्टिंग एसोसिएशन।

(घ) इंडियन ब्रॉडकास्टिंग अथॉरिटी।

456. 'प्रसार भारती' (Prasar Bharti) का संबंध इनमें से किससे है?

(क) सूचना प्रौद्योगिकी से।

(ख) प्राथमिक व माध्यमिक शिक्षा से।

(ग) विश्वविद्यालयों से।

(घ) आकाशवाणी व माध्यमिक शिक्षा से।

457. 'प्रसार भारती अधिनियम' के संबंध में कौन सा कथन गलत है?

(क) 'प्रसार भारती एक्ट' (Prasar Bharti Act) का मूल उद्देश्य सरकारी इलेक्ट्रॉनिक मीडिया अर्थात् आकाशवाणी (रेडियो) तथा दूरदर्शन (TV) को स्वायत्तता प्रदान करना है।

(ख) सन् 1977 में जनता पार्टी सरकार ने आकाशवाणी व दूरदर्शन को स्वायत्तता देने हेतु वर्गीज समिति का गठन किया। समिति की रिपोर्ट के आधार पर लोकसभा में प्रसार भारती बिल पेश किया गया। परंतु इससे पूर्व ही लोकसभा भंग हो गई।

(ग) वी.पी. सिंह सरकार ने (सन् 1989 में) प्रसार भारती बिल संसद् में प्रस्तुत किया, जिसे संसद् ने 1990 में पारित किया; लेकिन यह लागू न हो सका।

(घ) सन् 2000 में यह अधिनियम (प्रसार भारती एक्ट) लागू हुआ।

□

उत्तर के लिए कृपया पृष्ठ सं. 241 देखें।

खोजी पत्रकारिता

458. किसी संगठन, संस्थान, कंपनी आदि के बारे में गहरी खोज के बाद संवेदनशील और नाजुक तथ्यों का रहस्योद्घाटन किस प्रकार की पत्रकारिता के अंतर्गत आता है?

(क) पीत पत्रकारिता (ख) खोजी पत्रकारिता

(ग) सर्वोदय पत्रकारिता (घ) एडवोकेसी पत्रकारिता

459. 'खोजी पत्रकारिता' या 'अन्वेषणात्मक पत्रकारिता' के संबंध में इनमें से कौन सा कथन गलत है?

(क) अंग्रेजी का शब्द 'इन्वेस्टीगेट' (Investigate) मूल शब्द 'वेस्टी-जीयम' से बना है। यह लैटिन भाषा का शब्द है।

(ख) सर्वप्रथम अमेरिका में खोजी पत्रकारिता को मान्यता मिली।

(ग) अमेरिका में खोजी पत्रकारिता को 'चेकबुक पत्रकारिता' के नाम से जाना जाता है।

(घ) खोजपूर्ण पत्रकारिता में काल्पनिक अफवाहों के लिए महत्त्वपूर्ण स्थान होता है।

460. इनमें से किसने 'इंवेस्टिगेटिव रिपोर्टिंग' नामक पुस्तक लिखी है?

(क) एलविन एल. शूमैन

(ख) विलियम जी. ब्लेयर

(ग) करटिस डी. मैकडेगल

(घ) रुडयार्ड किपलिंग

उत्तर के लिए कृपया पृष्ठ सं. 241 देखें।

461. तिहाड़ सेंट्रल जेल के बारे में एक खोजपरक कहानी लिखने के लिए एक प्रसिद्ध संवाददाता/पत्रकार ने स्वयं को गिरफ्तार कराया और उसके बाद उसने एक लेखमाला प्रकाशित की। उस पत्रकार का क्या नाम है?
(क) कुलदीप नैयर (ख) अरुण शौरी
(ग) अश्विनी सरीन (घ) बी.वी. वर्गीज

462. बोफोर्स घोटाले के अंतर्गत किस समाचार-पत्र ने सरकार को मुसीबत में डाल दिया था?
(क) द स्टेट्समैन (ख) पॉयनियर
(ग) द हिंदू (घ) टाइम्स ऑफ इंडिया

463. अमेरिका के प्रसिद्ध 'वाटरगेट कांड' (जिसके खुलासे के बाद निक्सन राष्ट्रपति पद छोड़ने को मजबूर हुए) का पर्दाफाश किस समाचार-पत्र ने किया था?
(क) द वॉशिंगटन पोस्ट (ख) द वॉल स्ट्रीट जर्नल
(ग) द न्यूयॉर्क टाइम्स (घ) बोस्टन न्यूज लेटर

464. किसी व्यक्ति या रिपोर्टर द्वारा स्वयं का सही परिचय दिए बगैर अपने शरीर में छिपाकर रखे गए इलेक्ट्रॉनिक यंत्रों के जरिए किसी सामाजिक बुराई या अनैतिक कार्य की अपनी खोजी दक्षता के बल पर कवरेज करके उसका प्रसारण कर रहस्योद्घाटन करने का कार्य क्या कहलाता है?
(क) रेड जर्नलिज्म (ख) स्टिंग जर्नलिज्म
(ग) ग्रे जर्नलिज्म (घ) येलो जर्नलिज्म

465. स्टिंग जर्नलिज्म/पत्रकारिता के संबंध में इनमें से कौन सा कथन सही नहीं है?
(क) 'स्टिंग' (Sting) शब्द अंग्रेजी भाषा का है। स्टिंग का अर्थ डंक, यानी डंक मारनेवाली या दर्द पैदा करनेवाली पत्रकारिता। ऐसी पत्रकारिता, जो किसी अनैतिक/बुराई जैसे कार्य को डंक मारकर उसका पर्दाफाश करती है।
(ख) स्टिंग पत्रकारिता को 'रहस्योद्घाटन करनेवाली पत्रकारिता' भी कहा जाता है। इसे 'भंडाफोड़ पत्रकारिता' भी कहते हैं।
(ग) स्टिंग पत्रकारिता की शुरुआत विश्व में सर्वप्रथम भारत में हुई।
(घ) भारत में स्टिंग पत्रकारिता के जनक प्रसिद्ध खोजी पत्रकार तरुण तेजपाल माने जाते हैं।

उत्तर के लिए कृपया पृष्ठ सं. 241 व 242 देखें।

466. इनमें से कौन सा वाक्य/कथन स्टिंग ऑपरेशन (Sting Operation) के संबंध में सही है?

(क) स्टिंग ऑपरेशन खोजी पत्रकारिता का नया रूप है।

(ख) जब गुप्त या खुफिया कैमरों की सहायता से किसी गोपनीय घटना आदि को परदे पर लाया जाता है तो टी.वी. चैनल इसे 'स्टिंग ऑपरेशन' का नाम देते हैं।

(ग) विश्व में पहला सफल स्टिंग ऑपरेशन 'वाटरगेट कांड' को कहा जा सकता है, जिसके कारण राष्ट्रपति निक्सन को इस्तीफा देने के लिए मजबूर होना पड़ा।

(घ) उपर्युक्त सभी।

467. इनमें से कौन सा (मार्च 2001) भारत का पहला स्टिंग ऑपरेशन (Sting Operation) था?

(क) ऑपरेशन दुर्योधन

(ख) ऑपरेशन चक्रव्यूह

(ग) रक्षा सौदों में दलाली (तहलका डॉट कॉम)

(घ) कास्टिंग काउच का मामला

468. निम्न में किस टी.वी. चैनल ने (दिसंबर 2005 में) 'ऑपरेशन दुर्योधन' का टेप प्रसारित किया था?

(क) स्टार न्यूज (ख) जी न्यूज

(ग) इंडिया टी.वी. (घ) आज तक

469. 'ऑपरेशन चक्रव्यूह', जिसका प्रसारण स्टार न्यूज द्वारा किया गया था, में किसका खुलासा किया गया था?

(क) तिहाड़ जेल में घूसखोरी का।

(ख) रक्षा सौदों में दलाली का।

(ग) संसद् निधि/फंड की राशि के दुरुपयोग का।

(घ) शिक्षकों की भरती के घोटाले का।

470. सी.एन.एन.- आई.बी.एन. (CNN-IBN) चैनल ने 'कैश फॉर वोट' (Cash for Vote) नामक स्टिंग ऑपरेशन को कब अंजाम दिया था?

(क) वर्ष 2006 में (ख) वर्ष 2008 में

(ग) वर्ष 2011 में (घ) वर्ष 2013 में

उत्तर के लिए कृपया पृष्ठ सं. 242 देखें।

471. पत्रकारिता के किस प्रकार में पाठकों को लुभाने के लिए झूठी अफवाहों, आरोपों, प्रेम संबंधों जैसी सनसनीखेज खबरों को जगह दी जाती है?
(क) खोजी पत्रकारिता
(ख) पीत पत्रकारिता
(ग) पेज थ्री पत्रकारिता
(घ) वॉचडॉग पत्रकारिता

472. इनमें से कौन सा कथन पीत पत्रकारिता (Yellow Journalism) के संबंध में सही है?
(क) 'पीत पत्रकारिता' शब्द का सर्वप्रथम प्रयोग अमेरिका में 19वीं शताब्दी के अंतिम वर्षों में किया गया था।
(ख) पीत पत्रकारिता के जनक के रूप में जोसेफ पुलित्जर को जाना जाता है।
(ग) अमेरिकी पत्रकार पुलित्जर ने अपने समाचार-पत्र 'न्यूयॉर्क वर्ल्ड' में (सन् 1893) में 'येलो किड' (Yellow Kid) के माध्यम से पीत पत्रकारिता प्रारंभ की थी।
(घ) उपर्युक्त सभी।

473. अमेरिकी पत्रकार जोसेफ पुलित्जर, जो 'न्यूयॉर्क वर्ल्ड' के स्वामी थे, 'न्यूयॉर्क वर्ल्ड' से पहले किस समाचार-पत्र के स्वामी थे?
(क) न्यूयॉर्क जर्नल (ख) सेंट लुइस पोस्ट डिस्पेच
(ग) न्यूयॉर्क डेली (घ) बोस्टन गजट

474. इनमें से कौन सा कथन/वाक्य पीत पत्रकारिता के संबंध में गलत है?
(क) पीत पत्रकारिता को 'टैबलॉयड जर्नलिज्म' (Tabloid Journalism) एवं 'चेकबुक जर्नलिज्म' (Cheque book Journalism) भी कहा जाता है।
(ख) पाश्चात्य विद्वान् ओखल्ड गैरीसन विलाड पीत पत्रकारिता को 'गटर पत्रकारिता' कहते हैं।
(ग) विद्वान् चार्ल्स ए. डाना ने पीत पत्रकारिता को 'येलो प्रेस' कहा है।
(घ) पीत पत्रकारिता को 'विकास पत्रकारिता' के नाम से भी जाना जाता है।

उत्तर के लिए कृपया पृष्ठ सं. 242 देखें।

475. वर्तमान समय में पीत पत्रकारिता (Yellow Journalism) किस नवीन शब्द द्वारा निष्प्रभ हो गई है?

(क) लाल पत्रकारिता (Red Journalism)

(ख) हरी पत्रकारिता (Green Journalism)

(ग) काली पत्रकारिता (Black Journalism)

(घ) ग्रे पत्रकारिता (Grey Journalism)

476. विभिन्न टी.वी. चैनलों पर प्रसारित सनसनीखेज कार्यक्रमों का कौन सा जोड़ा इनमें से गलत है?

	टी.वी. चैनल		**सनसनीखेज कार्यक्रम**
(क)	एन.डी.टी.वी.	–	हत्यारा कौन
(ख)	आज तक	–	जुर्म/वारदात
(ग)	स्टार	–	रेड अलर्ट
(घ)	जी टी.वी.	–	क्राइम फाइल

477. किस प्रकार की पत्रकारिता को 'बंद लिफाफे की पत्रकारिता' कहते हैं?

(क) सर्वोदय पत्रकारिता (ख) विकास पत्रकारिता

(ग) पीत पत्रकारिता (घ) खोजी पत्रकारिता

478. इनमें से किस प्रकार की पत्रकारिता में फैशन, अमीरों की पार्टियों और जाने-माने लोगों के निजी जीवन के बारे में बताया जाता है?

(क) खोजी पत्रकारिता (ख) वाचडॉग पत्रकारिता

(ग) पेज थ्री पत्रकारिता (घ) सांस्कृतिक पत्रकारिता

479. पत्रकारिता का वह प्रारूप, जो पत्रकार को तुरंत सामग्री प्रदान करता है, क्या कहलाता है?

(क) संदर्भ पत्रकारिता (ख) पीत पत्रकारिता

(ग) व्याख्यात्मक पत्रकारिता (घ) सर्वोदय पत्रकारिता

480. 'परदा उठानेवाला शब्द' निम्न में से किस पत्रकारिता का हिस्सा है?

(क) साहित्यिक पत्रकारिता (ख) विकास पत्रकारिता

(ग) पीत पत्रकारिता (घ) व्याख्यात्मक पत्रकारिता

□

उत्तर के लिए कृपया पृष्ठ सं. 242 देखें।

फिल्म

481. इनमें से किसे 'भारतीय फिल्म उद्योग (सिनेमा) का पिता' कहा जाता है?

(क) पृथ्वीराज कपूर (ख) दादा साहेब फाल्के

(ग) बी.आर. चोपड़ा (घ) सत्यजीत रे

482. भारतीय सिनेमा जगत् की पहली मूक फिल्म 'राजा हरिश्चंद्र' का निर्माण दादा साहब फाल्के ने किया था। उनका पूरा नाम क्या है?

(क) घुंडीराज भरत फाल्के (ख) घुंडीराज गोविंद फाल्के

(ग) घुंडीराम नारायण फाल्के (घ) घुंडीराम कृष्ण फाल्के

483. भारत की प्रथम मूक फिल्म 'राजा हरिश्चंद्र' का सार्वजनिक प्रदर्शन कब किया गया था?

(क) 3 जून, 1903 (ख) 3 मई, 1913

(ग) 14 मई, 1928 (घ) 14 मार्च, 1931

484. प्रथम मूक फिल्म 'राजा हरिश्चंद्र' की अपार सफलता के बाद दादा साहब फ़ाल्के ने (वर्ष 1913 में) किस फिल्म का निर्माण किया था?

(क) लंका दहन (ख) सत्य सावित्री

(ग) मोहनी भस्मासुर (घ) आलमआरा

485. भारत की प्रथम सवाक् (बोलनेवाली) फिल्म का प्रदर्शन कब किया गया था?

(क) 3 मई, 1913 (ख) 14 मार्च, 1921

(ग) 3 मई, 1925 (घ) 14 मार्च, 1931

उत्तर के लिए कृपया पृष्ठ सं. 242 देखें।

486. भारत की प्रथम सवाक्/बोलनेवाली फिल्म कौन सी थी?
(क) मुगले-आजम (ख) जय हिंद
(ग) आलमआरा (घ) किसान कन्या

487. भारत की प्रथम बोलनेवाली फिल्म (सवाक् फिल्म) का निर्माण किसने किया था?
(क) सत्यजीत रे (ख) पृथ्वीराज कपूर
(ग) दादा साहेब फाल्के (घ) आर्देशिर ईरानी

488. इनमें से किसे सिनेमा को व्यवसाय के रूप में स्थापित करने का श्रेय जाता है?
(क) ल्यूमिएर बंधुओं को
(ख) अली बंधुओं को
(ग) हीरालाल सेन व मोतीलाल सेन को
(घ) उपर्युक्त में से कोई नहीं

489. संपूर्ण विश्व में सबसे पहले किसे सिनेमा देखने का मौका (सन् 1895 में) मिला?
(क) भारतीयों को (ख) ब्रिटेन वासियों को
(ग) फ्रांसीसियों को (घ) अमेरिकन को

490. भारत में कब मुंबई के वाटसन होटल में पहली बार 'सिनेमाटोग्राफ' फिल्म द्वारा सिनेमा का व्यावसायिक प्रदर्शन किया गया था?
(क) 6 जून, 1891 को (ख) 7 जुलाई, 1896 को
(ग) 7 मई, 1906 को (घ) 3 मई, 1913 को

491. भारत में पहला सिनेमा हॉल (Cinema Hall) किस वर्ष में कलकत्ता में जे.एफ. मदान द्वारा बनाया गया, जिसका नाम 'एल्फिंस्टन पिक्चर पैलेस' (अब चैरिलन थिएटर) रखा गया था?
(क) सन् 1907 में (ख) सन् 1913 में
(ग) सन् 1921 में (घ) सन् 1931 में

492. फिल्मों के संबंध में इनमें से कौन सा कथन सही है?
(क) भारत में विश्व में सबसे अधिक फिल्में बनती हैं।
(ख) वर्ष 2009 में भारत में अमेरिका से लगभग दोगुनी फिल्में बनीं, फर भी अमेरिका को फिल्मों से भारत से कहीं अधिक आय प्राप्त हुई।
(ग) फिल्मों की गुणवत्ता तकनीक तथा प्रस्तुतीकरण में अमेरिका भारत से बहुत आगे है।
(घ) उपर्युक्त सभी।

उत्तर के लिए कृपया पृष्ठ सं. 242 देखें।

493. 'फिल्म' जन-संचार का एक प्रमुख माध्यम है। फिल्मों को दो प्रमुख भागों 'फीचर फिल्म' तथा 'डॉक्यूमेंट्री फिल्म' में बाँटा जाता है। इनमें से कौन सा दोनों में प्रमुख अंतर नहीं है?

(क) फीचर फिल्मों का व्यावसायिक निर्माण मुख्यतः मनोरंजन के लिए होता है। वहीं डॉक्यूमेंट्री फिल्मों का प्रमुख उद्देश्य सूचना देना होता है अर्थात् 'विचार' ही इन फिल्मों का मुद्दा होता है।

(ख) फीचर फिल्म जहाँ मूलतः बाजार से प्रभावित होती है, वहीं डॉक्यूमेंट्री फिल्म बाजार के दबाव से अछूती रह सकती है।

(ग) जहाँ कथा, नृत्य व गीत फीचर फिल्मों के अभिन्न अंग हैं, वहीं कला, विज्ञान, साहित्य व संस्कृति से डॉक्यूमेंट्री फिल्म संबद्ध होती है।

(घ) फीचर फिल्म की अवधि दो से तीन घंटे की होती है, वहीं डॉक्यूमेंट्री फिल्म की अवधि चार से पाँच घंटे की होती है।

494. फिल्मों के संबंध में कौन सा कथन सही है?

(क) वर्तमान में फिल्म रिपोर्टर की माँग जितनी बढ़ी है, उतनी किसी अन्य क्षेत्र के रिपोर्टर की माँग नहीं बढ़ी। इसका कारण है कि आज हर कोई फिल्मी दुनिया से जुड़े लोगों के बारे में जानना चाहता है।

(ख) फिल्म रिपोर्टर का काम होता है—फिल्म की जानकारी देना, शूटिंग, रिपोर्ट, अभिनेता-अभिनेत्री के जीवन से जुड़े विविध पहलुओं के बारे में जानकारी उपलब्ध कराना।

(ग) समाचार-पत्रों के रविवारीय अंकों तथा पत्रिकाओं में जो नई फिल्में प्रदर्शित होती हैं, उस पर टिप्पणियाँ दी जाती हैं। इसके अंतर्गत फिल्म की कहानी, संगीत, निर्देशन, संवाद व फोटोग्राफी आदि की चर्चा होती है, जो 'फिल्म समीक्षा' कहलाती है।

(घ) उपर्युक्त सभी।

495. इनमें से कौन सी फिल्म भारत की प्रथम रंगीन फिल्म थी?

(क) मुगले-आजम (ख) आलमआरा

(ग) किसान कन्या (घ) मदर इंडिया

उत्तर के लिए कृपया पृष्ठ सं. 242 देखें।

496. इनमें से कौन सी फिल्म भारत की प्रथम बीमाकृत फिल्म थी?

(क) थ्री इडियट (ख) ताल

(ग) शोले (घ) छोटा चेतन

497. इनमें से कौन सी प्रथम 'थ्री डी' (3-D) पिक्चर/फिल्म थी?

(क) बैंडिट क्वीन (ख) खलनायक

(ग) छोटा चेतन (घ) यमला पगला

498. सन् 1921 में भारत में एक सामाजिक हास्य फिल्म बनी, जो प्रथम हास्य फिल्म थी। उसका नाम क्या था?

(क) दि इटली रिटर्न (ख) दि अमेरिकन रिटर्न

(ग) दि इंग्लैंड रिटर्न (घ) दि ईस्टर्न रिटर्न

499. भारतीय सिनेमा/फिल्म के संबंध में इनमें से कौन सा कथन गलत है?

(क) हिमांशु राय ने फिल्म निर्माण संस्था 'बॉम्बे टॉकीज' की स्थापना की।

(ख) आर.के. नारायण के उपन्यास 'मालगुडी डेज' व 'गाइड' पर फिल्में बनी थीं।

(ग) वर्ष 1974 में प्रदर्शित 'शोले' फिल्म भारतीय सिनेमा की 'ऑल टाइम ग्रेट फिल्म' मानी जाती है।

(घ) प्रसिद्ध फिल्म निर्माता व निर्देशक यश चोपड़ा का निधन 12 जुलाई, 2013 को हुआ।

500. 'बी.आर. चोपड़ा' का पूरा नाम क्या था?

(क) बलजीत राय चोपड़ा

(ख) बलदेव राज चोपड़ा

(ग) बलदेवराज विलायतीराम चोपड़ा

(घ) बली राज चोपड़ा

501. अंतरराष्ट्रीय फिल्म समारोह आयोजित करने की परंपरा का प्रारंभ वर्ष 1932 में कहाँ हुआ था?

(क) बर्लिन (ख) न्यूयॉर्क

(ग) वेनिस (घ) पेरिस

उत्तर के लिए कृपया पृष्ठ सं. 242 देखें।

502. अंतरराष्ट्रीय फिल्म आयोजन/समारोह के संबंध में कौन सा वाक्य सही है?

(क) 'इंटरनेशनल फेडरेशन ऑफ फिल्म प्रोड्यूसर्स एसोसिएशन' फिल्म समारोहों के नियंत्रण में आज महत्त्वपूर्ण भूमिका निभाता है।

(ख) फिल्म समारोहों को ए, बी, सी, डी श्रेणियों में बाँटा गया है। 'ए' श्रेणी के महोत्सव प्रतियोगी होते हैं। 'बी' श्रेणी गैर-प्रतियोगी है। 'सी' श्रेणी की फिल्में विशेष प्रकृति की होती हैं तथा 'डी' श्रेणी के महोत्सव में वह फिल्में आती हैं, जो स्थानीय निर्माताओं पर क्षेत्रीय वितरण के जरिए निर्भर करती हैं।

(ग) फिल्म समारोहों को केवल सांस्कृतिक व कलात्मक मूल्यों का वाहक ही नहीं कहा जा सकता, बल्कि यह व्यापारिक सौदों एवं आर्थिक समझौते की भी महत्त्वपूर्ण भूमिका निभाते हैं।

(घ) उपर्युक्त सभी।

503. भारत में पहला अंतरराष्ट्रीय फिल्म समारोह किस वर्ष आयोजित किया गया था?

(क) सन् 1952 में (ख) सन् 1967 में

(ग) सन् 1971 में (घ) सन् 1984 में

504. 'दादा साहेब फाल्के पुरस्कार' किस वर्ष सूचना व प्रसारण मंत्रालय (भारत सरकार) द्वारा दादा साहेब फाल्के की स्मृति में स्थापित किया गया था?

(क) सन् 1952 में (ख) सन् 1954 में

(ग) सन् 1969 में (घ) सन् 1969 में

505. विश्व-विख्यात कांस फिल्म फेस्टिवल का आयोजन कहाँ होता है?

(क) जर्मनी में (ख) फ्रांस में

(ग) इटली में (घ) अमेरिका में

506. ऑस्कर (Oscar) पुरस्कारों का संबंध किस क्षेत्र से है?

(क) पत्रकारिता/मीडिया (ख) समाज-सेवा

(ग) फिल्म (घ) राजनीति

उत्तर के लिए कृपया पृष्ठ सं. 242 व 243 देखें।

507. इनमें से कौन सा जोड़ा सही (Match) सुमेलित नहीं है?

ऑस्कर नामित फिल्म	कलाकार
(क) मदर इंडिया (सन् 1958)	– सुनील दत्त
(ख) सलाम बॉम्बे (1989)	– नाना पाटेकर
(ग) लगान (2002)	– आमिर खान
(घ) पहेली	– अनिल कपूर

508. इनमें से ब्रिटिश भारतीय फिल्म 'स्लमडॉग मिलेनियर' के संबंध में कौन सा कथन सही नहीं है?

(क) भारतीयं उपन्यासकार विकास स्वरूप द्वारा लिखी पुस्तक 'क्यू एंड ए' को आधार बनाकर 'स्लमडॉग मिलेनियर' नामक फिल्म बनी है।

(ख) फिल्म 'स्लमडॉग मिलेनियर के निर्देशक डेनी बोएल (ब्रिटेन)हैं।

(ग) वर्ष 2009 में फिल्म 'स्लमडॉग मिलेनियर' में 'जय हो' गीत के लिए गुलजार और संगीत के लिए ए.आर. रहमान को 'ऑस्कर पुरस्कार' मिला है।

(घ) वर्ष 2009 में फिल्म 'स्लमडॉग मिलेनियर' में केरल के भानु अथैया को भी एक ऑस्कर इस फिल्म में उनके योगदान के लिए मिला।

509. 12 अप्रैल, 2013 को किसे 'दादा साहेब फाल्के पुरस्कार' (2012) प्रदान किया गया?

(क) सत्यजीत रे को (ख) प्राण को

(ग) तपन सिन्हा को (घ) यश चोपड़ा को

510. विश्व सिनेमा के संबंध में इनमें से कौन सा कथन सही है?

(क) विश्व का सबसे बड़ा सिनेमा घर 'रेडियो सिटी म्यूजिक हॉल' न्यूयॉर्क (अमेरिका) में स्थित है, जिसमें लगभग 6,000 लोगों के बैठने की व्यवस्था है।

(ख) लॉस एंजिल्स स्थित हॉलीवुड (Hollywood) अमेरिकी सिनेमा का केंद्र है।

(ग) रोनाल्ड रीगन अमेरिकी राजनीति में आने से पहले फिल्म जगत् से जुड़े थे। वे सर्वप्रथम कैलिफोर्निया के गवर्नर बने, बाद में अमेरिका के राष्ट्रपति बने।

(घ) उपर्युक्त सभी।

उत्तर के लिए कृपया पृष्ठ सं. 243 देखें।

511. फिल्म जगत् में उस फोटोग्राफर को क्या कहा जाता है, जो किसी मशहूर हस्ती के पीछे चोरी-छिपे लगा रहता है और फिर उसकी निजी अवस्था की तसवीरें (Photo) निकालकर ऊँचे दामों पर बेचता है?
(क) चाचाराजी (Chacharazzi)
(ख) सुपर मैन (Superman)
(ग) पापाराजी (Paparazzi)
(घ) उपर्युक्त में से कोई नहीं

512. 'बालाजी टेली फिल्म' के मुख्य कार्यकारी अधिकारी का नाम क्या है?
(क) अनिल कपूर (ख) करिश्मा कपूर
(ग) एकता कपूर (घ) करीना कपूर

513. बॉलीवुड के किस जाने-माने गीतकार/संगीतकार की सिनेमा जगत् में उनके समग्र योगदान हेतु 'वर्ष 2013 का दादा साहब फाल्के पुरस्कार' (अप्रैल 2014 में) प्रदान किया गया?
(क) मन्ना डे (ख) लता मंगेश्कर
(ग) गुलजार (घ) ए.आर. रहमान

514. निम्न में से किस वर्ष भारतीय संसद द्वारा केबल टेलीविजन नेटवर्क अधिनियम (Cable News Network act) प्राप्त किया गया?
(क) सन् 1978 में (ख) सन् 1982 में
(ग) सन् 1991 में (घ) सन् 1995 में

515. सिनेमा फिल्मों के निर्माण, प्रसारण व वितरण को विनियमित करने के लिए किस वर्ष भारतीय संसद् द्वारा 'सिनेमेटोग्राफ अधिनियम' पारित किया गया?
(क) सन् 1952 में (ख) सन् 1962 में
(ग) सन् 1972 में (घ) सन् 1978 में

516. 'केंद्रीय फिल्म प्रमाणन बोर्ड' (Central Board of Film Certifi.) के संबंध में कौन सा वाक्य सही है?
(क) इसकी स्थापना 'सिनेमेटोग्राफ एक्ट' के तहत हुई। इसे 'सेंसर बोर्ड' (Censor board) के नाम से भी जाना जाता है।
(ख) यह बोर्ड भारत में प्रदर्शित होनेवाली विभिन्न श्रेणी की फिल्मों के लिए प्रमाण-पत्र जारी करता है।

उत्तर के लिए कृपया पृष्ठ सं. 243 देखें।

(ग) बोर्ड की अनुमति के बिना भारत में किसी भी देशी या विदेशी फिल्मों का सार्वजनिक प्रदर्शन नहीं किया जा सकता।
(घ) उपर्युक्त सभी।

517. फिल्म जगत के सर्वाधिक प्रतिष्ठित ऑस्कर पुरस्कारों में सर्वश्रेष्ठ अभिनेता एवं अभिनेत्री का पुरस्कार—वर्ष 2015 में किसे प्रदान किया गया है।
(क) मैथ्यू मैक्कानाघी एवं कर ब्लैचेंट (अभिनेत्री
(ख) जेके सीमन्स एवं पैटीशिया ऑकेट
(ग) एंडी रेडमायने एवं जूलियन मूर
(घ) उपर्युक्त में से कोई नहीं

518. 'केंद्रीय फिल्म प्रमाणन बोर्ड' (CBFC) द्वारा फिल्मों को दिया जानेवाला सर्टिफिकेट (Certificate) इनमें से कौन सा नहीं है?
(क) यू (U) (ख) ए (A)
(ग) ए/यू (A/U) (घ) यू/ए (U/A)

519. 'भारतीय राष्ट्रीय फिल्म अभिलेखागार' (National Film Archives of India) का मुख्यालय कहाँ अवस्थित है?
(क) कोलकाता (प. बंगाल) में
(ख) पुणे (महाराष्ट्र) में
(ग) गोवा में
(घ) अहमदाबाद (गुजरात) में

520. भारत के प्रमुख फिल्म संस्थानों के संबंध में कौन सा वाक्य गलत है?
(क) भारतीय फिल्म एवं टेलीविजन संस्थान, पुणे में स्थित है।
(ख) यह संस्थान सूचना एवं प्रसारण मंत्रालय की इकाई के रूप में कार्य करता है।
(ग) भारतीय फिल्म एवं टेलीविजन संस्थान की स्थापना वर्ष 1960 में हुई।
(घ) सत्यजीत रे फिल्म एवं टेलीविजन संस्थान, मुंबई में स्थित है। इसकी स्थापना वर्ष 1973 में हुई।

521. किस वर्ष 'फिल्म समारोह निदेशालय' (DFF) की स्थापना सूचना प्रसारण

उत्तर के लिए कृपया पृष्ठ सं. 243 देखें।

मंत्रालय, भारत सरकार द्वारा की गई थी?

(क) सन् 1962 में (ख) सन् 1973 में

(ग) सन् 1984 में (घ) सन् 1995 में

522. इनमें से किस वर्ष 'फिल्म वित्त निगम' तथा 'भारतीय चलचित्र निर्यात परिषद्' का विलय करके 'राष्ट्रीय फिल्म विकास निगम' (NFDC) की स्थापना की गई?

(क) वर्ष 1970 में (ख) वर्ष 1980 में

(ग) वर्ष 1990 में (घ) वर्ष 2000 में

523. इनमें से 'थ्री डी फिल्म' के संबंध में कौन सा कथन सही है?

(क) थ्री डी फिल्म ऐसी मोशन पिक्चर होती है, जिसमें गहराई या दूरी को लेकर भ्रम की स्थिति बनी होती है।

(ख) थ्री डी फिल्म में इमेजेस को रिकॉर्ड करने के लिए स्पेशल मोशन पिक्चर कैमरे का इस्तेमाल होता है।

(ग) थ्री डी फिल्म को देखने के लिए एक खास चश्मे का इस्तेमाल होता है।

(घ) उपर्युक्त सभी।

□

उत्तर के लिए कृपया पृष्ठ सं. 243 देखें।

वीडियो

524. निम्नलिखित में से वीडियो पत्रकारिता के संबंध में कौन सा कथन सही है?

(क) 'वीडियो पत्रकारिता' इलेक्ट्रॉय माध्यम पत्रकारिता का तीसरा चरण है। वीडियो भी मीडिया का ही एक रूप है।

(ख) वीडियो पत्रकारिता राजकीय संरक्षण व प्रतिबंधों से मुक्त है तथा इसका सेंसर से कोई संबंध नहीं है।

(ग) वीडियो पत्रकारिता का कमजोर पक्ष है इसकी नकल या पाइरेसी, जिस पर अंकुश लगा पाना न निजी वीडियो पत्रकारिता संस्थान के वश में है और न सरकार के।

(घ) उपर्युक्त सभी

525. 'वीडियो मैगजीन' के संबंध में इनमें से कौन सा कथन गलत है?

(क) 'वीडियो मैगजीन' दृश्य एवं श्रव्य पत्रकारिता पर आधारित है।

(ख) वीडियो पत्रिकाओं में समसामयिक घटनाएँ तथा खोजी पत्रकारिता पर आधारित सनसनीखेज घटनाएँ होती हैं।

(ग) भारत में सर्वप्रथम सितंबर 1998 में 'हिंदुस्तान टाइम्स' ने अपनी वीडियो पत्रिका/मैगजीन 'आई विटनेस' प्रारंभ की थी।

(घ) वर्तमान में केबल एवं सैटेलाइट टी.वी. के विकास ने वीडियो पत्रिकाओं की उपयोगिता कम कर दी है।

उत्तर के लिए कृपया पृष्ठ सं. 243 देखें।

526. भारत में सर्वप्रथम किस वर्ष इंडिया टुडे समूह ने अपनी वीडियो पत्रिका 'न्यूज ट्रैक' प्रारंभ की थी?

(क) सन् 1978 में (ख) सन् 1988 में

(ग) सन् 1994 में (घ) सन् 1998 में

527. निम्नलिखित में से 'वीडियो टेक्स्ट' के संबंध में कौन सा कथन सही है?

(क) वीडियो टेक्स्ट प्रणाली 'टेलीटेक्स्ट' (Teletext) से काफी मिलती-जुलती प्रणाली है। अंतर केवल इतना है कि इसमें किसी सूचना की प्राप्त करनेवाला व्यक्ति टेलीफोन द्वारा संपर्क स्थापित करता है।

(ख) वीडियो टेक्स्ट प्रणाली में सूचनाओं को रंगीन एवं श्याम-श्वेत टी.वी. (दोनों) पर प्राप्त किया जा सकता है।

(ग) वीडियो टेक्स्ट संचार की अद्यतन प्रणाली है, जो केवल कंप्यूटर द्वारा ही संचालित होती है। इसमें टी.वी. प्रसारण केंद्रों में कंप्यूटर की सहायता से संदेश एकत्र किए जाते हैं, जिसे 'डाटाबेस' भी कहते हैं।

(घ) उपर्युक्त सभी।

528. 'वीडियो क्रॉन्फ्रेस' के संबंध में इनमें से कौन सा कथन सही नहीं है?

(क) वीडियो कॉन्फ्रेंस टेली कॉन्फ्रेंस का ही एक प्रकार है। यह एक ऐसी प्रक्रिया है, जिसमें एक-दूसरे से काफी दूर बैठे हुए दो या अधिक व्यक्तियों के मध्य दृश्यात्मक संवादालाप संभव हो पाता है या वार्ताकार एक-दूसरे को देख भी सकते हैं।

(ख) वीडियो कॉन्फ्रेंस में इलेक्ट्रॉनिक ब्लैक बोर्ड प्रयोग में आता है।

(ग) वीडियो कॉन्फ्रेंसिंग का प्रयोग सबसे पहले सियोल (द. कोरिया) में किया गया था।

(घ) भारत में वीडियो कॉन्फ्रेंसिंग सेवा विदेश संचार निगम लि. द्वारा वर्ष 1993 में प्रारंभ की गई थी।

529. वीडियो ऑन डिमांड (Video on Demand-VOD) में प्ले लोड बैंड विस्तार क्या होता है?

(क) 36 बाइट्स (ख) 40 बाइट्स

(ग) 48 बाइट्स (घ) 64 बाइट्स

उत्तर के लिए कृपया पृष्ठ सं. 243 देखें।

530. 'मल्टीमीडिया' के संबंध में इनमें से कौन सा वाक्य गलत है?

(क) 'मल्टीमीडिया' अर्थात् बहुमाध्यम एक आधुनिक नव-इलेक्ट्रॉनिक माध्यम है। यह मूलतः कंप्यूटर तकनीक का ही एक रूप है।

(ख) नई पत्रकारिता विशेष रूप से टेलीविजन पत्रकारिता तथा टी.वी. के अन्य शिक्षा एवं मनोरंजन-परक कार्यक्रमों में मल्टीमीडिया का व्यापक स्तर पर प्रयोग होता है।

(ग) मल्टीमीडिया जन-संचार का एक खर्चीला एवं कठिन माध्यम है।

(घ) मल्टीमीडिया डिजाइनिंग तथा एडवरटाइजिंग इंडस्ट्री के साथ प्रिंट व इलेक्ट्रॉनिक मीडिया के लिए वरदान सिद्ध हुआ है। इसके अलावा कार्टून, फिल्में तथा कंप्यूटर गेम तो पूरी तरह मल्टीमीडिया पर ही आधारित हैं।

531. 'मल्टीमीडिया' (Multimedia) में सम्मिलिखित प्रमुख माध्यम इनमें से कौन से हैं?

(क) पाठशाला/टेक्स्ट

(ख) श्रव्य एवं दृश्य

(ग) आरेखिकी एवं एनिमेशन

(घ) उपर्युक्त सभी।

532. 'टेलीकॉन्फ्रेंस' कई प्रकार की होती है। इनमें से कौन सा इसका सही प्रकार है?

(क) कंप्यूटर कॉन्फ्रेंस : कंप्यूटर कॉन्फ्रेंस में अलग-अलग स्थानों पर बैठे व्यक्ति कंप्यूटर को उपयोग में लाकर सूचनाओं का आदान-प्रदान करते हैं।

(ख) वीडियो कॉन्फ्रेंस : वीडियो कॉन्फ्रेंस में इलेक्ट्रॉनिक ब्लैक बोर्ड प्रयोग में आते हैं। इस प्रकार की प्रणाली में यह सुविधा उपलब्ध होती है कि वार्ताकार एक-दूसरे को देख भी सकते हैं।

(ग) ऑडियो कॉन्फ्रेंस : ऑडियो कॉन्फ्रेंस में भाग लेनेवाले व्यक्ति एक-दूसरे से बात तो कर सकते हैं, परंतु एक-दूसरे को देख नहीं सकते। इस प्रकार की वार्ताएँ टेलीफोन द्वारा ही संपन्न होती हैं।

(घ) उपर्युक्त सभी।

उत्तर के लिए कृपया पृष्ठ सं. 243 व 244 देखें।

533. 'डिजिटल वीडियो डिस्क' (DVD) के संबंध में कौन सा वाक्य सही है।
(क) डी.वी.डी. (DVD) दिखने व आकार में सी.डी. रोम (CD Rom) की तरह होती है; लेकिन यह डाटा संग्रहण/भंडारण क्षमता में सी.डी. रोम से कई गुना (लगभग छह गुना) आगे है।
(ख) डी.वी.डी. में दोनों सतहों पर डाटा को संगृहीत किया जा सकता है।
(ग) डी.वी.डी. में संगृहीत डाटा को पढ़ने के लिए किसी प्रकार का 'मेकैनिकल रीड' (Mechanical read) नहीं होता। यह ऑप्टिकल प्रकार की डिस्क होती है, जिसे पढ़ने हेतु लेजर का प्रयोग किया जाता है।
(घ) उपर्युक्त सभी।

534. डी.वी.डी. (DVD) के संबंध में कौन सा वाक्य/कथन गलत है?
(क) डी.वी.डी. को वर्ष 1995 में सोनी, पैनासोनिक तथा सैमसंग द्वारा विकसित किया गया।
(ख) डी.वी.डी. (DVD) लेजर द्वारा इस्तेमाल मानक तरंगदैर्घ्य 780mm होता है।
(ग) डी.वी.डी. मीडिया पर सामग्री के लिए डी.वी.डी. वीडियो एक मानक के रूप में है। डी.वी.डी. वीडियो फॉर्मेट को सबसे पहले नवंबर 1996 में जापान में शुरू किया गया।
(घ) डी.वी.डी. का फॉर्मेट सिर्फ तीन अक्षरों 'DVD' का होगा। यह वर्ष 1999 में निर्धारित किया गया।

535. 'कॉम्पेक्ट डिस्क' (CD) किसे कहते हैं?
(क) कॉम्पेक्ट डिस्क गोल-पतली व चमकीली एक डिस्क होती है, जिस पर सूचनाएँ और ध्वनियाँ डिजिटल रूप में अंकित होती हैं।
(ख) सी.डी. फिल्म या टेप की मूल प्रति को कहते हैं।
(ग) कॉम्पेक्ट डिस्क को 'सूचना महामार्ग' भी कहते हैं। इसका प्रयोग इंटरनेट के लिए किया जाता है।
(घ) टी.वी. कक्ष (TV room) में टेलीविजन कैमरों को रिमोट द्वारा संचालित करने वाली इकाई को 'सी.डी.' (CD) कहते हैं।

उत्तर के लिए कृपया पृष्ठ सं. 244 देखें।

536. 'वी.सी.आर.' (VCR) के संबंध में इनमें से कौन सा कथन सही नहीं है?

(क) 'वी.सी.आर.' का पूरा नाम 'वीडियो कैसेट रिकॉर्डर' है।

(ख) वी.सी.आर. का निर्माण और पहली बार बाजार में लाने का काम वर्ष 1986 में पैनासोनिक कंपनी द्वारा किया गया।

(ग) एक ओर जहाँ वी.सी.आर. टेलीविजन पर हो रहे प्रसारण को मैग्नेटिक टेप को रिकॉर्ड कर सकता है, वहीं वह पहले से ही रिकॉर्ड किया हुआ वीडियो कैसेट टेलीविजन पर दिखा भी सकता है।

(घ) वर्ष 1988 में वीडियो कैसेट पर एक पत्रिका 'मूवी वीडियो' का प्रकाशन 'इंडियन बुक हाउस' द्वारा किया गया।

□

उत्तर के लिए कृपया पृष्ठ सं. 244 देखें।

विश्व की न्यूज एजेंसियाँ

537. 'आधुनिक समाचार एजेंसियों का जनक' किसे माना जाता है?
   (क) पॉल जुलियस रॉयटर (ख) चॉर्ल्स लुइस आवास
   (ग) ई.डब्ल्यू.स्क्रिप्स (घ) बर्नार्ड वोल्फ

538. निम्न में से कौन सा न्यूज एजेंसियों का प्रमुख कार्य नहीं है?
   (क) समाचार का संकलन करना।
   (ख) समाचारों का संपादन करना।
   (ग) समाचार भेजना/प्रेषित करना।
   (घ) समाचार प्रकाशित करना।

539. "वह (समाचार)समिति (एजेंसी), जो समाचार-पत्र, पत्रिकाएँ, संगठनों एवं निजी व्यक्तियों को तारों, पांडुलिपियों, प्रूफ और कभी-कभी टेलीफोन द्वारा समाचार प्रेषित करती है, समाचार एजेंसी कहलाती है। यह स्वयं समाचार प्रकाशित नहीं करती, बल्कि निजी स्तर पर अपने ग्राहकों को सूचनाएँ प्रदान करती है।" न्यूज एजेंसी के बारे में यह परिभाषा किसमें दी गई है?
   (क) ऑक्सफोर्ड डिक्शनरी
   (ख) एनसाइक्लोपीडिया ऑफ ब्रिटेनिका
   (ग) एनसाइक्लोपीडिया इंटरनेशनल
   (घ) विकीपीडिया

540. हेराल्ड लॉसवेल (Harald Lasswell) के अनुसार, समाचार एजेंसियों का कौन सा मुख्य कार्य होता है?
   (क) पर्यावरण की चौकसी (ख) सह संबंध
   (ग) संस्कृति-संप्रेषण (घ) उपर्युक्त सभी।

उत्तर के लिए कृपया पृष्ठ सं. 244 देखें।

541. पठनीयता जाँच, फॉग सूचक/इंडेक्स तथा सहज पठनीयता स्कोर शब्दावली इनमें से किसके द्वारा प्रथम बार प्रयोग की गई?
(क) समाचार-पत्रों द्वारा (ख) सिंडिकेट्स द्वारा
(ग) न्यूज एजेंसी द्वारा (घ) टी.वी. नेटवर्क द्वारा

542. समाचार एजेंसियों के समाचार पहले टेलीप्रिंटर (Teleprinter) मशीन द्वारा मिलते थे। वर्तमान में टेलीप्रिंटर का स्थान इनमें से किस माध्यम ने ले लिया है?
(क) कंप्यूटर (ख) वीडियो कॉन्फ्रेंस
(ग) संवाददाता (घ) उपर्युक्त में से कोई नहीं

543. 'एशिया एवं प्रशांत क्षेत्र की न्यूज एजेंसियों के संगठन' की स्थापना (यूनेस्को द्वारा) किस वर्ष हुई?
(क) सन् 1951 में (ख) सन् 1961 में
(ग) सन् 1981 में (घ) सन् 1991 में

544. न्यूज एजेंसियों की विभिन्न वर्ल्ड कॉन्फ्रेंस (NAWC) एवं उनके स्थानों (जहाँ यह आयोजित हुई) के जोड़ों में कौन सा गलत है?

न्यूज एजेंसी वर्ल्ड कॉन्फ्रेंस (NAWC)	**स्थान** (जहाँ यह कॉन्फ्रेंस आयोजित हुई)
(क) प्रथम न्यूज एजेंसी वर्ल्ड कॉन्फ्रेंस	: मॉस्को (वर्ष 2004)
(ख) दूसरी वर्ल्ड कॉन्फ्रेंस	: बीजिंग (वर्ष 2005)
(ग) तीसरी वर्ल्ड कॉन्फ्रेंस	: अर्जेंटीना (वर्ष 2007)
(घ) चौथी वर्ल्ड कॉन्फ्रेंस	: रियाद (सऊदी) वर्ष 2013

545. इनमें से कौन सी विश्व की सबसे पुरानी समाचार एजेंसी है?
(क) रॉयटर्स (ख) एसोसिएटेड प्रेस
(ग) फ्रांस प्रेस एजेंसी (घ) तास

546. फ्रांस प्रेस एजेंसी की स्थापना किसके द्वारा की गई थी?
(क) ई. डब्ल्यू. स्क्रिप्स (ख) पॉल जूलियस रॉयटर
(ग) के.सी. राय (घ) चॉर्ल्स लुइस आवास

547. फ्रांस प्रेस एजेंसी की स्थापना किस वर्ष हुई थी?
(क) सन् 1835 में (ख) सन् 1846 में
(ग) सन् 1851 में (घ) सन् 1877 में

उत्तर के लिए कृपया पृष्ठ सं. 244 देखें।

548. इनमें से कौन सी समाचार एजेंसी समाचार संप्रेषण के लिए मुगलिया ढंग से कबूतरों का इस्तेमाल करती थी?
(क) यूनाइटेस प्रेस इंटरनेशनल (ख) आवास एजेंसी
(ग) प्रेस एशिया इंटरनेशनल (घ) उपर्युक्त में से कोई नहीं

549. निम्नलिखित समाचार एजेंसियों का सही कालक्रम क्या है?
(क) रॉयटर्स—ए.एफ.पी.—ए.पी.—यू.पी.आई.
(ख) ए.पी.—ए.एफ.पी.—रॉयटर्स—यू.पी.आई.
(ग) ए.एफ.पी.—ए.पी.—रॉयटर्स—यू.पी.आई.
(घ) ए.एफ.पी.—ए.पी.—यू.पी.आई.—रॉयटर्स

550. इनमें से किस समाचार एजेंसी के पास सर्वाधिक संख्या में विदेश संवाददाता हैं?
(क) एसोसिएटेड प्रेस (ख) फ्रांस प्रेस एजेंसी प्रेस
(ग) रॉयटर्स (घ) यूनाइटेड प्रेस इंटरनेशनल

551. इनमें से किस वर्ष 'एसोसिएटेड प्रेस' की स्थापना हुई थी?
(क) सन् 1835 (ख) सन् 1841
(ग) सन् 1846 (घ) सन् 1851

552. इनमें से 'एसोसिएटेड प्रेस' का मुख्यालय कहाँ स्थित है?
(क) न्यूयॉर्क (सं. रा. अमेरिका)
(ख) वॉशिंगटन डी.सी. (सं. रा. अमेरिका)
(ग) लंदन (यू. के.)
(घ) पेरिस (फ्रांस)

553. विश्व की समाचार एजेंसियों में सबसे प्रमुख स्थान 'एसोसिएटेड प्रेस' (AP) का आता है। निम्न में से इस (AP) समाचार एजेंसी के संबंध में कौन सा कथन सही है?
(क) एसोसिएटेड प्रेस एक गैर-लाभकारी समाचार समिति है।
(ख) एसोसिएटेड प्रेस मेक्सिको युद्ध के दौरान वास्तविक रूप में सामने आई थी।
(ग) एसोसिएटेड प्रेस को न्यूयॉर्क नगर के छह प्रमुख समाचार-पत्रों द्वारा आपसी सहयोग से स्थापित किया गया था।
(घ) उपर्युक्त सभी।

उत्तर के लिए कृपया पृष्ठ सं. 244 देखें।

554. निम्न में से किस वर्ष 'रॉयटर्स' न्यूज एजेंसी का थॉमसन कॉरपोरेशन के द्वारा अधिग्रहण (विलय) कर लिया गया है?

(क) सन् 1992 में (ख) सन् 1998 में
(ग) सन् 2000 में (घ) सन् 2008 में

555. रॉयटर्स (Reuters), जो एक अंतरराष्ट्रीय समाचार एजेंसी है, की स्थापना किस वर्ष हुई थी?

(क) सन् 1846 में (ख) सन् 1851 में
(ग) सन् 1861 में (घ) सन् 1889 में

556. विश्व-विख्यात न्यूज एजेंसी 'रॉयटर्स' (Reuters) के संस्थापक कौन थे?

(क) ई.डब्ल्यू. स्क्रिप्स (ख) चॉर्ल्स लुइस आवास
(ग) बर्नार्ड वॉल्फ रॉयटर्स (घ) पॉल जूलियस रॉयटर्स

557. 'रॉयटर्स' (Reuters) न्यूज एजेंसी का मुख्यालय कहाँ स्थित है?

(क) वॉशिंगटन (यू.एस.ए.) (ख) लंदन (यू.के.)
(ग) मॉस्को (रूस) (घ) पेरिस (फ्रांस)

558. 'रॉयटर्स' न्यूज एजेंसी के संबंध में कौन सा कथन गलत है?

(क) 'रॉयटर्स' वर्तमान समय में एक सार्वजनिक कंपनी के स्वामित्व के रूप में कार्यरत है।

(ख) 'रॉयटर्स' रेडियो, टेलीविजन आदि को समाचार प्रदान करता है। इस समिति के मुख्य समाचारों में फोटो समाचार, टेलीविजन समाचार, आर्थिक समाचार आदि सम्मिलित हैं।

(ग) 'रॉयटर्स' की स्थापना ब्रिटिश पार्लियामेंट के एक एक्ट द्वारा हुई थी।

(घ) वर्तमान में यह समिति कई भाषाओं में अपने समाचारों का प्रकाशन कर रही है; जैसे—अंग्रेजी, फ्रेंच, स्पेनिश, जर्मन, इटालियन, चीनी व जापानी आदि।

559. 'यूनाइटेड प्रेस इंटरनेशनल' की स्थापना ('यूनाइटेड प्रेस एसोसिएशन' के रूप में) किस वर्ष हुई थी?

(क) सन् 1851 में (ख) सन् 1869 में
(ग) सन् 1881 में (घ) सन् 1907 में

उत्तर के लिए कृपया पृष्ठ सं. 244 देखें।

560. 'यूनाइटेड प्रेस इंटरनेशनल' किस देश की प्रमुख न्यूज एजेंसी है?
(क) अमेरिका (ख) फ्रांस
(ग) रूस (घ) कनाडा

561. 'यूनाइटेड प्रेस इंटरनेशनल' एजेंसी के संस्थापक कौन थे?
(क) पॉल जूलियस रॉयटर
(ख) एडवर्ड विल्स स्क्रिप्स
(ग) चार्ल्स लुइस आवास
(घ) जॉन टीथ एवं जॉर्ज विलिसर्य

562. 'यूनाइटेड प्रेस इंटरनेशनल' एजेंसी के संबंध में कौन सा कथन सही है?
(क) 'यूनाइटेड प्रेस इंटरनेशनल' की स्थापना वस्तुतः एसोसिएटेड प्रेस की प्रगति से प्रेरणा लेकर की गई थी।
(ख) सन् 1907 में प्रेस एसोसिएशन और पब्लिशर्स एसोसिएशन को मिलाकर 'यू.पी.आई. की स्थापना की गई।
(ग) सन् 1958 से वर्ष 'यू.पी.आई' को 'यू.पी.ए' (यूनाइटेड प्रेस एसोसिएशन) के नाम से जाना जाता था।
(घ) उपर्युक्त सभी।

563. किस वर्ष में यूनिफिकेशन चर्च/न्यूज मीडिया कॉरपोरेशन द्वारा यूनाइटेड प्रेस इंटरनेशनल (UPI) का अधिग्रहण किया गया?
(क) सन् 1981 में (ख) सन् 1989 में
(ग) सन् 2000 में (घ) सन् 2008 में

564. इनमें से किस वर्ष 'ऑस्ट्रेलिया एसोसिएटेड प्रेस' (AAP) की स्थापना हुई थी?
(क) सन् 1935 में (ख) सन् 1952 में
(ग) सन् 1962 में (घ) सन् 1975 में

565. 'ऑस्ट्रेलिया एसोसिएटेड प्रेस' (AAP) पर इनमें किस न्यूज संगठन का स्वामित्व है?
(क) न्यूज कॉरपोरेशन ऑफ ऑस्ट्रेलिया (News Corp. of Australia)
(ख) फेयरफैक्स (Fairfax)
(ग) सेवन वेस्ट मीडिया (Seven west media)
(घ) उपर्युक्त सभी

उत्तर के लिए कृपया पृष्ठ सं. 244 देखें।

566. न्यूजीलैंड की न्यूज एजेंसी इनमें से कौन सी है?
(क) ए.एन.पी. (ख) एन.जेड.एन.ए.
(ग) ए.एन.एम. (घ) एन.जेड.पी.ए.

567. 'ब्लूमबर्ग' किस देश की न्यूज एजेंसी है?
(क) इटली (ख) फ्रांस
(ग) मेक्सिको (घ) संयुक्त राज्य अमेरिका

568. 'ब्लूमबर्ग' नामक न्यूज एजेंसी को इनमें से क्या प्रदान करने के लिए विशिष्टता हासिल है?
(क) वित्तीय समाचार (ख) राजनीतिक समाचार
(ग) सामाजिक समाचार (घ) खेल समाचार

569. इनमें से किसके द्वारा 'अफ्रीकन प्रेस ऑर्गेनाइजेशन' (African press Organisation-APO) की स्थापना की गई है?
(क) रॉबर्ट मुगाबे (ख) मुअमार अल गद्दाफी
(ग) निकोलस पॉम मुगनॉड (घ) नेल्सन मंडेला

570. 'अफ्रीकन प्रेस ऑर्गेनाइजेशन' (APO) का मुख्यालय कहाँ स्थित है?
(क) सेनेगल (ख) नाइजीरिया
(ग) कीनिया (घ) दक्षिण अफ्रीका

571. इनमें से दक्षिण अफ्रीका की समाचार एजेंसी कौन सी है?
(क) तास (TASS)
(ख) सापा (SAPA)
(ग) सेंट्रल न्यूज एजेंसी (CNA)
(घ) यू.पी.ए. (UPA)

572. 'सापा' (SAPA) का पूरा विस्तार क्या है?
(क) साउथ अफ्रीका प्रेस एसोसिएशन
(ख) साउथ अफ्रीका पीपुल्स फ्री एजेंसी
(ग) साउथ अल्जीरिया प्रेस एजेंसी
(घ) साउथ अमेरिका प्रेस एसोसिएशन

573. 'सापा' की स्थापना किस वर्ष हुई थी?
(क) सन् 1938 में (ख) सन् 1959 में
(ग) सन् 1971 में (घ) सन् 1984 में

उत्तर के लिए कृपया पृष्ठ सं. 244 व 245 देखें।

574. 'सबा' (SABA) किस देश की समाचार एजेंसी है?
(क) मोरक्को (ख) जॉर्डन
(ग) यमन (घ) नाइजीरिया

575. 'अल्जीरिया प्रेस सर्विस' (APS), जो अल्जीरिया की प्रमुख समाचार एजेंसी है, की स्थापना किस वर्ष हुई थी?
(क) सन् 1951 में (ख) सन् 1961 में
(ग) सन् 1971 में (घ) सन् 1991 में

576. 'नोपा' किस देश की न्यूज एजेंसी है?
(क) न्यूजीलैंड (ख) नीदरलैंड्स
(ग) नामीबिया (घ) निकारागुआ

577. 'शिहाता' इनमें से किस देश की न्यूज एजेंसी है?
(क) मोरक्को (ख) जापान
(ग) तंजानिया (घ) युगांडा

578. 'न्यूज एजेंसी ऑफ नाइजीरिया' किस वर्ष स्थापित हुई थी?
(क) सन् 1966 में (ख) सन् 1976 में
(ग) सन् 1986 में (घ) सन् 1992 में

579. इनमें से 'सी.ए.एन.ए.' का पूरा नाम क्या है?
(क) कंबोडियन न्यूज एजेंसी
(ख) कनाडियन न्यूज एजेंसी
(ग) कैरेबियन न्यूज एजेंसी
(घ) केबल न्यूज एजेंसी

580. 'ए.वी.एन.' (AVN) किस देश की न्यूज एजेंसी है?
(क) ब्राजील (ख) पेस
(ग) नीदरलैंड्स (घ) वेनेजुएला

581. 'एजेंसिया ब्राजील' (Agencia Brazil-ABR), जो कि ब्राजील की समाचार एजेंसी है, किस वर्ष स्थापित हुई थी?
(क) सन् 1993 में (ख) सन् 1998 में
(ग) सन् 2001 में (घ) सन् 2007 में

उत्तर के लिए कृपया पृष्ठ सं. 245 देखें।

582. 'कनाडियन प्रेस' जो कनाडा की राष्ट्रीय समाचार एजेंसी है, के संबंध में इनमें से कौन सा कथन सही है?

(क) कनाडियन प्रेस की स्थापना (वर्ष 1917 में) संसद् के एक एक्ट के द्वारा की गई थी।

(ख) कनाडियन प्रेस द्वारा समाचार अंग्रेजी एवं फ्रेंच भाषा में प्रदान किए जाते हैं। इसके द्वारा फ्रेंच भाषा में सेवा सन् 1951 में प्रारंभ की गई।

(ग) सन् 2007 से इस संस्था ने अपनी वीडियो ब्रेकिंग न्यूज भी प्रकाशित करनी प्रारंभ कर दी है।

(घ) उपर्युक्त सभी।

583. सन् 2010 में किस मीडिया कंपनी द्वारा यह घोषणा की गई कि अब कनाडियन प्रेस में लाभ निवेश का कार्य किया जाएगा?

(क) टोरस्टार कॉरपोरेशन

(ख) द ग्लोब एंड मेल

(ग) स्क्वेयर विक्टोरिया कम्युनिकेशन ग्रुप

(घ) उपर्युक्त सभी

584. इनमें से कौन सी मेक्सिको की समाचार एजेंसी है।

(क) एगर प्रेस

(ख) फ्री प्रेस

(ग) नोटीमेक्स

(घ) ब्लूमबर्ग

585. 'प्रिंसा लैटिना' (Prensa Latina) किस देश की समाचार एजेंसी है?

(क) चिली (ख) ब्राजील

(ग) वेनेजुएला (घ) क्यूबा

586. दक्षिण अमेरिका के किस देश की समाचार एजेंसी का नाम 'तेलम' (TELAM) है?

(क) अर्जेंटीना (ख) पेरू

(ग) उरुग्वे (घ) चिली

उत्तर के लिए कृपया पृष्ठ सं. 245 देखें।

587. समाचार एजेंसियों एवं उनसे संबंधित देशों के जोड़ों में इनमें से कौन जोड़ा गलत है?

समाचार समिति		**देश**
(क) डी.पी.ए	-	जर्मनी
(ख) एस.डी.ए	-	स्विट्जरलैंड
(ग) टी.टी.	-	स्वीडन
(घ) ए.एन.पी	-	डेनमार्क

588. 'एम.टी.आई' (Magyuar Tavirati lorda-MTI) किस देश की न्यूज एजेंसी है?

(क) बुल्गारिया (ख) बेल्जियम
(ग) हंगरी (घ) रोमानिया

589. 'एथेंस मैसीडोनियन' (Athens Macedonian) किस देश की समाचार एजेंसी है?

(क) मैसीडोनिया (ख) ग्रीक
(ग) अल्बानिया (घ) उपर्युक्त सभी

590. आर्मीनिया (Armenia) की न्यूज एजेंसी का नाम क्या है?

(क) एगर प्रेस (ख) एगर मीडिया
(ग) आर्मन प्रेस (घ) अजर मीडिया

591. 'अल्बानिया टेलीग्राफिक एजेंसी' (Albanian Telegraphic Agency) की स्थापना किस वर्ष हुई थी?

(क) सन् 1901 में (ख) सन् 1912 में
(ग) सन् 1934 में (घ) सन् 1952 में

592. डेनमार्क की समाचार एजेंसी का नाम क्या है?

(क) फ्री प्रेस (ख) इंसा
(ग) डच प्रेस एजेंडर (घ) रिट्स ब्यूरो

593. इनमें से कौन सी न्यूज एजेंसी इटली की समाचार एजेंसी है?

(क) एस्का (Asca) (ख) एपकॉम (Apcom)
(ग) एडनकरोनस (Adnkronos) (घ) उपर्युक्त सभी

उत्तर के लिए कृपया पृष्ठ सं. 245 देखें।

594. पुर्तगाल की न्यूज एजेंसी का नाम क्या है?
(क) ए.एन.जी. (ख) ल्यूसा
(ग) तेलम (घ) एगेंजिया स्टेफानी

595. इनमें से कौन सी रोमानिया की न्यूज एजेंसी नहीं है?
(क) मीडिया फैक्स (ख) एगर प्रेस
(ग) बेल्गा (घ) उपर्युक्त सभी

596. इनमें से पोलैंड की न्यूज एजेंसी का नाम क्या है?
(क) पी.ए.पी. (ख) अंगोप
(ग) पी.एन.ए. (घ) बी.एस.एस.

597. इनमें से किस वर्ष 'बुल्गारियन' (Bulgarian) न्यूज एजेंसी की स्थापना हुई थी?
(क) सन् 1898 में (ख) सन् 1918 में
(ग) सन् 1937 में (घ) सन् 1948 में

598. 'बेल्गा' (Belga) किस देश की न्यूज एजेंसी है?
(क) बुल्गारिया (ख) बेल्जियम
(ग) बहामास (घ) बरमुडा

599. 'तांजुग' (Tanjug) किस देश की न्यूज एजेंसी के रूप में विख्यात रही है?
(क) चेकोस्लाविया (ख) यूगोस्लाविया
(ग) क्यूबा (घ) लीबिया

600. 'तास' (TASS) किस देश की न्यूज एजेंसी के रूप में विख्यात रही है?
(क) जापान (ख) यूगोस्लाविया
(ग) चीन (घ) सोवियत संघ

601. 'तास' का पूरा नाम क्या है?
(क) टेलीप्रिंटर एजेंसी ऑफ द यूगोस्लाविया
(ख) टेलीग्राफ एजेंसी ऑफ द सोवियत यूनियन
(ग) टेलीग्राफ एजेंसी ऑफ द कम्युनिस्ट यूनियन
(घ) टेलीप्रिंटर एजेंसी ऑफ द चेकोस्लोवाकिया

उत्तर के लिए कृपया पृष्ठ सं. 245 देखें।

602. 'तास' (TASS) की स्थापना किस वर्ष हुई थी?
   (क) सन् 1907 में (ख) सन् 1925 में
   (ग) सन् 1937 में (घ) सन् 1952 में

603. सोवियत संघ (वर्ष 1991) के विघटन के बाद 'तास' का नामकरण किस नाम से कर दिया गया है?
   (क) इतार-तास (ITAR-TASS)
   (ख) नोवोस्ती-तास (NOVOSTI-TASS)
   (ग) आर.आई.ए.-तास (RIA-TASS)
   (घ) इंटरफैक्स (Interfax)

604. इनमें से किस वर्ष 'रिया-नोवोस्ती' (RIA-NOVOSTI) नामक समाचार एजेंसी का गठन रूस में किया गया था?
   (क) सन् 1921 में (ख) सन् 1931 में
   (ग) सन् 1941 में (घ) सन् 1951 में

605. रूस में 'रसिया सेगोन्या' (Russiya Segodnya) नामक समाचार एजेंसी (रिया-नोवोस्ती के स्थान पर) कब स्थापित की गई है?
   (क) 25 दिसंबर, 1992 (ख) 6 जून, 1998
   (ग) 16 दिसंबर, 2006 (घ) 9 दिसंबर, 2013

606. इनमें से कौन सी रूस की समाचार एजेंसी रही है?
   (क) इंटरफैक्स (Inter fax) (ख) नोटीमेक्स (Notimax)
   (ग) अंतारा (Antara) (घ) एस.ए.पी. (SAP)

607. निम्न में से प्रमुख देशों की समाचार एजेंसियों एवं उनके मुख्यालय के युग्म/जोड़ों में कौन सा जोड़ा गलत है?

	समाचार समिति	**मुख्यालय**
(क)	बहरीन न्यूज एजेंसी (BNA)	: शारजाह
(ख)	सऊदी न्यूज एजेंसी (SNA)	: रियाद
(ग)	कतर न्यूज एजेंसी (CENA)	: दोहा
(घ)	ओमान न्यूज एजेंसी (ONA)	: रूबी

608. निम्न में से कौन सी यू.ए.ई. (UAE) की प्रमुख न्यूज एजेंसी है?
   (क) एस.ए.पी (SAP) (ख) ओना (ONA)
   (ग) वाम (WAM) (घ) तास (TASS)

उत्तर के लिए कृपया पृष्ठ सं. 245 देखें।

609. 'मगरेब अरब प्रेस' किस देश की न्यूज एजेंसी है?
(क) लेबनान (ख) मोरक्को
(ग) सीरिया (घ) जॉर्डन

610. इनमें से कौन सी लीबिया की न्यूज एजेंसी है?
(क) अरब रिवोल्यूशनरी न्यूज एजेंसी
(ख) मगरेब अरब प्रेस
(ग) अरब पीपुल्स प्रेस
(घ) अरब मुसलिम ब्रदरहुड

611. इनमें से 'साना' (SANA) किस देश की न्यूज एजेंसी है?
(क) सीरिया (ख) यमन
(ग) द. अफ्रीका (घ) लेबनान

612. 'इरना' (IRNA), जो ईरान की एक प्रमुख न्यूज एजेंसी है, का पूरा नाम क्या है?
(क) ईरानियन रिपब्लिकन सोर्स ऑफ न्यूज एजेंसी
(ख) ईरानियन रिपब्लिकन न्यूज एजेंसी
(ग) इसलामिक रिपब्लिकन न्यूज एजेंसी
(घ) ईरान रिपब्लिकन रॉयल न्यूज एजेंसी

613. इनमें से कौन सी न्यूज एजेंसी ईरान (IRAN) की है?
(क) मेहर न्यूज एजेंसी (ख) फार्स न्यूज एजेंसी
(ग) इसना (घ) उपर्युक्त सभी

614. 'नेशनल इराकी न्यूज एजेंसी' (NINA),जो (इराक युद्ध के बाद) इराक की प्रथम स्वतंत्र न्यूज एजेंसी है, की स्थापना किस वर्ष हुई थी?
(क) सन् 2003 में (ख) सन् 2005 में
(ग) सन् 2008 में (घ) सन् 2011 में

615. इनमें से कौन सी समाचार एजेंसी फिलिस्तीन क्षेत्र की है?
(क) माअन न्यूज एजेंसी
(ख) मेहर न्यूज एजेंसी
(ग) अरब रिवोल्यूशनरी न्यूज एजेंसी
(घ) साना न्यूज एजेंसी

उत्तर के लिए कृपया पृष्ठ सं. 245 देखें।

616. इनमें से कौन सी अफगानिस्तान की समाचार एजेंसी है?
(क) फार्स (Fars) (ख) खामा प्रेस (Khaama Press)
(ग) खबर (Khabar) (घ) जी जी प्रेस (Ji Ji Press)

617. इनमें से कौन सी मध्य-पूर्व (Middle-East) की समाचार एजेंसी है?
(क) एम.एन.ए. (ख) एम.ई.एन.ए.
(ग) अंतारा (घ) शिन्हुआ

618. निम्नलिखित में से बी.एस.एस. (B.S.S.) किस देश की समाचार एजेंसी है?
(क) बहरीन (ख) बुल्गारिया
(ग) बँगलादेश (घ) बहामास

619. इनमें से 'डेली न्यूज' किस देश की समाचार एजेंसी है?
(क) पाकिस्तान (ख) भूटान
(ग) नेपाल (घ) श्रीलंका

620. इनमें से नेपाल की समाचार एजेंसी कौन सी है?
(क) राष्ट्रीय संवाद समिति (ख) डेली न्यूज ऑफ नेपाल
(ग) नेपाल प्रेस इंटरनेशनल (घ) यूनाइटेड प्रेस ऑफ नेपाल

621. इनमें से पाकिस्तान की समाचार एजेंसी का क्या नाम है?
(क) ए.एफ.पी. (A.F.P.) (ख) पी.पी.आई. (P.P.I.)
(ग) पी.एम.एन. (P.M.N.) (घ) उपर्युक्त सभी

622. इनमें से किस वर्ष, 'म्याँमार (बर्मा) न्यूज एजेंसी' (MNA) की स्थापना हुई?
(क) सन् 1952 में (ख) सन् 1963 में
(ग) सन् 1969 में (घ) सन् 1978 में

623. इंडोनेशिया की समाचार एजेंसी का क्या नाम है?
(क) तेलम (Telam) (ख) अंतारा (Antara)
(ग) बरनामा (Bernama) (घ) एगर प्रेस (Ager press)

624. 'रोमानिया में प्रेस' के आर्थिक उत्पीड़न की प्रक्रिया किसने प्रारंभ की थी?
(क) सोवियत आर्मिस्टक द्वारा
(ख) निकोलाई चाउशेस्को आयोग द्वारा
(ग) कोमसोमोल के अधिकारी द्वारा
(घ) उपर्युक्त में से कोई नहीं

उत्तर के लिए कृपया पृष्ठ सं. 245 देखें।

625. इनमें से कौन सी समाचार एजेंसी जापान की नहीं है?

(क) जी जी प्रेस (Ji Ji Press)

(ख) क्योदो न्यूज (Kyodo News)

(ग) मिडिल न्यूज (Middle News)

(घ) उपर्युक्त सभी

626. 'शिन्हुआ' (Xinhua) न्यूज एजेंसी किस देश की प्रमुख समाचार एजेंसी है ?

(क) जापान (ख) मलेशिया

(ग) इंडोनेशिया (घ) चीन

627. 'शिंछुआ' न्यूज एजेंसी की स्थापना ('रेड न्यूज एजेंसी' के नाम से) किस वर्ष हुई थी?

(क) सन् 1921 में (ख) सन् 1931 में

(ग) सन् 1949 में (घ) सन् 1978 में

628. उत्तरी कोरिया की प्रमुख समाचार एजेंसी 'कोरिया सेंट्रल न्यूज एजेंसी' (KCNA) की स्थापना किस वर्ष हुई थी?

(क) सन् 1946 में (ख) सन् 1958 में

(ग) सन् 1972 में (घ) सन् 1984 में

629. मलेशिया की प्रमुख समाचार एजेंसी का क्या नाम है?

(क) इंजवेस्तिया (ख) बेरनामा

(ग) पोलेका (घ) जी.एन.ए.

630. फिलीपींस न्यूज एजेंसी (PNA) की शुरुआत कब हुई थी?

(क) 11 मार्च, 1967 (ख) 1 मार्च, 1973

(ग) 16 जून, 1983 (घ) 6 जून, 1987

631. 'एजेंसी कंपूचिया प्रेस' (Agency Kampuchea Press-AKP) किस देश की समाचार एजेंसी है?

(क) कंबोडिया (ख) थाइलैंड

(ग) इंडोनेशिया (घ) चिली

उत्तर के लिए कृपया पृष्ठ सं. 246 देखें।

632. गुटनिरपेक्ष देशों की समाचार एजेंसियों के बीच समाचार आदान-प्रदान करनेवाली एजेंसी का क्या नाम है?
(क) एशिया-प्रशांत समाचार एजेंसी
(ख) गुटनिरपेक्ष समाचार एजेंसी पूल
(ग) एशिया-अफ्रीका न्यूज इंटरनेशनल
(घ) थर्ड वर्ल्ड न्यूज एजेंसी पूल

633. 'गुटनिरपेक्ष न्यूज एजेंसी पूल' (NANAP) की स्थापना किस वर्ष हुई थी?
(क) सन् 1973 में (ख) सन् 1976 में
(ग) सन् 1983 में (घ) सन् 1987 में

634. 'गुटनिरपेक्ष न्यूज एजेंसी पूल' (NANAP) के प्रथम अध्यक्ष किस देश के थे?
(क) भारत (ख) मिस्र
(ग) इंडोनेशिया (घ) यूगोस्लाविया

635. गुटनिरपेक्ष न्यूज एजेंसी पूल में भारत की ओर से कौन प्रतिनिधित्व करता है?
(क) यूनाइटेड न्यूज ऑफ इंडिया
(ख) नेशनल न्यूज सर्विस
(ग) प्रेस ट्रस्ट ऑफ इंडिया
(घ) इंडो-एशियन न्यूज सर्विस

636. इनमें से किस वर्ष 'गुटनिरपेक्ष न्यूज नेटवर्क' (Non-Alignment News Network-NNN) की शुरुआत की गई है?
(क) सन् 2001 में (ख) सन् 2003 में
(ग) सन् 2005 में (घ) सन् 2010 में

637. गुटनिरपेक्ष न्यूज नेटवर्क का मुख्यालय कहाँ स्थित है?
(क) नई दिल्ली (भारत) (ख) कुआलालंपूर (मलेशिया
(ग) जकार्ता (इंडोनेशिया) (घ) अबुजा (नाइजीरिया)

638. 'मैकब्राइड आयोग' (Macbride Commission) का गठन किस वर्ष किया गया था?
(क) सन् 1973 में (ख) सन् 1975 में
(ग) सन् 1977 में (घ) सन् 1987 में

उत्तर के लिए कृपया पृष्ठ सं. 246 देखें।

639 'मैकब्राइड आयोग' का गठन किसके द्वारा हुआ था?

(क) अंकटाड (UNCTAD)

(ख) अंतरराष्ट्रीय दूरसंचार संघ (ITV)

(ग) यूनेस्को (UNESCO)

(घ) यूनिसेफ (UNICEF)

640. मैकब्राइड आयोग के एकमात्र भारतीय सदस्य कौन थे?

(क) जॉर्ज वर्गीज (ख) के. सी. राय

(ग) कुलदीप नैयर (घ) एस.एस. आप्टे

641. मैकब्राइड आयोग के अध्यक्ष सीन मैकब्राइड के संबंध में कौन सा कथन गलत है?

(क) सीन मैकब्राइड आयरलैंड के पूर्व विदेश मंत्री थे

(ख) वह यूनेस्को के अध्यक्ष रहे थे

(ग) सीन मैकब्राइड (सन् 1974 में) 'नोबेल शांति पुरस्कार' विजेता रहे

(घ) वह एमनेस्टी इंटरनेशनल के अध्यक्ष रहे हैं

642. मैकब्राइड आयोग की रिपोर्ट को किस नाम से जाना जाता है?

(क) वन वॉयसेज वन वर्ल्ड (One Voices One World)

(ख) मैनी वॉयसेज वन वर्ल्ड (Many Voices One World)

(ग) मैनी वॉयसेज वन कंटरी (Many Voices One Country)

(घ) वन वॉयसेज वन कंटरी (One Voices One Country)

643. इनमें से किस वर्ष मैकब्राइड आयोग ने अपनी अंतिम रिपोर्ट दी थी?

(क) सन् 1980 में (ख) सन् 1982 में

(ग) सन् 1984 में (घ) सन् 1988 में

644. इनमें से किस देश के द्वारा मैकब्राइड आयोग की रिपोर्ट को स्वीकार नहीं किया गया था?

(क) संयुक्त राज्य अमेरिका

(ख) सोवियत संघ

(ग) यूगोस्लाविया

(घ) भारत

उत्तर के लिए कृपया पृष्ठ सं. 246 देखें।

645. मैकब्राइड आयोग की रिपोर्ट की प्रमुख सिफारिश कौन सी थी?
(क) रिपोर्ट में संचार तकनीक के समान प्रवाह को तीसरी दुनिया (या)विकासशील देशों के लिए अत्यंत महत्त्वपूर्ण बताया गया।
(ख) सूचना संबंधी स्वतंत्रता व सूचनाओं के आदान-प्रदान को लोकतांत्रिक रूप दिया जाए।
(ग) पत्रकारिता व संचार से जुड़े अन्य व्यवसायों में मानकों तथा उत्तरदायित्वों को निर्धारित किया जाए।
(घ) उपर्युक्त सभी।

646. 'न्यूको' (NWICO) का पूरा विस्तार क्या है।
(क) नॉर्थ-वेस्ट इंफॉरमेशन कम्युनिकेशन ऑर्डर
(ख) न्यू वर्ल्ड इंफॉरमेशन कम्युनिकेशन ऑर्डर
(ग) नॉर्थ-वेस्ट इंफॉमेशन कम्युनिस्ट ऑर्डर
(घ) न्यू वर्ल्ड इंटरनेशनल कम्युनिस्ट ऑर्डर

647. 'नई अंतरराष्ट्रीय सूचना संचार व्यवस्था' स्थापित किए जाने का विचार कब सामने आया था?
(क) सन् 1961 में बेलग्रेड के नाम सम्मेलन में
(ख) सन् 1973 में अल्जीयर्स के नाम सम्मेलन में
(ग) सन् 1975 में संयुक्त राष्ट्र महासभा के सम्मेलन में
(घ) सन् 1977 में यूनेस्को की 18वीं कॉन्फ्रेंस में

648. निम्नलिखित में से कौन सी विश्व की सबसे बड़ी टेलीविजन न्यूज एजेंसी है?
(क) यू.पी.आई.टी.एन. (UPITN)
(ख) आई.टी.एन. (ITN)
(ग) वी.आई.एस.एन.डब्ल्यू.एस. (VIS NWS)
(घ) आई.बी.आई. (IBI)

649. 'वी.आई.एस.एन.डब्ल्यू.एस.' (विजन न्यूज/Vision News) नामक टेलीजिवन न्यूज एजेंसी की स्थापना किसने तथा कब की थी?
(क) रायटर ने वर्ष 1907 में
(ख) ए.पी. (एसोसिएटेड प्रेस) ने वर्ष 1917 में
(ग) बी.बी.सी. ने वर्ष 1957 में
(घ) ए.एफ.पी. (एजेंसी फ्रांस प्रेस) ने वर्ष 1967 में

उत्तर के लिए कृपया पृष्ठ सं. 246 देखें।

650. 'विज न्यूज' (Vis News) की मुख्य प्रतिद्वंद्वी एक अन्य टी.वी. न्यूज एजेंसी है। उसका नाम क्या है?

(क) यू.पी.आई.-टी.एन. (UPI-TN)

(ख) ए.एफ.पी.-टी.वी. (AFP-TV)

(ग) आई.टी.एन. (ITN)

(घ) डब्ल्यू.आई.टी.वी.ए. (WITVA)

□

उत्तर के लिए कृपया पृष्ठ सं. 246 देखें।

भारतीय न्यूज एजेंसियाँ

651. भारत में समाचार एजेंसियों की शुरुआत 20वीं सदी के चार प्रमुख अंग्रेजी समाचार-पत्रों की प्रतिस्पर्धा से मानी जाती है। उन चार समाचार-पत्रों में दो थे 'इंग्लिश मैन' तथा 'इंडियन डेली न्यूज'। इनमें से तीसरा तथा चौथा समाचार-पत्र कौन सा था?
   (क) टाइम्स ऑफ इंडिया तथा हिंदुस्तान टाइम्स
   (ख) द स्टेट्समैन तथा द पॉयनियर
   (ग) द हिंदू तथा द ट्रिब्यून
   (घ) हिंदू पैट्रियाट तथा बॉम्बे टाइम्स

652. इनमें से किसे भारत में 'समाचार एजेंसियों का जनक' माना जाता है?
   (क) भारतेंदु हरिश्चंद्र
   (ख) स्वामीनाथन सदानंद
   (ग) के.सी. राय
   (घ) सरदार पटेल

653. भारत में सर्वप्रथम (सन् 1905 में) किस समाचार एजेंसी की स्थापना हुई थी?
   (क) इंडियन न्यूज एजेंसी
   (ख) फ्री प्रेस ऑफ इंडिया
   (ग) एसोसिएटेड प्रेस ऑफ इंडिया
   (घ) यूनाइटेड प्रेस ऑफ इंडिया

उत्तर के लिए कृपया पृष्ठ सं. 246 देखें।

654. इनमें से भारत की समाचार एजेंसियों का सही कालक्रम क्या है?

(क) ए.पी.आई.—यूनाइटेड प्रेस ऑफ इंडिया—एफ.पी.आई.—इंडिया न्यूज एजेंसी

(ख) ए.पी.आई.—इंडिया न्यूज एजेंसी—एफ.पी.आई.—यूनाइटेड प्रेस ऑफ इंडिया

(ग) इंडिया न्यूज एजेंसी—ए.पी.आई.—एफ.पी.आई.—यूनाइटेड प्रेस ऑफ इंडिया

(घ) इंडिया न्यूज एजेंसी—ए.पी.आई.—यूनाइटेड प्रेस ऑफ इंडिया—एफ.पी.आई.

655. भारत में सबसे पहले किस समाचार-पत्र ने समाचार एजेंसी से प्राप्त समाचारों का उपयोग किया था?

(क) बॉम्बे टाइम्स (ख) पॉयनियर

(ग) द हिंदू (घ) द स्टेट्समैन

656. स्वतंत्रता से पहले भारतीय समाचार-पत्रों को समाचार मुहैया करानेवाली प्रमुख समाचार एजेंसी कौन सी थी?

(क) रॉयटर्स (ख) ए.एफ.पी.

(ग) ए.पी. (घ) यू.पी.आई.

657. भारत की स्वतंत्रता-प्राप्ति से पूर्व 'रॉयटर्स' की कौन सी शाखा भारत में विदेशी समाचारों का लेन-देन करती थी?

(क) रॉयटर्स सिंडिकेट

(ख) रॉयटर्स इन इंडिया

(ग) ब्रिटिश ऑफिशियल वॉयरलेस

(घ) राइट टू रॉयटर्स

658. इनमें से किस भारतीय समाचार एजेंसी में रॉयटर ने (स्वतंत्रता उपरांत) निवेश किया है?

(क) एशिया न्यूज इंटरनेशनल

(ख) यूनाइटेड न्यूज ऑफ इंडिया

(ग) इंडो-एशिया न्यूज एजेंसी

(घ) प्रेस ट्रस्ट ऑफ इंडिया

उत्तर के लिए कृपया पृष्ठ सं. 246 देखें।

659. सरकार की नीतियों, कार्यक्रमों तथा उपलब्धियों के बारे में सूचना देने वाली प्रमुख न्यूज एजेंसी कौन सी है?

(क) इंडिया न्यूज एंड फीचर एलायंस

(ख) प्रेस ट्रस्ट ऑफ इंडिया (PTI)

(ग) यूनाइटेड न्यूज ऑफ इंडिया

(घ) प्रेस इन्फॉरमेशन ब्यूरो (PIB)

660. भारतीय समाचार एजेंसियाँ नित्य प्रति जो समाचार देती हैं, उनमें सर्वाधिक समाचार राजनीतिक विषयों से जुड़े होते हैं। दूसरे और तीसरे स्थान पर सर्वाधिक समाचार किन विषयों के होते हैं?

(क) अर्थ और वाणिज्य तथा भाषण और वक्तव्य

(ख) अर्थ और विज्ञान

(ग) फिल्मी और विज्ञान

(घ) खेलकूद और विज्ञान

661. इनमें से कौन सी न्यूज एजेंसी भारत की ही नहीं, बल्कि एशिया की सबसे बड़ी न्यूज एजेंसी है?

(क) यूनाइटेड न्यूज ऑफ इंडिया (UNI)

(ख) प्रेस ट्रस्ट ऑफ इंडिया (PTI)

(ग) इंडो-एशिया न्यूज एजेंसी (IANA)

(घ) एशियन न्यूज इंटरनेशनल (ANI)

662. 'प्रेस ट्रस्ट ऑफ इंडिया' (PTI) की स्थापना कब हुई थी?

(क) 15 अगस्त, 1941 (ख) 27 अगस्त, 1945

(ग) 27 अगस्त, 1947 (घ) 15 अगस्त, 1951

663. हिंदी तथा अंग्रेजी समाचारों के अलावा पी.टी.आई. (PTI) और कौन सी सेवा प्रदान करती है?

(क) ग्राफिक्स

(ख) फोटो सेवा

(ग) फीचरों का मेलर पैकेज

(घ) उपर्युक्त सभी

उत्तर के लिए कृपया पृष्ठ सं. 246 देखें।

664. 'पी.टी.आई.' (PTI) समाचार एजेंसी के संबंध में कौन सा कथन सही है?
(क) पी.टी.आई. की स्थापना 'एसोसिएटेड प्रेस ऑफ इंडिया' (API) के स्थान पर हुई।
(ख) प्रेस ट्रस्ट ऑफ इंडिया को संक्षिप्त रूप में 'प्रेट्र' कहते हैं। (AFP)
(ग) पी.टी.आई. की हिंदी समाचार सेवा का नाम 'भाषा' (Bhasha) है।
(घ) उपर्युक्त सभी।

665. 'पी.टी.आई.' (PTI) का किस समाचार एजेंसी से अंतरराष्ट्रीय समाचारों के आदान-प्रदान का समझौता है?
(क) एसोसिएटेड प्रेस (ख) फ्रांस प्रेस एजेंसी
(ग) रॉयटर्स (घ) उपर्युक्त सभी

666. 'पी.टी.आई.' (PTI) न्यूज एजेंसी की हिंदी समाचार सेवा 'भाषा' के संबंध में कौन सा कथन सही है?
(क) पी.टी.आई. ने 16 अप्रैल, 1986 को हिंदी समाचार सेवा की 'भाषा' की शुरुआत की थी।
(ख) यह अनुवाद एजेंसी न होकर 'भाषा' मूल खबरों की एजेंसी है।
(ग) यह (भाषा) समाचारों की भाषा-शैली, वर्तनी तथा शुद्ध नामों के उच्चारण पर विशेष ध्यान देती है।
(घ) उपर्युक्त सभी।

667. 'प्रेस ट्रस्ट ऑफ इंडिया' (PTI) की टेलीविजन विंग का नाम क्या है?
(क) पी.आई.बी. (PIB)
(ख) पी.टी. -टी.वी. (PT-TV)
(ग) पी.टी.आई.-टी.वी. (PTI-TV)
(घ) पी.टी.आई.-आई.टी.वी. (PTI-ITV)

668. 'पी.टी.आई.' (PTI) की एक प्रतिस्पर्धा एजेंसी के रूप में (सन् 1916 में) समाचार-पत्रों के समूह द्वारा किसकी स्थापना की गई?
(क) यूनाइटेड न्यूज ऑफ इंडिया (UNI)
(ख) यूनाइटेड प्रेस ऑफ इंडिया (UPI)
(ग) एशियन न्यूज इंटरनेशनल (ANI)
(घ) इंडो-एशिया न्यूज एजेंसी (IANA)

उत्तर के लिए कृपया पृष्ठ सं. 246 देखें।

669. 'यूनाइटेड न्यूज ऑफ इंडिया' (UNI) संवाद समिति के संबंध में कौन सा कथन गलत है?
(क) यू.एन.आई. (UNI) द्वारा भारत में उर्दू समाचार सेवा सर्वप्रथम प्रारंभ की गई।
(ख) यू.एन.आई. की नेशनल फोटो सर्विस 'एजेंसी फ्रांस प्रेस' (AFP) के सहयोग से शुरू की गई।
(ग) सन् 1986 में यू.एन.आई. ने अपनी टी.वी. यूनिट शुरू की।
(घ) यू.एन.आई. का मुख्यालय मुंबई में स्थित है।

670. 'यू.एन.आई.' की हिंदी सेवा का क्या नाम है?
(क) भारती (ख) भाषा
(ग) समाचार भारती (घ) यूनिवार्ता

671. इनमें से कौन सी समाचार समिति देवनागरी लिपि में दूर मुद्रकों (टेलीप्रिंटर) का प्रयोग करनेवाली भारत की पहली समाचार एजेंसी है?
(क) समाचार भारती (ख) हिंदुस्तान समाचार
(ग) यूनाइटेड प्रेस ऑफ इंडिया (घ) यूनिवार्ता

672. इनमें से 'हिंदुस्तान समाचार' न्यूज एजेंसी के संबंध में कौन सा कथन गलत है?
(क) 'हिंदुस्तान समाचार समिति' की स्थापना सन् 1948 में (बंबई में) एक प्रा. लि. कंपनी के रूप में हुई।
(ख) सन् 1957 में इसे एक सहकारी संस्था का रूप दिया गया।
(ग) 'हिंदुस्तान समाचार' एजेंसी के संस्थापक स्वामीनाथन सदानंद थे।
(घ) इस समिति को संक्षिप्त में 'हि.स.' के नाम से जाना जाता है।

673. इनमें से किस वर्ष 'समाचार भारती' नामक संवाद समिति की स्थापना हुई?
(क) सन् 1948 में (ख) सन् 1966 में
(ग) सन् 1982 में (घ) सन् 1986 में

674. 'समाचार भारती' संवाद समिति के संबंध में कौन सा कथन सही है?
(क) यह भारतीय भाषाओं की दूसरी सबसे बड़ी संवाद समिति है।
(ख) 'समाचार भारती' समिति के संस्थापक धर्मवीर सिंह थे।
(ग) पी.टी.आई.-टी.वी. (PTI-TV)।
(घ) उपर्युक्त सभी।

उत्तर के लिए कृपया पृष्ठ सं. 246 व 247 देखें।

675. भारत में आपातकाल (सन् 1976) के दौरान विभिन्न समाचार समितियों को एकजुट कर किस समाचार समिति का गठन किया गया था?

(क) हिंदुस्तान समाचार (ख) समाचार

(ग) भाषा (घ) समाचार भारती

676. जनता पार्टी की सरकार ने समाचार एजेंसियों की संरचना पर सुझाव देने के लिए (सन् 1977 में) भारत के किस विख्यात पत्रकार की अध्यक्षता में एक समिति का गठन किया था?

(क) कुलदीप नैयर (ख) बी.जी. वर्गीज

(ग) ए.के. चंद्रा (घ) पी.सी. जोशी

677. 'यूनाइटेड प्रेस ऑफ इंडिया' (UPI) के संबंध में कौन सा कथन गलत है?

(क) 'यू.पी.आई.' (UPI) की स्थापना सन् 1933 में (कलकाता में) ए.पी.आई. (API) के विरोध में वी. सेनगुप्ता द्वारा की गई।

(ख) यू.पी.आई. की स्थापना सन् 1942 में 'भारत छोड़ो' आंदोलन से कुछ दिन पूर्व हुई।

(ग) भारतीय स्वाधीनता आंदोलन में 'यू.पी.आई.' ने प्रामाणिक एवं सत्य समाचार को प्रसारित करने में उल्लेखनीय भूमिका निभाई।

(घ) सन् 1958 के आसपास आर्थिक कठिनाइयों के चलते यह समिति बंद करनी पड़ी।

678. इनमें से कौन सी भारतीय समाचार एजेंसी है, जो वीडियो के रूप में खबरें/समाचार उपलब्ध कराती है?

(क) इंडो-एशिया न्यूज एजेंसी (IANA)

(ख) एशियन न्यूज इंटरनेशनल (ANI)

(ग) यूनाइटेड न्यूज ऑफ इंडिया (UNI)

(घ) प्रेस ट्रस्ट ऑफ इंडिया (PTI)

□

उत्तर के लिए कृपया पृष्ठ सं. 247 देखें।

सोशल मीडिया

679. 'फेसबुक' (Facebook) इंटरनेट पर स्थित एक नि:शुल्क सोशल नेटवर्किंग साइट (Social Networking Site) है, जिसके माध्यम से इसके सदस्य अपने मित्रों, परिवारों एवं परिचितों के साथ संपर्क रख सकते हैं। फेसबुक का प्रारंभ इसके संस्थापक मार्क जुकरबर्ग (Mark Zuckerberg) ने किस वर्ष किया?

(क) सन् 2001 में
(ख) सन् 2004 में
(ग) सन् 2006 में
(घ) सन् 2008 में

680. 'फेसबुक' के संस्थापक मार्क जुकरबर्ग (Mark Zuckerberg) के संबंध में कौन सा कथन सही है?

(क) मार्क जुकरबर्ग वर्ष 2010 के 'टाइम्स' पत्रिका के 'पर्सन ऑफ द ईयर' घोषित किए गए।
(ख) फेसबुक के संस्थापक मार्क जुकरबर्ग वर्ष 2013 में अमेरिका के सबसे बड़े दानदाता बने।
(ग) मार्क जुकरबर्ग वर्ष 2014 में प्रतिवर्ष वेतन लेनेवाले 'एक डॉलर क्लब' (One Dollar Club) में शामिल हो गए।
(घ) उपर्युक्त सभी।

681. वर्ष 2014 के प्रारंभ तक सोशल नेटवर्किंग वेबसाइट 'फेसबुक' के उपयोगकर्ताओं/सदस्यों की संख्या विश्व भर में लगभग कितनी थी?

(क) 120 करोड़
(ख) 100 करोड़
(ग) 80 करोड़
(घ) 50 करोड़

उत्तर के लिए कृपया पृष्ठ सं. 247 देखें।

682. निम्न में से फेसबुक के प्रमुख फीचर्स (Features) और जिस वर्ष यह प्रारंभ/शुरू हुए के जोड़ों में कौन सा जोड़ा गलत है?

	फीचर	प्रारंभ
(क)	फोटो फीचर	– वर्ष 2005
(ख)	मेसेजिंग एवं 'लाइक'	– वर्ष 2010
(ग)	वॉयस कॉल एवं फॉलोइंग	– वर्ष 2011
(घ)	एमबेडिग फीचर	– वर्ष 2012

683. ऐसा सोशल नेटवर्क माध्यम, जिसे हाल ही में वैश्विक आई.पी.ओ. (IPO) के लिए जारी किया गया है, कौन सा है?

(क) ट्विटर (ख) ऑर्कुट

(ग) यू-ट्यूब (घ) फेसबुक

684. निम्नलिखित में से किस सोशल नेटवर्किंग साइट ने 'फेस रिकॉग्निशन' नामक एक सॉफ्टवेयर लॉच किया है, जिसकी मदद से फोटो टैग करना और अधिक आसान हो सका है?

(क) गूगल (Google)

(ख) फेसबुक (Facebook)

(ग) ट्विटर (Twitter)

(घ) माइक्रो ब्लॉगिंग (Microblogging)

685. विश्व की लोकप्रिय मेसेजिंग सेवा 'व्हाट्स एप' (What's app) को किसने वर्ष 2014 में (19 अरब डॉलर) में खरीदने का सौदा किया है?

(क) एप्पल (ख) फेसबुक

(ग) ट्विटर (घ) माइक्रोसॉफ्ट

686. 'यू ट्यूब' (You Tube) के संबंध में कौन सा कथन गलत है?

(क) 'यू-ट्यूब' एक साझा वेबसाइट (Video Sharing Website) है, जहाँ उपयोगकर्ता वेबसाइट को देख सकता है, वीडियो अपलोड कर सकता है एवं वीडियो क्लिप साझा कर सकता है।

(ख) यू-ट्यूब की स्थापना वर्ष 2004 में जैक डोर्सी (Jack Dorsey) द्वारा की गई।

(ग) वर्तमान में यू-ट्यूब गूगल इंक (Google lnc) की एक सहायक कंपनी है। गूगल ने वर्ष 2006 में यू ट्यूब का अधिग्रहण किया।

(घ) यू ट्यूब का मुख्यालय सैन ब्रुनो (San Bruno) कैलिफोर्निया (सं रा. अमेरिका) में स्थित है।

उत्तर के लिए कृपया पृष्ठ सं. 247 देखें।

687 यू ट्यूब (You Tube) के संबंध में कौन सा कथन सही है?

(क) यू-टयूब बीडियो प्लेबैक (Video Playback) तकनीक मैक्रोमीडिया (Macro Media) के फ्लैश प्लेयर पर आधारित है।

(ख) वर्ष 2012 में एप्पल इंक (Apple Inc.) ने 11 अरब डॉलर में यू ट्यूब का अधिग्रहण किया।

(ग) यू-ट्यूब एक प्रसिद्ध ब्लॉग (Blog) सॉफ्टवेयर है।

(घ) यू-ट्यूब को वायरलेस ई-थरनेट (E-thernet) भी कहा जाता है।

688 निम्नलिखित में से ब्लॉग (Blog) जिसे हिंदी में 'चिट्ठा' भी कहा जाता है, के संबंध में कौन सा कथन गलत है?

(क) ब्लॉग (बहुवचन ब्लॉग्स) एक प्रकार की व्यक्तिगत वेबसाइट होते हैं, जिन्हें डायरी (Diary) की तरह लिखा जाता है।

(ख) ब्लॉग (Blog) एक ऑनलाइन समाचार-पत्र ही है। इसमें लेखक (Blogger) सामग्री को सीधे वेब पर लिखा सकता है।

(ग) ब्लॉग सूचना के साधन नहीं होते, बल्कि किसी व्यक्ति द्वारा पाई गई अथवा रोचक समझी गई सूचना पर विचार-विमर्श है।

(घ) ब्लॉग विचार-विमर्श के मंच नहीं होते हैं। इन्हें 'समाचारों का दूत' माना जाना चाहिए।

689. 'माइक्रो ब्लॉगिंग' (Micro Blogging) के संबंध में कौन सा कथन सही है?

(क) 'माइक्रो ब्लॉगिंग' को हिंदी में 'सूक्ष्म चिट्ठाकारी' कहा जाता है। यह पारंपरिक चिट्ठाकारी/ब्लॉगिंग का एक भिन्न रूप है, जिसमें संक्षिप्त पाठ्य संदेश भेजे जा सकते हैं।

(ख) वर्ष 2006 में प्रारंभ ट्विटर (Twitter) सर्वाधिक प्रसिद्ध माइक्रो ब्लॉगिंग सेवा है।

(ग) वर्तमान में माइक्रो ब्लॉगिंग विख्यात हस्तियों को भी लुभा रही है। बी.बी.सी. जैसे विख्यात समाचार संस्थानों से लेकर अमेरिका के राष्ट्रपति बराक ओबामा तक भी ट्विटर पर मिलते हैं। ओबामा विश्व के पहले ऐसे नेता हैं, जिनके ट्विटर पर फॉलोअर्स की संख्या 5 करोड़ से भी अधिक है।

उत्तर के लिए कृपया पृष्ठ सं. 247 देखें।

(घ) उपर्युक्त सभी।

690. इनमें से 'लिंक्ड इन' (Linkedin) क्या है?

(क) लिंक्ड इन एक प्रसिद्ध ब्लॉग सॉफ्टवेयर है।

(ख) लिंक्ड इन एक व्यावसायिक सामाजिक नेटवर्क सेवा है।

(ग) लिंक्ड इन इंटरनेट पर उपलब्ध एक निःशुल्क विश्वकोश है।

(घ) लिंक्ड इन एक वीडियो शेयरिंग वेबसाइट है।

691. 'ट्विटर' में कितने अक्षरों तक के पाठ्य आधारित पोस्ट होते हैं (अथवा) ट्विटर पर अधिकतम कितने शब्दों तक ट्वीट (Tweet) किया जा सकता है?

(क) मात्र 80 (ख) 100

(ग) 120 (घ) 140

692. 'ट्विटर' के संबंध में कौन सा कथन सही नहीं है?

(क) 'ट्विटर' एक मुक्त सामाजिक संजाल (Social Networking) एवं सूक्ष्म ब्लॉगिंग (Micro Blogging) सेवा है, जो अपने उपयोगकर्ताओं की अपनी अद्यतन (Update) जानकारियाँ, जिन्हें ट्वीट्स (Tweets) वाक्य कहते हैं, एक साथ भेजने व पढ़ने की सुविधा देता है।

(ख) ट्विटर सेवा इंटरनेट पर (निःशुल्क) 21 मार्च, 2006 में जैक डोर्सी द्वारा प्रारंभ की गई।

(ग) वर्तमान में ट्विटर सेवा केवल अंग्रेजी भाषा में ही उपलब्ध है।

(घ) ट्विटर इंक (Tweeter Inc) का मुख्यालय सैन फ्रांसिस्को कैलीफोर्निया (सं. रा. अमेरिका) में स्थित है।

693. माइक्रोब्लॉगिंग वेबसाइट 'ट्विटर' में वेब ट्रैकिंग को बंद करने के लिए एक विकल्प प्रस्तुत किया गया है। उसका नाम क्या है?

(क) डू नॉट वेब ट्रैक

(ख) डू नॉट ट्रैक

(ग) ब्लॉक वेब ट्रैक

(घ) माई लॉस्ट वेब ट्रैक

उत्तर के लिए कृपया पृष्ठ सं. 247 देखें।

694. हाल ही के वर्षों में सोशल मीडिया (Social Media) से जुड़े शब्दों के बढ़ते चलन को देखते हुए ऑक्सफोर्ड डिक्शनरी के नए संस्करण में किस शब्द को कोश में जगह दी गई/शामिल किया गया है?

(क) फॉलो (Follow)

(ख) फॉलोवर (Follower)

(ग) ट्वीट (Tweet)

(घ) उपर्युक्त सभी

695. इनमें से 'ऑर्कुट' (Orkut), जो इंटरनेट पर एक प्रसिद्ध सामाजिक नेटवर्किंग सेवा (Social Networking Site) है, के संबंध में कौन सा कथन सही है ?

(क) ऑर्कुट (Orkut) गूगल समूह द्वारा संचालित किया जा रहा है।

(ख) ऑर्कुट का नाम गूगल समूह के एक कर्मचारी ऑर्कुट बुयक्कॉक्टेन (Orkut Buyykkokten) के नाम पड़ा है।

(ग) आर्कुट सेवा उपयोगकर्ताओं को नए एवं पुराने दोस्तों से मिलने और मौजूदा संबंधों को बनाए रखने के लिए दी गई है।

(घ) उपर्युक्त सभी।

696. वर्तमान में ऑर्कुट का सर्वाधिक प्रयोग किस देश में होता है?

(क) ब्राजील (ख) फ्रांस

(ग) चीन (घ) ऑस्ट्रेलिया

697. 'स्काइप' (Skype) के संबंध में कौन सा कथन सही नहीं है?

(क) 'स्काइप' उच्चारित एक सॉफ्टवेयर एप्लीकेशन है, जो प्रयोगकर्ताओं को इंटरनेट पर वॉइस कॉल करने की अनुमति देता है।

(ख) स्काइप ग्रुप की स्थापना (सन् 2003 में) निकोलस जेनस्ट्रॉम (Nicholas Zenstrom) एवं जेनस फ्रीस (Janus Fris) द्वारा की गई।

(ग) स्काइप ग्रुप का मुख्यालय बसाओ पाउलो (ब्राजील) में स्थित है।

(घ) स्काइप का प्रारंभ में नाम 'स्काइप पियर टू पियर' था, जिसे उस समय 'स्काइपर' (Skyper) के रूप में संक्षिप्त किया गया। बाद में अंतिम अक्षर 'r' (आर) को हटाकर मौजूदा शीर्षक 'स्काइप' (Skype) किया गया।

उत्तर के लिए कृपया पृष्ठ सं. 247 देखें।

698. स्काइप (Skype) नामक सॉफ्टवेयर, जिसके द्वारा उपभोक्ता इंटरनेट पर वॉइस एवं वीडियो कॉल्स तथा चैट नि:शुल्क कर सकते हैं, का अधिग्रहण इनमें से किसके द्वारा किया गया है?

(क) गूगल (Google) (ख) याहू (Yahoo)

(ग) एप्पल (Apple) (घ) माइक्रोसॉफ्ट (Microsoft)

699. कंप्यूटर के माध्यम से की जानेवाली बातचीत को क्या कहते हैं?

(क) ब्लॉग (Blog) (ख) चैट (Chat)

(ग) ई-मेल (E-mail) (घ) ट्वीट्स (Tweets)

700. इनमें से चैट (Chat) के संबंध में कौन सा कथन सही है?

(क) 'चैट' में किसी एक व्यक्ति या पूरे चैनल पर मौजूद कई व्यक्तियों से टाइपिंग के जरिए ऑनलाइन (Online) बातचीत हो सकती है।

(ख) वर्तमान में इंटरनेट पर सैकड़ों लोकप्रिय चैट सर्वर उपलब्ध हैं, जिनमें याहू (Yahoo) और एम.एस.एन. (MSN) विश्व स्तर पर लोकप्रिय हैं।

(ग) चैटिंग वैसे लिखित होती है, परंतु वर्तमान में 'वॉयस चैटिंग' (Voice Chatting) काफी लोकप्रिय है।

(घ) उपर्युक्त सभी।

701. निम्न में से एप्पल इंकॉरपोरेशन (Apple Inc.) के संबंध में कौन सा कथन गलत है?

(क) एप्पल इंक (Apple Inc.) एक अमेरिकी बहुराष्ट्रीय निगम (MNC) है, जो उपभोक्ता इलेक्ट्रॉनिक्स एवं कंप्यूटर सॉफ्टवेयर उत्पादों को डिजाइन एवं विनिर्माण करता है।

(ख) एप्पल इंक की स्थापना (सन् 1976 में) स्टीव जॉब्स (Steve Jobe) द्वारा की गई।

(ग) यह कंपनी (एप्पल) अपने कंप्यूटर हार्डवेयर आइ पॉड (i-pad), आई पेड, (i-pod),आई फोन (i-phone) एवं मैकिंटोश या मॅक (Macintosh/Mac) आदि के लिए प्रसिद्ध है।

(घ) एप्पल इंक का मुख्यालय सेंट लुइस (शिकागो, स.रा. अमेरिका) में स्थित है।

उत्तर के लिए कृपया पृष्ठ सं. 247 देखें।

702. एप्पल इंकॉरपोरेशन (Apple Inc.) के प्रमुख उत्पादों (Products) के संबंध में कौन सा जोड़ा सही सुमेलित नहीं है?

(क) एप्पल ने मैकिंटोश या मैक सबसे पहले सन् 1992 बाजार में उतारा।

(ख) सर्वप्रथम एप्पल ने आई पॉड (i-Pod) लॉञ्च किया सन् 2001 में

(ग) प्रथम आई फोन (i-phone) एप्पल ने रिलीज किया सन् 2007 में

(घ) आई पैड वन (i-Pad) एप्पल इंक ने रिलीज किया सन् 2010 में

703. निम्न में से वाई फाई (WiFi) के संबंध में कौन सा कथन सही है?

(क) 'वाई-फाई' एक पारंपरिक ई-थरनेट (E-thernet) नेटवर्क है। वाई-फाई ब्लूटूथ (Bluetooth) की तरह की समान रेडियो आवृत्तियों का उपयोग करता है।

(ख) वाई-फाई को कभी-कभी 'वायरलेस ई-थरनेट' (Wireless E-thernet) भी कहा जाता है।

(ग) वाई-फाई स्थानीय उपकरणों तथा इसके अनुप्रयोगों के लिए प्रयुक्त किया जाता है। इस वर्ग के अनुप्रयोगों की WCAN (Wireless Local Area Network) के तौर पर रेखाचित्र किया जाता है।

(घ) उपर्युक्त सभी।

704. 'वाई-फाई ' के संबंध में कौन सा कथन गलत है?

(क) नई दिल्ली-हावड़ा राजधानी एक्सप्रेस वाई-फाई की सुविधा देने वाली भारत की पहली रेलगाड़ी है।

(ख) 16 नवंबर, 2014 से दिल्ली का दिल कहे जानेवाले कनॉट प्लेस में वाई-फाई सेवा की शुरुआत (मात्र 20 मिनट मुफ्त) की गई है।

(ग) 1 जनवरी, 2015 से सभी केंद्रीय विश्वविद्यालयों में वाई-फाई की सुविधा मुफ्त में शुरू की गई है।

(घ) उपर्युक्त में से कोई नहीं।

705. 'वाई-फाई' (WiFi) के ऑप्टिकल संस्करण को क्या नाम दिया गया है?

(क) फाइव जी (Five G) (ख) फाई लाई (Fi Li)

(ग) लाई-फाई (Li-Fi) (घ) हाई-फाई (Hi-Fi)

उत्तर के लिए कृपया पृष्ठ सं. 247 व 248 देखें।

706. निम्न में से वाई-फाई (WiFi) तकनीक के क्या लाभ हैं?

(क) 'लाई-फाई' (Li-Fi) उन संवेदनशील जगहों पर भी आसानी से काम कर सकता है, जहाँ 'वाई-फाई' का प्रयोग संभव नहीं है।

(ख) लाई-फाई से इंटरनेट काफी सस्ता और तेज हो जाएगा।

(ग) वाई-फाई तकनीक में जहाँ आँकड़ों का संप्रेषण रेडियो तरंगों के आधार पर होता है, जबकि लाई-फाई में यह काम एल.ई.डी. (LED-Light Emitting Diode) तकनीक से किया जाता है।

(घ) उपर्युक्त सभी।

707. निम्नलिखित में से 'लाई-फाई' (Li-Fi) तकनीक के संबंध में कौन सा कथन गलत है?

(क) वर्ष 2009 में जर्मन तथा ब्रिटिश वैज्ञानिकों ने विश्व भर में इंटरनेट हेतु उपयोग की जानेवाली वाई-फाई (Wi Fi) की अपेक्षा कहीं अधिक तेज व सस्ती इंटरनेट तकनीक लाई-फाई (Li Fi) की खोज की है।

(ख) लाई-फाई (Li Fi) उच्च तकनीक पर आधारित ऑप्टिकल वायरलेस सिस्टम है।

(ग) लाई-फाई के माध्यम से वाई-फाई में उपयोग की जानेवाली रेडियो तरंगों के स्थान पर प्रकाश बल्ब (LEDs) के माध्यम से संकेतों को भेजा जा सकेगा।

(घ) वाई-फाई तकनीक से जहाँ इंटरनेट की अधिकतम गति 54 से 108 MBPS तक प्राप्त की जा सकती है, वहीं लाई-फाई तकनीक से 10 GBPS तक की इंटरनेट गति प्राप्त की जा सकती है।

708. इनमें से 3जी तकनीक (3G) तथा 4जी तकनीक (4G) के संबंध में कौन सा कथन गलत है?

(क) 3जी (3G) मुख्यत: तीसरी पीढ़ी की मोबाइल सेवा का संक्षिप्त नाम है, जो तकनीक एवं सुविधाओं के मामले में 2जी से लगभग 20 गुना तेज है।

(ख) 3जी वर्ष 1991 में लॉन्च की गई तथा इसकी गति 64 KBPS होती है।

(ग) 4जी तकनीक चौथी पीढ़ी की सेल्युलर संचार तकनीक है। यह

उत्तर के लिए कृपया पृष्ठ सं. 248 देखें।

वर्तमान में इस्तेमाल की जा रही 3जी (तीसरी पीढ़ी) तकनीक का उत्तरवर्ती स्वरूप है।

(घ) 4जी तकनीक वर्ष 2011 में लॉञ्च की गई तथा इसकी गति 10 हजार KBPS है।

709. भारत में 4जी (चौथी पीढ़ी) सेवा प्रदान करनेवाली पहली कंपनी कौन सी है?

(क) वोडाफोन (ख) आइडिया

(ग) रिलायंस (घ) एयरटेल

710. निम्नलिखित में से 'विकीपीडिया' (Wikipedia) क्या है?

(क) 'विकीपीडिया' एक पारंपरिक ई-थरनेट (E-thernet) है।

(ख) विकीपीडिया एक वेबसाइट है, जो संवेदनशील दस्तावेजों को प्रकाशित करती है।

(ग) विकीपीडिया इंटरनेट पर आधारित एक निःशुल्क विश्वकोश (Free Encyclopedia) है।

(घ) विकीपीडिया वायर रिकॉर्डर यंत्र है, जो संवाद संप्रेषण का सुगम माध्यम है।

711. 'विकीपीडिया' की शुरुआत (स्थापना) कब तथा किसके द्वारा हुई थी?

(क) 15 जनवरी, 2001 को जिमी वेल्स द्वारा

(ख) 15 जनवरी, 2004 को मार्क जुकरबर्ग द्वारा

(ग) 16 जून, 2006 को जूलियन असांजे द्वारा

(घ) 16 जून, 2010 को रीड हाफमैन द्वारा

712. 'विकीपीडिया' के संबंध में कौन सा कथन गलत है?

(क) विकीपीडिया एक बहुभाषीय प्रकल्प है और स्वयंसेवकों के सहयोग से निर्मित है। जिस किसी की इंटरनेट तक पहुँच है, वह विकीपीडिया पर लिख सकता है तथा लेखों का संपादन कर सकता है।

(ख) वर्ष 2011 तक विकीपीडिया में कुल 18 मिलियन (लगभग 1.8 करोड़) लेख हैं।

(ग) विकीपीडिया 'एनसाइक्लोपीडिया ऑफ ब्रिटेनिका फाउंडेशन' द्वारा संचालित होता है, जो एक गैर-लाभकारी (NGO) संस्था है।

उत्तर के लिए कृपया पृष्ठ सं. 248 देखें।

(घ) विकीपीडिया अमेरिका में एंटी पायरेसी विधेयकों के विरोध में 18 जनवरी, 2012 को बंद (हड़ताल पर) रही।

713. 'विकिलीक्स' की स्थापना वर्ष 2006 में किसके द्वारा की गई थी?
(क) जिमी वेल्स
(ख) जूलियन असांजे
(ग) स्टीव जॉब्स
(घ) जेफ बेजस

714. 'विकिलीक्स' के संबंध में कौन सा कथन गलत है?
(क) 'विकिलीक्स' एक वेबसाइट है, जो संवेदनशील दस्तावेजों को प्रकाशित करती है।
(ख) यह एक अंतरराष्ट्रीय गैर-लाभकारी मीडिया संगठन है। इसमें दस्तावेज किस सूत्र से प्राप्त हुए हैं, यह गुप्त रखा जाता है।
(ग) विकिलीक्स में कोई भी व्यक्ति ऐसी जानकारी इलेक्ट्रॉनिक ड्रॉप बॉक्स के जरिए दे सकता है, जो सेंसर हो या प्रतिबंधित या पहले कभी प्रकाशित न हुई हो।
(घ) विश्वभर में लगभग 800 स्वयंसेवक (Volunteers) विकिलीक्स को सूचनाएँ एकत्र करके पहुँचाते हैं।

715. 'गूगल' (Google), जो इंटरनेट सर्च इंजन के रूप में लोकप्रिय है, की स्थापना (सन् 1998 में) किसके द्वारा हुई?
(क) स्टीव चेन एवं चल हर्ले द्वारा
(ख) जेरी यॉग एवं डेविड फिलो द्वारा
(ग) सगई ब्रिन एवं लैरी पेज द्वारा
(घ) मार्क जुकरबर्ग एवं जूलियन असांजे

716. इनमें से कौन सी गूगल की अपनी सेवा है?
(क) ऑर्कुट (Orkut) (ख) जी-मेल (G-mail)
(ग) ट्विटर (Twitter) (घ) यू-ट्यूब (You tube)

717. 'गूगल प्लस' (Google +), जो गूगल की सोशल नेटवर्किंग सेवा है, जिसे संक्षिप्त में 'G+' भी लिखते हैं, कब प्रारंभ हुई?
(क) 4 जनवरी, 2004 (ख) 3 मार्च, 2006
(ग) 4 जून, 2008 (घ) 28 जून, 2011

उत्तर के लिए कृपया पृष्ठ सं. 248 देखें।

718. इनमें से किस सर्च इंजन ने अप्रैल 2013 में व्यक्ति की मृत्यु के बाद उसके ई-मेल, वार्तालाप आदि को सुरक्षित रखने हेतु डिजिटल वसीयत के रूप में 'इनेक्टिव एकाउंट मैनेजर' नामक सेवा प्रारंभ की है, जिसके तहत उपभोक्ता यह तय कर सकेंगे कि उनकी मृत्यु के बाद उनके अकाउंट्स को किसी अन्य व्यक्ति को सौंपा जाए या उसे डिलीट कर दिया जाए?

(क) याहू (Yahoo) (ख) गूगल (Google)

(ग) रेडिफ (Rediff) (घ) उपर्युक्त में कोई नहीं

719. इनमें से किस वर्ष गूगल द्वारा 'यू-ट्यूब' (You tube) को अधिगृहित किया (खरीदा) गया है?

(क) वर्ष 2001 में (ख) वर्ष 2003 में

(ग) वर्ष 2006 में (घ) वर्ष 2010 में

720. इनमें से फायरफॉक्स (Firefox) नामक वेब ब्राउजर गूगल को छोड़कर नवंबर 2014 में किससे जुड़ा है?

(क) माइक्रोसॉफ्ट (Microsoft)

(ख) एप्पल (Apple)

(ग) रेडिफ (Rediff)

(घ) याहू (Yahoo)

721. 'याहू' (Yahoo), जो इंटरनेट सर्च इंजन के रूप में लोकप्रिय है, की स्थापना (सन् 1994 में) किसके द्वारा हुई थी?

(क) जेरी यांग तथा डेविड फिलो

(ख) सर्गेई ब्रिन तथा लैरी पेज

(ग) जिमी वेल्स

(घ) जूलियन असांजे

722 'याहू' (Yahoo) का आधिकारिक विस्तृत नाम क्या है?

(क) Yet All High Operations.

(ख) Yet Another Hierarchical of Fictitious Oracle.

(ग) Yet Another Highlight Functions of Online.

(घ) Year All Hierarchical Operations.

उत्तर के लिए कृपया पृष्ठ सं. 248 देखें।

723. 'टंबलर' (Tumbler) नामक माइक्रो ब्लॉगिंग (Microblogging Website) वेबसाइट का अधिग्रहण वर्ष 2013 में किसके द्वारा किया गया था?

(क) याहू (ख) गूगल

(ग) एप्पल (घ) माइक्रोसॉफ्ट

☐

उत्तर के लिए कृपया पृष्ठ सं. 248 देखें।

सूचना प्रौद्योगिकी

724. सूचना प्रौद्योगिकी (Information Technology) के आगमन से प्रिंट और इलेक्ट्रॉनिक मीडिया की कार्य क्षमता पर काफी प्रभाव पड़ा है। सूचना प्रौद्योगिकी के संबंध में इनमें से कौन सा कथन सही है?

(क) प्रिंट मीडिया में सूचना प्रौद्योगिकी का प्रभाव संपादकीय विभाग में काफी पड़ा है।

(ख) समाचार संकलन के लिए संवाददाता (Reporter) जहाँ पहले डाक तार विभाग पर आश्रित थे, वहीं वर्तमान में मोबाइल (सैटेलाइट) फोन से लेकर लैपटॉप तक का उपयोग किया जा रहा है।

(ग) इलेक्ट्रॉनिक मीडिया में समाचार संकलन से लेकर प्रसारण तक सूचना प्रौद्योगिकी का प्रयोग होता है। इंटरनेट की न्यूज वेबसाइट/पोर्टल पूरी तरह सूचना प्रौद्योगिकी पर निर्भर है।

(घ) उपर्युक्त सभी।

725. भारत का 'सिलिकॉन वैली' कहाँ स्थित है?

(क) मुंबई (महाराष्ट्र) (ख) अहमदाबाद (गुजरात)

(ग) बेंगलुरु (कर्नाटक) (घ) हैदराबाद (तेलंगाना)

726. 'कंप्यूटर का जनक' (Father of Computer) इसमें से किसे माना जाता है?

(क) चार्ल्स बैवेज (ख) बिल गेट्स

(ग) टिम बर्न्स ली (घ) टे टॉमिल्सन

उत्तर के लिए कृपया पृष्ठ सं. 248 देखें।

727. प्रतिवर्ष विश्व भर में 'विश्व कंप्यूटर साक्षरता दिवस' कब मनाया जाता है?

(क) 1 नवंबर को (ख) 2 दिसंबर को

(ग) 5 जून को (घ) 3 अक्तूबर को

728. w.w.w. का पूर्ण रूप क्या है?

(क) World Work Web (ख) Wide World Web

(ग) Wide Work Web (घ) World Wide Web

729. प्रथम w.w.w. वेबसाइट का निर्माण एवं w.w.w. का प्रतिपादन सर्वप्रथम किसके द्वारा (वर्ष 1990 में) किया गया था?

(क) चार्ल्स बैवेज (ख) टिम बर्न्स ली

(ग) रे टॉमिल्सन (घ) बिल गेट्स

730. इंटरनेट (Internet) की शुरुआत अमेरिका में एडवांस रिसर्च प्रोजेक्ट एजेंसी (ARPA) से किस वर्ष ए.आर.पी.ए. नेट (ARPA Net) के रूप में हुई?

(क) सन् 1969 में (ख) सन् 1972 में

(ग) सन् 1989 में (घ) सन् 1993 में

731. इंटरनेट ने 2 सितंबर, 2009 को अपने जन्म के कितने वर्ष पूर्ण किए?

(क) 20 वर्ष (ख) 30 वर्ष

(ग) 40 वर्ष (घ) 50 वर्ष

732. भारत में प्रथम इंटरनेट सेवाएँ (व्यावसायिक रूप से) विदेश संचार निगम लि. (VSNL) द्वारा किस वर्ष से प्रारंभ की गई?

(क) सन् 1985 में (ख) सन् 1990 में

(ग) सन् 1995 में (घ) सन् 2000 में

733. भारत में वर्ष 2013 के अंत तक इंटरनेट उपभोक्ताओं (यूजर्स) की संख्या लगभग कितनी थी?

(क) 10 करोड़ (ख) 12 करोड़

(ग) 15 करोड़ (घ) 20 करोड़

734. 'द थर्ड वेव' (The Third Wave) नामक पुस्तक के लेखक एल्विन टॉफलर हैं। इस पुस्तक में उल्लेख है कि पहली लहर (वेब) कृषि क्रांति थी और दूसरी लहर औद्योगिक क्रांति थी। इस पुस्तक में तीसरी लहर

उत्तर के लिए कृपया पृष्ठ सं. 248 व 249 देखें।

को किससे संबद्ध माना गया है?

(क) महिला विकास (ख) सतत विकास

(ग) परमाणु विकास (घ) सूचना प्रौद्योगिकी

735. ई-मेल (E-mail) का सर्वप्रथम विकास रे टॉमिल्सन द्वारा किस वर्ष किया गया था?

(क) वर्ष 1969 में (ख) वर्ष 1972 में

(ग) वर्ष 1981 में (घ) वर्ष 1989 में

736. ई-मेल (E-mail) सेवा सर्वप्रथम किसके द्वारा शुरू की गई थी?

(क) रेडिफ (Rediff) (ख) हॉटमेल (Hotmail)

(ग) याहू (Yahoo) (घ) जी मेल (G-mail)

737. जो संदेश ई-मेल (E-mail) के जरिए विभिन्न कंपनियाँ या कारोबारी अपने व्यावसायिक हितों को बढ़ावा देने के लिए अवांछित रूप से भेजते हैं, उन्हें क्या कहा जाता है?

(क) फास्ट मेल (ख) जंक मेल

(ग) ब्लैक मेल (घ) उपर्युक्त में से कोई नहीं

738. इनमें से आई.एस.पी. का पूर्ण विस्तार क्या है?

(क) इंटरनेट सर्विस प्रोग्राम (ख) इंटरनेट सर्विस प्रोवाइडर

(ग) इंटीग्रेटेड सर्विस प्रोटोकॉल (घ) इंटरनेशनल सर्विस प्रोवाइडर

739. कन्वर्जेंस (Convergence) के संबंध में इनमें से कौन सा कथन सही है?

(क) ऑडियो, वीडियो तथा डेटा को एक ही सूत्र में पिरोकर एक ही माध्यम द्वारा एक ही स्रोत में उपलब्ध करा पाने में सक्षम प्रक्रिया को कंवर्जेंस कहते हैं।

(ख) कन्वर्जेंस ब्रॉडकास्टिंग, टेली कम्युनिकेशन तथा कंप्यूटर नेटवर्किंग को सम्मिलित कर एक डिजिटल नेटवर्क का निर्माण करता है।

(ग) वर्तमान में जो कंवर्जेंस तकनीक प्रचलन में है, उसमें इंटरनेट द्वारा फिल्म, संगीत, वीडियो आदि का आनंद होम थिएटर यानी कंप्यूटर पर लिया जा रहा है।

(घ) उपर्युक्त सभी

उत्तर के लिए कृपया पृष्ठ सं. 249 देखें।

740. कन्वर्जेंस किन प्रमुख धाराओं से मिला हुआ नहीं होता है?
(क) कंटेंट (Content) (ख) प्लेटफॉर्म (Platform)
(ग) प्रिंटर (Printer) (घ) डिस्ट्रीब्यूशन (Distribution)

741. 'ई-कॉमर्स' के संबंध में कौन सा वाक्य गलत है?
(क) 'ई-कॉमर्स' का अर्थ है—इंटरनेट पर व्यापार करना। वस्तुओं एवं सेवाओं को इंटरनेट के माध्यम से प्राप्त करना एवं बेचना ई-कॉमर्स कहलाता है।
(ख) बैंकिंग, ई-बिजनेस तथा ई-शॉपिंग आदि ई-कॉमर्स के ही भाग हैं।
(ग) वर्तमान में इलेक्ट्रॉनिक मीडिया में ई-कॉमर्स का बहुत अधिक इस्तेमाल होता है।
(घ) ई-कॉमर्स को तीन श्रेणियों में बाँटा जा सकता है—बिजनेस टू (B_2B), बिजनेस टू कंज्यूमर (B_2C) तथा कंज्यूमर टू कंज्यूमर (C_2C)।

742. विश्व की दिग्गज आई.टी. (IT) कंपनी माइक्रोसॉफ्ट के संबंध में इनमें से कौन सा कथन सही है?
(क) माइक्रोसॉफ्ट का गठन (वर्ष 1975 में) बिल गेट्स तथा पॉल एलेन द्वारा किया गया था।
(ख) 20 नवंबर, 1985 को माइक्रोसॉफ्ट ने विंडोज ऑपरेटिंग सिस्टम का पहला संस्करण 'विंडोज 1.0' लॉन्च किया।
(ग) माइक्रोसॉफ्ट ने इंटरनेट एक्सप्लेरर नामक वेब बाउजर वर्ष 1995 में लॉन्च किया।
(घ) उपर्युक्त सभी।

743. आई.टी. क्षेत्र की दिग्गज कंपनी माइक्रोसॉफ्ट ने सितंबर 2014 में किसे (7.7 अरब डॉलर) में खरीदा (अधिग्रहण किया)?
(क) स्काइप (ख) नोकिया
(ग) सैमसंग (घ) यू-ट्यूब

उत्तर के लिए कृपया पृष्ठ सं. 249 देखें।

744. माइक्रोसॉफ्ट ने 23 जनवरी, 2015 को अपना नया ऑपरेटिंग सिस्टम (OS) किस नाम से जारी किया है?

(क) विंडोज 8 (ख) विंडोज 9

(ग) विंडोज 10 (घ) विंडोज विस्टा

745. हाल ही में किस कंपनी द्वारा भारत 'नेशनल डिजिटल लिटरेसी मिशन' को लॉञ्च किया गया है, जिसका उद्‌देश्य आम लोगों में डिजिटल तकनीक की जागरूकता को बढ़ाना है?

(क) माइक्रोसॉफ्ट (ख) इंटेल

(ग) आई.बी.एम. (घ) एच.पी.

746. कंप्यूटर ने नेटवर्क द्वारा वायरड यूनिवर्स इंटरलिंक्ड के मेटाफियर को निम्न में से किसके द्वारा लोकप्रिय बनाया गया है?

(क) विल्बर श्रम (ख) अल गोर

(ग) हेरॉल्ड लॉसवेल (घ) वाल्टर लिपमैन

747. 'ब्लूटूथ' (Bluetooth) के संबंध में इनमें से कौन सा कथन गलत है?

(क) 'ब्लूटूथ' (Bluetooth) एक व्यक्तिगत क्षेत्र नेटवर्क बनाते हुए चल व अचल उपकरण से डाटा आदान-प्रदान करने का एक खुला बेतार प्रोटोकॉल (Wireless Protocol) है, (या) ब्लूटूथ बेतार संचार के लिए एक प्रोटोकॉल है।

(ख) ब्लूटूथ तार पर आधारित (Wirebest) एक डिजिटल प्रौद्योगिकी है।

(ग) ब्लूटूथ अस्थिर उपकरणों एवं उसके अनुप्रयोगों के लिए होता है। यह एक रेडियो प्रौद्योगिकी का उपयोग करता है।

(घ) ब्लूटूथ किसी भी माहौल में विभिन्न तरीकों से व्यक्तिगत अनुप्रयोगों के लिए केबल (Cable) बिछाने का प्रतिस्थापन है—'वाई फाई' (Wi Fi) स्थिर उपकरण एवं उसके अनुप्रयोगों के लिए नियम हैं।

748. 'बैंडविड्थ' (Bandwidth) के संबंध में कौन सा वाक्य सही है?

(क) 'बैंडविड्थ' से तात्पर्य किसी संचार माध्यम की सूचना वहन करने की क्षमता से है।

उत्तर के लिए कृपया पृष्ठ सं. 249 देखें।

(ख) इंटरनेट से सूचना तक पहुँचने में लगनेवाला समय इस बात पर निर्भर करता है कि प्रयोक्ता के पास 'बैंडविड्थ' क्या है?

(ग) बैंडविड्थ की माप डिजिटल संकेतों हेतु बिट प्रति सेकंड में होती है।

(घ) उपर्युक्त सभी।

749. नेटवर्क (Network) चार प्रकार के होते हैं। इनमें से नेटवर्क के संबंध में कौन सा जोड़ा सही सुमेलित नहीं है?

(क) लोकल एरिया नेटवर्क (LAN)—यह नेटवर्किंग एक सीमित क्षेत्र के अंतर्गत की जाती है।

(ख) वाइड एरिया नेटवर्क—यह नेटवर्क सार्वजनिक नेटवर्क है, जो कि एक विस्तुत क्षेत्र में स्थापित होता है।

(ग) मेट्रोपॉलिटन एरिया नेटवर्क (MAN)—नेटवर्क व्यक्तिगत या सार्वजनिक दोनों रूपों से किसी मेट्रोपॉलिटन महानगरी की अनेक इमारतों को आपस में जोड़ता है।

(घ) वर्चुअल प्राइवेट नेटवर्क—यह विश्व में बड़ी बहुराष्ट्रीय कंपनियों का एक विस्तृत नेटवर्क होता है।

750. 'इंट्रानेट' (Intranet) के संबंध में इनमें से कौन सा कथन सही है?

(क) जिस प्रकार इंटरनेट (Internet) से विश्व के सभी कंप्यूटर जुड़े होते हैं, वैसे ही यदि किसी कंपनी/संस्थान विशेष के कंप्यूटर आपस में एक-दूसरे से जुड़े हों तथा वे इंटरनेट तकनीक का उपयोग कर रहे हों, तब ऐसे नेटवर्क को 'इंट्रानेट' (Intranet) कहते हैं।

(ख) इंटरनेट और इंट्रानेट के बीच वही अंतर है, जो एक टेलीफोन और इंटरकॉम में होता है।

(ग) इंटरनेट के दो रूप हैं—एक लोकल एरिया नेटवर्क (LAN), दूसरा वाइड एरिया नेटवर्क (WAN)।

(घ) उपर्युक्त सभी।

उत्तर के लिए कृपया पृष्ठ सं. 249 देखें।

751. पूरे इंटरनेट पर सामान्य पता स्थान एवं नियामक पथ और आँकड़ा संग्रह कौन उपलब्ध कराता है?

(क) वर्चुअल इंटरनेट प्रोटोकॉल

(ख) इंटरनेट प्रोटोकॉल

(ग) ट्रांसमिशन कंट्रोल प्रोटोकॉल

(घ) उपर्युक्त में से कोई नहीं

752. निम्न में से पी.सी. (PC) का पूर्ण रूप क्या है?

(क) Personal Comprehension

(ख) Personal Computer

(ग) Personal Calculation

(घ) Peoples Computing

753. इंटरनेट (Internet) में सर्च इंजन (Search Engine) क्या होता है?

(क) एक ऐसा सॉफ्टवेयर जिसकी मदद से इंटरनेट पर सूचनाओं की तलाश की जाती है।

(ख) इंटरनेट के इस्तेमाल हेतु उपयोग में लाई जानेवाली विद्युतीय ऊर्जा

(ग) इंटरनेट के यूजर की संख्या

(घ) इंटरनेट की एक महत्त्वपूर्ण वेबसाइट

754. 'साइबर-स्पेस की पत्रकारिता' के संबंध में कौन सा वाक्य सही है?

(क) साइबर स्पेस को सूचना राजमार्ग/सुपर हाइवे (Information High way) भी कहा जाता है।

(ख) 'साइबर स्पेस पत्रकारिता' पत्रकारिता का नया रूप है, जिसे 'ई-पत्रकारिता' (E-Journalism) भी कहते हैं।

(ग) यह ऑनलाइन (Online) की जाती है। इसमें कई पक्ष हैं, जिनमें सूचना प्रौद्योगिकी के प्रमुख साधन इंटरनेट, डब्ल्यू.डब्ल्यू.डब्ल्यू., ई-मेल तथा इंटरनेट का प्रयोग होता है।

(घ) उपर्युक्त सभी।

755. निम्नलिखित में से 'ऑनलाइन जर्नलिज्म' (Online Journalism) के संबंध में कौन सा वाक्य/कथन गलत है?

(क) ऑनलाइन जर्नलिज्म से अभिप्राय समाचारों को इंटरनेट के माध्यम से प्रसारित करना है। इसे 'इंटरनेट पत्रकारिता' या 'ई-जर्नलिज्म' भी कहते हैं।

उत्तर के लिए कृपया पृष्ठ सं. 249 देखें।

(ख) ऑनलाइन पत्रकारिता को 'सांदर्भिक पत्रकारिता' (Contextualized) भी कहते हैं।

(ग) भारत में अंग्रेजी में ऑनलाइन पत्रकारिता की शुरुआत हिंदी से पहले हुई थी।

(घ) भारत में सर्वप्रथम अंग्रेजी समाचार-पत्रों में दिल्ली से प्रकाशित 'हिंदुस्तान टाइम्स' ने (सन् 1997) अपना इंटरनेट संस्करण प्रारंभ किया था।

756. वर्ल्ड वाइड वेब (www) फाउंडेशन द्वारा जारी वेब (Web) इंडेक्स (Index) 2013 में इंटरनेट की आजादी में भारत का कौन सा स्थान रहा है?

(क) 43वाँ (ख) 56वाँ

(ग) 64वाँ (घ) 71वाँ

□

उत्तर के लिए कृपया पृष्ठ सं. 249 देखें।

दूरसंचार

757. विद्युत अथवा प्रकाशनीय संकेतों का प्रयोग करके किसी भी तरह की जानकारी (चाहे वह डेटा, ग्राफ, ध्वनि, फोटो व फैक्स में हो) को भेजना तथा प्राप्त करना क्या कहलाता है?

(क) संचार (ख) दूरसंचार
(ग) जन-संचार (घ) उपर्युक्त में से कोई नहीं

758. 'अंतरराष्ट्रीय दूरसंचार संघ' (International Tele-communication Union—ITU) के संबंध में कौन सा कथन गलत है?

(क) अंतरराष्ट्रीय दूरसंचार संघ की स्थापना सन् 1865 में 'अंतरराष्ट्रीय टेलीग्राफ संघ' के रूप में हुई।
(ख) सन् 1934 में इसका नाम बदलकर 'अंतरराष्ट्रीय दूरसंचार संघ' (ITU) किया गया।
(ग) अंतरराष्ट्रीय दूरसंचार संघ सन् 1947 में यू.एन. का विशिष्ट अभिकरण बना।
(घ) अंतरराष्ट्रीय दूरसंचार संघ का मुख्यालय न्यूयॉर्क (सं. रा. अमेरिका) में स्थित है।

759. 'ट्राई' (TRAI) का पूरा विस्तार क्या है?

(क) टेलीकम्युनिकेशन रेग्युलेटरी अथॉरिटी ऑफ इंडिया
(ख) टेलीकॉम रेग्युलेटरी अथॉरिटी ऑफ इंडिया
(ग) टेलीकम्युनिकेशन रीजनल अथॉरिटी ऑफ इंडिया
(घ) टेलीकॉम रीजनल अथॉरिटी ऑफ इंडिया

उत्तर के लिए कृपया पृष्ठ सं. 249 देखें।

760. इनमें से कौन सा संगठन भारत में सेल्युलर फोन सेवाओं तथा लैंडलाइन सेवाओं की दरें तय करता है?

(क) एम.टी.एन.एल. (MTNL)

(ख) बी.एस.एन.एल. (BSNL)

(ग) ट्राई (TRAI)

(घ) भारतीय टेलीफोन इंडस्ट्रीज लि. (I.T.I.L)

761. निम्न में से कौन सा दूरसंचार विभाग का एक संगठन नहीं है?

(क) इंडियन टेलीफोन इंडस्ट्रीज लि. (I.T.I.L.)

(ख) टेलीकम्युनिकेशन कंसलटेंट इंडिया लि. (T.C.I.L.)

(ग) हिंदुस्तान टेलीप्रिंटर्स लि. (HTL)

(घ) ब्रॉडकास्टिंग कॉरपोरेशन ऑफ इंडिया (Prasar Bharti)

762. दूरसंचार विभाग का कौन सा संगठन हर प्रकार के दूरसंचार उपकरण बनाता है।

(क) हिंदुस्तान टेलीप्रिंटर्स लिमिटेड (HTL)

(ख) भारत संचार निगम लिमिटेड (BSNL)

(ग) भारतीय टेलीफोन उद्योग लिमिटेड (ITIL)

(घ) टेलीकम्युनिकेशन कंसलटेंट्स इंडिया लि. (T.CIL)

763. 'हिंदुस्तान टेलीप्रिंटर्स लिमिटेड' (HTL) की स्थापना किस वर्ष (चेन्नई में) टेलीप्रिंटरों और आनुषंगिक उपकरणों के विनिर्माण के लिए की गई थी?

(क) सन् 1948 (ख) सन् 1960

(ग) सन् 1968 (घ) सन् 1978

764. 'टेलीकम्युनिकेशन कंसलटैंट्स इंडिया लि. (T.C.I.L.) की स्थापना किस वर्ष दूरसंचार विभाग के एक सार्वजनिक उपक्रम के रूप में की गई थी?

(क) सन् 1968 में (ख) सन् 1978 में

(ग) सन् 1988 में (घ) सन् 1996 में

उत्तर के लिए कृपया पृष्ठ सं. 249 देखें।

765. 'विदेश संचार निगम लिमिटेड' (VSNL) के संबंध में कौन सा कथन सही है?

(क) 'विदेश संचार निगम लि.' (VSNL) की स्थापना 1 अप्रैल, 1986 में हुई।

(ख) भारत में इंटरनेट सेवाएँ सर्वप्रथम 'वी.एस.एन.एल.' (VSNL) ने (सन् 1995 में) प्रारंभ की थी।

(ग) भारत में वीडियो कॉन्फ्रेंसिंग सेवा विदेश संचार निगम (VSNL) द्वारा (सन् 1993 में) प्रारंभ की गई थी।

(घ) उपर्युक्त सभी।

766. निम्नलिखित में से 'महानगर टेलीफोन निगम लिमिटेड' (MTNL) के संबंध में कौन सा वाक्य सही नहीं है?

(क) 'महानगर टेलीफोन निगम लि.' (MTNL) का गठन 1 अप्रैल, 1986 को किया गया था।

(ख) एम.टी.एन.एल. (MTNL) टेलीफोन के अलावा मोबाइल टेलीफोन, रेडियो, पेजिंग, डेटा कम्युनिकेशन, टेलेक्स व टेलीमेटिक सर्विस आदि सेवा भी उपलब्ध कराता है।

(ग) सार्वजनिक क्षेत्र की दूरसंचार कंपनी 'एम.टी.एन.एल.' (MTNL) देश में 3जी मोबाइल फोन सेवा (वर्ष 2008 से) प्रदान करनेवाली पहली कंपनी है।

(घ) एम.टी.एन.एल. ने सन् 2011 में दिल्ली और कोलकाता दोनों स्थानों पर 'डॉलफिन' नाम से जी.एस.एम. (G.S.M.) आधारित सेल्युलर मोबाइल टेलीफोन सेवा शुरू की है।

767. इनमें से 'भारत संचार निगम लिमिटेड' (BSNL) के संबंध में कौन सा वाक्य/कथन गलत है?

(क) भारत संचार निगम लि. (BSNL) का गठन 1 अक्तूबर, 2000 की दूरसंचार सेवा विभाग के निर्गमीकरण से किया गया।

(ख) भारत संचार निगम लि. की मोबाइल फोन सेवा का प्रारंभ वर्ष 2002 में किया गया था।

(ग) बी.एस.एन.एल (BSNL) भारत का सबसे बड़ा सार्वजनिक उपक्रम है। इसका इंटरनेट सेवा उपलब्ध कराने में शीर्ष स्थान है। भारत में सबसे विशाल 3 जी नेटवर्क सेवा प्रदान करनेवाली कंपनी बी.एस.एन.एल. है।

(घ) 'बी.एस.एन.एल.' की मोबाइल सेवा शुरू करने वाला भारत का प्रथम राज्य राजस्थान है।

उत्तर के लिए कृपया पृष्ठ सं. 249 व 250 देखें।

768. निम्न में से किस वर्ष दूरसंचार विभाग (DOT) को विभाजित करके एक नए 'दूरसंचार सेवा विभाग' (DTS) का सृजन किया गया है?

(क) सन् 1999 में (ख) सन् 2003 में

(ग) सन् 2005 में (घ) सन् 2009 में

769. 'टेलीग्राफ' (Telegraph) आधुनिक दूरसंचार प्रणाली का एक आधुनिक साधन है। इनमें से टेलीग्राफ के संबंध में कौन सा कथन गलत है?

(क) टेलीग्राफ का आविष्कार गुम्लीमी मार्कोनी ने सन् 1895 में किया था।

(ख) टेलीग्राफ संदेश भेजने की एक ऐसी प्रणाली है, जिसमें तारों का प्रयोग किया जाता है, इसलिए इसे 'तार-यंत्र' भी कहते हैं।

(ग) टेलीग्राफ में संदेश भेजने के लिए बिंदु (डॉट)—(डैश) प्रणाली का प्रयोग होता है, जो कि 'मोर्स कोई' के नाम से जानी जाती है।

(घ) भारत में पहली बार टेलीग्राफ लाइन सन् 1851 में कलकत्ता और डायमंड हार्बर के बीच प्रारंभ हुई थी।

770. 'टेलीप्रिंटर' (Teleprinter) के संबंध में कौन सा वाक्य सही है?

(क) टेलीप्रिंटर का आविष्कार फ्रांसीसी वैज्ञानिक एमिल बोडार ने सन् 1874 में किया था।

(ख) टेलीप्रिंटर टाइप किए गए संदेशों को किसी दूरस्थ स्थान पर तार या रेडियो द्वारा भेजने का एक आधुनिक यंत्र है।

(ग) टेलीप्रिंटर के आविष्कार ने समाचार जगत् में क्रांति ला दी है। न्यूज एजेंसियाँ समाचार-पत्रों तथा मीडिया केंद्रों को टेलीप्रिंटर के माध्यम से ही समाचार भेजती हैं।

(घ) उपर्युक्त सभी।

771. 'टेलीटेक्स्ट' प्रणाली जन-संचार की आधुनिकतम प्रणाली है। इस प्रणाली की शुरुआत सर्वप्रथम वर्ष 1977 में किसके द्वारा की गई थी?

(क) सी.एन.एन. (C.N.N)

(ख) बी.बी.सी. (B.B.C)

(ग) रॉयटर्स (Reuters)

(घ) पी.टी.आई. (P.I.T)

उत्तर के लिए कृपया पृष्ठ सं. 250 देखें।

772. निम्न में से 'आई.एस.डी.' (ISD) के संबंध में कौन सा कथन सही है?
(क) 'आई.एस.डी.' से तात्पर्य—'इंटरनेशनल सब्सक्राइबर ट्रंक-डायलिंग' अर्थात् अंतरराष्ट्रीय कॉल डायलिंग द्वारा संपर्क।
(ख) एस.टी.डी. (STD) में जहाँ केवल एक राष्ट्र के अंतर्गत ही संपर्क स्थापित किया जा सकता है, वहीं विदेश में लोगों से संपर्क करने हेतु आई.एस.डी. (ISD) सुविधा अनिवार्य होती है।
(ग) भारत में सर्वप्रथम आई.एस.डी. सेवा सन् 1976 में बंबई व ब्रिटेन के मध्य प्रारंभ हुई थी।
(घ) उपर्युक्त सभी।

773. निम्न में से एस.टी.डी. (STD) के संबंध में कौन सा वाक्य गलत है?
(क) एस.टी.डी. (STD)—सब्सक्राइबर ट्रंक डायलिंग (अंतरराज्यीय टेलीफोन सेवा का संक्षेप है।
(ख) एस.टी.डी. के माध्यम से देश के किसी भी कोने में संदेश का आदान-प्रदान कर सकते हैं।
(ग) एस.टी.डी. में प्रत्येक शहर को अलग-अलग कोडों (Codes) के माध्यम से पहचाना जाता है।
(घ) भारत में सर्वप्रथम एस.टी.डी. सेवा का प्रारंभ लखनऊ और बंबई के बीच 26 दिसंबर, 1972 को हुआ था।

774. 'सिम कार्ड' इनमें से किसका संक्षिप्त रूप है?
(क) सब्सक्राइबर इंटरनेशनल मॉड्यूल कार्ड।
(ख) सब्सक्राइबर आई.एन.टी.टी. मॉड्यूल कार्ड।
(ग) सब्सक्राइबर इंटरनेशनल मॉड्यूलेशन कार्ड। सुपर आई.एन.टी.टी. मॉड्यूल कार्ड।
(घ) सुपर आई.एन.टी.टी. मॉड्यूल कार्ड।

775. निम्न में से 'वॉकी-टॉकी' (Walkie-Talkie) क्या है?
(क) यह आधुनिक प्रकार का एक कैमरा है।
(ख) यह वायर रिकॉर्डर यंत्र है, जो संवाद संप्रेषण का सरल व सुगम माध्यम है।
(ग) यह एक हाइपर मीडिया डॉक्यूमेंट है।
(घ) यह एक प्रसिद्ध ब्लॉग सॉफ्टवेयर है।

उत्तर के लिए कृपया पृष्ठ सं. 250 देखें।

776. 'फैक्स' (Fax) के संबंध में कौन सा वाक्य सही है?

(क) 'फैक्स' (स्न्रडु3) शब्द लैटिन के दो शब्दों 'फैस' एवं 'सिमिलिस' का सम्मिलित रूप है।

(ख) इसकी कार्यप्रणाली को देखकर ही इसे 'फॉर अवे-जिरॉक्स' भी कहा जाता है।

(ग) फैक्स लिखित संदेश भेजने की जन-संचार-परक बहुमाध्यमी व्यवस्था है।

(घ) उपर्युक्त सभी।

777. निम्न में से सेल्युलर फोन से सामान्य बातचीत के अतिरिक्त किस प्रकार की सुविधाएँ प्राप्त की जा सकती हैं?

(क) टेक्स्ट मेसेज एवं ई-मेल

(ख) फोटो/चित्र एवं वीडियो क्लिपिंग

(ग) रिकॉर्डिंग एवं कैमरा

(घ) उपर्युक्त सभी

778. 'टेलीफोन' (Telephone) के संबंध में कौन सा कथन गलत है?

(क) 'टेलीफोन' (Telephone) फ्रेंच भाषा का एक शब्द है।

(ख) 'टेली' का अर्थ है—दूर और 'फोन' का अर्थ है—ध्वनि। इस प्रकार टेलीफोन का तात्पर्य है—ध्वनि को दूर तक भेजना।

(ग) टेलीफोन दूर बैठे लोगों के बीच पारस्परिक संवाद का एक महत्त्वपूर्ण माध्यम है।

(घ) टेलीफोन का आविष्कार अमेरिकी वैज्ञानिक अलेक्जेंडर ग्राहम बेल ने (सन् 1875 में) किया था।

779. निम्न में से किस मोबाइल फोन कंपनी ने सबसे पहले स्मार्ट फोन को लॉन्च किया था?

(क) नोकिया

(ख) माइक्रोसॉफ्ट

(ग) पैनासोनिक

(घ) आई.बी.एम.

उत्तर के लिए कृपया पृष्ठ सं. 250 देखें।

780. निम्न में से 'मोबाइल फोन' के संबंध में कौन सा कथन गलत है?
(क) मोबाइल फोन का आविष्कारक डॉ. मार्टिन कूपर को माना जाता है।
(ख) भारत में मोबाइल फोन सेवा प्रारंभ (वर्ष 1994 में) करनेवाली पहली कंपनी ऑस्ट्रेलिया की टेल्स्ट्रा एवं भारत की बी.के. मोदी ग्रुप की संयुक्त उपक्रम थी।
(ग) सन् 1985 में मोबाइल फोन पर पहली बार पूर्ण इंटरनेट सेवा की सुविधा प्रारंभ की गई।
(घ) दूरसंचार के क्षेत्र में क्रांति लानेवाला सेल फोन/मोबाइल फोन 4 अप्रैल, 2013 को 40 साल का हो गया।

781. भारत में 'मोबाइल नंबर पोर्टेबिलिटी' योजना का शुभारंभ 25 नवंबर, 2010 को कहाँ से किया गया?
(क) मुंबई (महाराष्ट्र) (ख) जयपुर (राजस्थान)
(ग) रोहतक (हरियाणा) (घ) कानपुर (उत्तर प्रदेश)

782. 'पेजर' (Pager) के संबंध में कौन सा कथन सही नहीं है?
(क) 'पेजर' एक छोटा सा इलेक्ट्रॉनिक उपकरण होता है, जिसके डिस्प्ले (Screen) पर संदेश लिखित प्राप्त किया जा सकता है।
(ख) पेजर का अपना एक नंबर होता है। इस नंबर पर टेलीफोन से डॉयल कर संपर्क किया जा सकता है और अपना संदेश उस नंबर तक पहुँच जाता है।
(ग) पेजर कैलकुलेटर जैसा छोटा सा उपकरण होने के कारण इसे आसानी से पॉकेट में रखा जा सकता है।
(घ) पेजर के द्वारा संदेश को विश्व के किसी भी कोने में भेजा सकता सकता है।

783. निम्न में से एंड्रॉइड (Android) फोन के संबंध में कौन सा कथन गलत है?
(क) एंड्रॉइड फोन सर्वप्रथम 23 सितंबर, 1998 को रिलीज किया गया।
(ख) एंड्रॉइड का विकास मूल रूप से गूगल ने किया तथा गूगल के इस ऑपरेटिंग सिस्टम ने स्मार्ट फोन को नया मुकाम दिलाने में अहम भूमिका निभाई।
(ग) वैश्विक स्मार्ट फोन के बाजार में एंड्रॉइड (ओ.एस.) मोबाइल संचालक प्रक्रिया का सबसे अधिक हिस्सा (लगभग 75 से.मी. अधिक) है।
(घ) भारत पहला देश है, जहाँ गूगल ने 'एंड्रॉइड वन' मोबाइल फोन पेश किया है।

उत्तर के लिए कृपया पृष्ठ सं. 250 देखें।

784 सेल्युलर फोन की प्रमुख उत्पादक कंपनियों में से एक नोकिया (Nokia) का मूल इन देशों में से किस एक में है?

(क) स्वीडन (ख) फिनलैंड

(ग) जापान (घ) दक्षिण कोरिया

785. भारतीय पोस्ट ऑफिस के संबंध में कौन सा जोड़ा गलत है?

वर्ष	**कार्य/उपलब्धियाँ**
(क) 1950	: इंडियन पोस्टल ऑर्डर (IPU) का प्रारंभ।
(ख) 1972	: भारत में पिन कोड (Postal Index No. PIN) को अपनाया गया।
(ग) 2008	: भारतीय डाक का वर्षों पुराना प्रतीक चिह्न बदलकर नया प्रतीक चिंह अपनाया गया।
(घ) 2013	: भारत का पहला महिला डाकघर (नई दिल्ली में) स्थापित किया गया।

786. भारतीय पोस्ट ऑफिस (डाक विभाग की स्थापना) को किस वर्ष 150 वर्ष पूरे हुए हैं।

(क) सन् 1972 में (ख) सन् 1986 में

(ग) सन् 1994 में (घ) सन् 2004 में

□

उत्तर के लिए कृपया पृष्ठ सं. 250 देखें।

मीडिया कानून

787. इनमें से प्रेस परिषद् (Press Council) की स्थापना के विचार का उदय सर्वप्रथम किस देश में हुआ था?

(क) कनाडा (ख) स्वीडन

(ग) ग्रेट ब्रिटेन (घ) संयुक्त राज्य अमेरिका

788. नॉर्वे (Norway) में 'कौंसिल ऑफ कंडक्ट' का गठन किस वर्ष किया गया था?

(क) सन् 1917 में (ख) सन् 1927 में

(ग) सन् 1937 में (घ) सन् 1952 में

789. जापान (Japan) में निहॉन शिमबुम क्योकोई (Nihan Shimbum kyokoi) नाम से प्रेस कौंसिल का गठन किस वर्ष हुआ?

(क) सन् 1927 में (ख) सन् 1936 में

(ग) सन् 1946 में (घ) सन् 1964 में

790. निम्न में से इंग्लैंड (UK) में प्रेस परिषद् की स्थापना किस वर्ष हुई?

(क) सन् 1942 में (ख) सन् 1953 में

(ग) सन् 1962 में (घ) सन् 1973 में

791. इंग्लैंड की प्रेस परिषद् को कब 'प्रेस शिकायत आयोग' (Press Complaints Commission) के रूप में बदल दिया गया था?

(क) 6 जून, 1961 को (ख) 3 मार्च, 1973 को

(ग) 16 जुलाई, 1982 को (घ) 1 जनवरी, 1991 को

792. निम्न में से किस देश में संसद् में चलनेवाली कार्यवाही का मीडिया में प्रकाशन या प्रसारण प्रतिबंधित था?

(क) अमेरिका (ख) जापान

(ग) इंग्लैंड (घ) दक्षिण अफ्रीका

उत्तर के लिए कृपया पृष्ठ सं. 250 देखें।

793. निम्नलिखित में से किसने यह चिह्नित किया है कि 'ऑनलाइन गैंबलिंग' एक ऐसा गंभीर मुद्दा है, जिसे अभी तक किसी क़ानून के अंतर्गत संबोधित नहीं किया गया है?
(क) अमेरिकन साइबर लॉ इंस्टीट्यूट
(ख) एशियन इंटरनेट एसोसिएशन
(ग) एशियन साइबर लॉ इंस्टीट्यूट
(घ) यूरोपियन इंफॉरमेशन टेक्नोलॉजी इंस्टीट्यूट

794. प्रेस की स्वतंत्रता पर 'हचिंस आयोग' का गठन हेनरी ल्यूस द्वारा किया गया था। उस आयोग की हचिंस रिपोर्ट का क्या परिणाम हुआ था?
(क) प्रेस को सरकारी कोष से आर्थिक सहायता प्रदान की जाने लगी।
(ख) प्रेस परिषदों की स्थापना हुई।
(ग) एकाधिकार विरोधी कानूनों का पारित होना प्रारंभ हो गया।
(घ) उपर्युक्त सभी।

795. वर्ष 1947 में संयुक्त राज्य अमेरिका में समाचार-पत्रों की स्वतंत्रता के संबंध में जाँच करने के लिए किस आयोग/कमीशन की स्थापना की गई थी?
(क) एडिसन कमीशन (ख) मैकब्राइड कमीशन
(ग) हचिंस कमीशन (घ) उपर्युक्त में से कोई नहीं

796. कॉपीराइट (प्रतिलिप्याधिकार) का कानून विश्व के कुछ सबसे पुराने कानूनों में से एक है। निम्न में से विश्व का सबसे पहला कॉपीराइट कानून (Copywrite Act 1710 ई.) कहाँ अस्तित्व में आया?
(क) इंग्लैंड (ख) जर्मनी
(ग) न्यूजीलैंड (घ) संयुक्त राज्य अमेरिका

797. फ्रांस, जहाँ सेंसरशिप (Censorship) लागू नहीं है, में किस तरह की व्यवस्था है?
(क) ऑटो सेंसर (ख) विदेशी सेंसर
(ग) सरकारी सेंसर (घ) आपातकाल सेंसर

798. भारतीय समाचार-पत्रों को कुंठित करने के उद्देश्य से किस गवर्नर जनरल ने पहला प्रेस कानून बनाया?
(क) लॉर्ड वेलेजली (ख) लॉर्ड विलियम बेंटिक
(ग) लॉर्ड लिटन (घ) लॉर्ड कर्जन

उत्तर के लिए कृपया पृष्ठ सं. 250 देखें।

799. वह कौन सा देशी भाषा (बँगला) का समाचार-पत्र था, जो वर्नाकुलर प्रेस अधिनियम, 1878 के अधिनियमित होने पर रातोंरात अंग्रेजी का समाचार-पत्र बन गया था?

(क) आनंद बाजार पत्रिका (ख) अमृत बाजार पत्रिका

(ग) संवाद कौमुदी (घ) प्रताप

800. निम्न में से कौन सा वर्नाकुलर प्रेस अधिनियम, 1878 के संबंध में गलत कथन है?

(क) इस अधिनियम को अभिव्यक्ति की स्वतंत्रता का हनन करनेवाला अधिनियम (Gagging Act) 'गैगिंग एक्ट' के नाम से भी जाना जाता है।

(ख) वर्नाकुलर प्रेस अधिनियम, 1878 लॉर्ड कर्जन के कार्यकाल में लागू किया गया था।

(ग) इस एक्ट को वर्ष 1881 में लॉर्ड रिपन द्वारा समाप्त कर दिया गया था।

(घ) उपर्युक्त सभी।

801. सरकारी गोपनीयता अधिनियम, 1923 (Official Secret Act) की धारा-5, जो काफी विवादास्पद है, में से इस एक्ट की धारा-5 किससे संबंधित है?

(क) व्यक्तिगत गोपनीयता से

(ख) शासकीय गोपनीयता से

(ग) पुलिस प्रशासन में गोपनीयता से

(घ) आर्थिक योजना में गोपनीयता से

802. सार्वजनिक पुस्तकालयों के विकास के उद्देश्य से किस अधिनियम को पारित किया गया?

(क) भारतीय कॉपीराइट अधिनियम

(ख) प्रेस और पुस्तक पंजीकरण अधिनियम

(ग) पुस्तक और समाचार-पत्र परिदान अधिनियम

(घ) सरकारी गोपनीयता अधिनियम

उत्तर के लिए कृपया पृष्ठ सं. 250 व 251 देखें।

803. पुस्तक पंजीकरण अधिनियम पर कौन से प्रावधान लागू होते हैं?
(क) पुस्तक पंजीकरण अधिनियम, 1867
(ख) पुस्तक पंजीकरण अधिनियम, 1901
(ग) पुस्तक पंजीकरण अधिनियम, 1923
(घ) पुस्तक पंजीकरण अधिनियम, 1957

804. भारत में मुद्रण एवं प्रकाशन के संबंध में (मौजूदा प्रेस कानूनों में) सबसे पुराना प्रेस कानून कौन सा है?
(क) प्रेस एंड बुक्स रजिस्ट्रेशन एक्ट (1867)
(ख) डिलिवरी ऑफ बुक्स एंड न्यूजपेपर एक्ट (1954)
(ग) कॉपीराइट एक्ट (1957)
(घ) प्रेस कौंसिल एक्ट (1978)

805. प्रेस और पुस्तक पंजीकरण अधिनियम की किस धारा के अनुसार समाचार की प्रत्येक प्रति पर संपादक का नाम होना अनिवार्य है?
(क) धारा 3 (1) (ख) धारा 5(1)
(ग) धारा 12 (2) (घ) धारा 23 (2)

806. समाचार-पत्र मूल्य एवं पृष्ठ अधिनियम किस वर्ष पारित किया गया था?
(क) सन् 1948 में (ख) सन् 1956 में
(ग) सन् 1960 में (घ) सन् 1972 में

807. समाचार नियंत्रण आदेश किस वर्ष पारित हुआ था?
(क) सन् 1956 में (ख) सन् 1962 में
(ग) सन् 1971 में (घ) सन् 1978 में

808. निम्न में से किस मामले में सर्वोच्च न्यायालय द्वारा न्यूजप्रिंट कंट्रोल ऑर्डर (1962) को आंशिक रूप से विलुप्त कर दिया था?
(क) टाइम्स ऑफ इंडिया (ख) द हिंदू
(ग) इंडियन एक्सप्रेस (घ) सर्च लाइट

809. चमकीले अखबारी कागज सहित सभी अखबारी कागजों का आयात निम्न में से किस वर्ष खुले सामान्य लाइसेंस (Open general licence, OGL) के तहत लाया गया?
(क) सन् 1985 में (ख) सन् 1990 में
(ग) सन् 1995 में (घ) सन् 2002 में

उत्तर के लिए कृपया पृष्ठ सं. 251 देखें।

810. निम्न में से भारतीय संसद् द्वारा पारित किस अधिनियम को 'फिरोज गांधी एक्ट' (Feroze Gandhi Act) के नाम से भी जाना जाता है?
(क) कॉपीराइट अधिनियम (1957)
(ख) न्यायालय की अवमानना अधिनियम
(ग) संसदीय कार्यवाही (प्रकाशन का संरक्षण) अधिनियम, 1956
(घ) प्रेस कौंसिल अधिनियम

811. किस संवैधानिक संशोधन में यह प्रावधान किया गया कि समाचार-पत्रों को संसद् एवं विधानमंडलों की कार्यवाही प्रकाशित करने की पूर्ण स्वतंत्रता होगी?
(क) 31वें (ख) 42वें
(ग) 44वें (घ) 76वें

812. भारतीय संविधान का कौन सा अनुच्छेद (Article) विशेषाधिकार प्रदान करता है?
(क) अनुच्छेद 73 (ख) अनुच्छेद 78
(ग) अनुच्छेद 105 (घ) अनुच्छेद 112

813. संसद् की अवमानना किए जाने की स्थिति में किस प्रकार का दंड दिए जाने का प्रावधान है?
(क) प्रेस गैलरी से हटाना
(ख) चेतावनी एवं प्रताड़ना
(ग) कारावास एवं निलंबन या निष्कासन
(घ) उपर्युक्त सभी

814. संसद् द्वारा पारित न्यायालय की अवमानना (Contempt of Court) अधिनियम की किस धारा में 'न्यायालय की अवमानना' का उल्लेख है?
(क) न्यायालय की अवमानना अधिनियम, 1971 की धारा 2 में।
(ख) न्यायालय की अवमानना अधिनियम, 1971 की धारा 12 में।
(ग) न्यायालय की अवमानना अधिनियम की धारा 23 में।
(घ) न्यायालय की अवमानना अधिनियम की धारा 31 में।

815. संसद् की कार्यवाहियों की जाँच करने के संबंध में न्यायालयों पर रोक संविधान के किस अनुच्छेद में दी गई है?
(क) अनुच्छेद 122 (ख) अनुच्छेद 143
(ग) अनुच्छेद 172 (घ) अनुच्छेद 192

उत्तर के लिए कृपया पृष्ठ सं. 251 देखें।

816. श्रमजीवी पत्रकार (सेवा की शर्तें) अधिनियम का संबंध इनमें से किस वर्ष से है?

(क) सन् 1951 (ख) सन् 1955

(ग) सन् 1966 (घ) सन् 1978

817. आपत्तिजनक सामग्री के प्रकाशन को प्रतिबंधित करने संबंधी अधिनियम किस वर्ष लागू किया गया था?

(क) सन् 1951 में (ख) सन् 1967 में

(ग) सन् 1973 में (घ) सन् 1987 में

818. भारतीय संविधान की किस सूची में प्रसारण विषय को शामिल किया गया है ?

(क) राज्य सूची (State List)

(ख) संघ सूची (Union List)

(ग) समवर्ती सूची (Concurrent List)

(घ) उपर्युक्त में से कोई नहीं

819. प्रसारण संबंधी नियमावली और अन्य प्रतिबंध निम्नलिखित में से किस पर आधारित हैं?

(क) भारत के संविधान के अनुच्छेद 19 के खंड 2 के अंतर्गत

(ख) भारत के संविधान के अनुच्छेद 32

(ग) भारत के संविधान के अनुच्छेद 226

(घ) भारत के संविधान के अनुच्छेद 356

820. भारतीय संविधान के किस अनुच्छेद में प्रेस की स्वतंत्रता की गारंटी अंतर्निहित है?

(क) अनुच्छेद 19 (1) के अंतर्गत

(ख) अनुच्छेद 21 (1) के अंतर्गत

(ग) अनुच्छेद 51 (घ) के अंतर्गत

(घ) अनुच्छेद 112 (ख) के अंतर्गत

821. निम्न में से किस मामले में सर्वोच्च न्यायालय ने यह स्पष्ट किया कि अभिव्यक्ति की स्वतंत्रता में मुद्रण या प्रेस की स्वतंत्रता निहित है?

(क) रामेश थापर बनाम स्टेट बैंक ऑफ इंडिया

(ख) इंडियन एक्सप्रेस न्यूजपेपर्स बनाम यूनियन ऑफ इंडिया

(ग) विजय इमानुएल बनाम स्टेट ऑफ केरल

(घ) मेनका गांधी बनाम यूनियन ऑफ इंडिया

उत्तर के लिए कृपया पृष्ठ सं. 251 देखें।

822. किस प्रेस आयोग ने पत्रकारों के लिए आचार संहिता (Code of Conduct) का विरोध किया था?

(क) प्रथम प्रेस आयोग (ख) द्वितीय प्रेस आयोग

(ग) तृतीय प्रेस आयोग (घ) उपर्युक्त में से कोई नहीं

823. भारतीय संसद् द्वारा पारित किस अधिनियम में 'वेज बोर्ड' (Wage board) के गठन, कार्यविधि व उसके अधिकार एवं बोर्ड की सलाह पर मजदूरी की दरों को लागू करने तथा निर्धारित किए जाने का विस्तार से प्रावधान किया गया है?

(क) श्रमजीवी पत्रकार सेवा शर्तें अधिनियम, 1955

(ख) प्रेस और पुस्तक पंजीकरण/रजिस्ट्रेशन अधिनियम, 1867

(ग) प्रेस परिषद् अधिनियम, 1978

(घ) संसदीय कार्यवाही (प्रकाशन का संरक्षण) अधिनियम, 1956

824. इनमें से 'वेज बोर्ड' (Wage Board) के संबंध में कौन सा कथन सही नहीं है?

(क) सरकार जब समझती है कि समाचार-पत्र कर्मचारियों की मजदूरी की दरों पर पुनर्विचार होना चाहिए तो 'वेज बोर्ड' गठित करती है।

(ख) वेज बोर्ड की अध्यक्षता के लिए उच्च न्यायालय के कार्यरत या सेवानिवृत्त न्यायमूर्ति का चयन किया जाता है।

(ग) वेज बोर्ड का गठन सरकार द्वारा 10 वर्ष के अंतराल पर किया जाना अनिवार्य है।

(घ) प्रथम वेज बोर्ड का गठन वर्ष 1956 में न्यायमूर्ति एच.बी. देवरिया की अध्यक्षता में किया गया था।

825. विभिन्न वेज बोर्ड (Wage Board) के गठन (वर्ष) तथा बोर्ड के अध्यक्षों के संबंध में कौन सा जोड़ा गलत है?

विभिन्न वेज बोर्ड/स्थापना/गठित वर्ष	**अध्यक्ष**
(क) दूसरा वेज बोर्ड (1963)	- न्यायमूर्ति जी.के. शिंदे
(ख) तीसरा वेज बोर्ड (1968)	- न्यायमूर्ति पी. कृष्णमूर्ति
(ग) चौथा वेज बोर्ड (1985)	- न्यायमूर्ति बछावत
(घ) पाँचवाँ वेज बोर्ड (1994)	- न्यायमूर्ति आर. मणिसाना सिंह

उत्तर के लिए कृपया पृष्ठ सं. 251 देखें।

826. वर्ष 2007 में किसकी अध्यक्षता में 16वाँ वेज बोर्ड गठित किया गया?
(क) नारायण कुमार पालेकर (ख) कुमार नारायण सिंह
(ग) नारायण कुरुप (घ) शिंदे कुमार नारायण

827. प्रथम प्रेस आयोग (First Press Commission) के संबंध में कौन सा कथन सही है?
(क) प्रथम प्रेस आयोग की स्थापना की विधिवत् घोषणा 3 अक्तूबर,1952 को हुई।
(ख) इस आयोग के अध्यक्ष न्यायमूर्ति जी.एस. राजाध्यक्ष थे।
(ग) आयोग ने अपनी रिपोर्ट 14 जुलाई, 1954 को दी।
(घ) उपर्युक्त सभी।

828. प्रथम प्रेस आयोग की सिफारिश पर इनमें से किसका गठन नहीं हुआ था?
(क) प्रेस रजिस्ट्रार (RNI)
(ख) भारतीय प्रेस परिषद् (Press Council)
(ग) श्रमजीवी पत्रकार कानून
(घ) प्रसार भारती (Prasar Bharti)

829. निम्न में से कौन सा कथन/वाक्य द्वितीय प्रेस आयोग के संबंध में गलत है?
(क) द्वितीय प्रेस आयोग का गठन 29 जनवरी, 1968 को हुआ था।
(ख) इस आयोग के प्रारंभ में अध्यक्ष न्यायमूर्ति पी.के. गोस्वामी थे।
(ग) इस आयोग ने 3 अप्रैल, 1982 को अपनी सिफारिशें/रिपोर्ट सरकार को प्रस्तुत की थीं।
(घ) आयोग ने अपनी सिफारिश में लघु व मध्यक्ष श्रेणी के समाचार-पत्रों हेतु 'समाचार-पत्र विकास आयोग' का गठन किए जाने की सिफारिश की।

830. द्वितीय भारतीय प्रेस आयोग ने निम्नलिखित में से किसकी धारा-5 को हटाने की सिफारिश की थी?
(क) प्रेस और पुस्तक पंजीकरण अधिनियम, 1867
(ख) सरकारी गोपनीयता अधिनियम, 1923
(ग) कॉपीराइट अधिनियम, 1957
(घ) न्यायालय अवमानना अधिनियम, 1971

उत्तर के लिए कृपया पृष्ठ सं. 251 देखें।

831. निम्नलिखित में से 'भारतीय प्रेस परिषद्' (Press Council of India) के संबंध में कौन सा कथन सही नहीं है?

(क) 'भारतीय प्रेस परिषद्' की स्थापना प्रथम प्रेस आयोग की सिफारिश के बाद हुई।

(ख) प्रथम प्रेस परिषद् का गठन भारत में नवंबर 1966 में किया गया था।

(ग) प्रेस परिषद् के प्रथम अध्यक्ष न्यायमूर्ति जी.एस. राजाध्यक्ष थे।

(घ) आपातकाल के दौरान 1 जनवरी, 1976 को प्रेस परिषद् को भंग कर दिया गया।

832. 'भारतीय प्रेस परिषद्' के संबंध में इनमें कौन सा वाक्य सही नहीं है?

(क) जनता पार्टी की सरकार ने नया प्रेस परिषद् अधिनियम 1978 में बनाया, जिसके तहत परिषद् का पुनर्गठन (सन् 1979 में) किया गया।

(ख) पुनर्गठित प्रेस परिषद् को भी वे सभी कार्य सौंपे गए, जो सन् 1966 में गठित प्रेस परिषद् को सौंपे गए थे।

(ग) प्रेस परिषद् में अध्यक्ष के अलावा 18 सदस्य होते हैं।

(घ) परिषद् का अध्यक्ष (परंपरा के अनुसार) भारत के सर्वोच्च न्यायालय के अवकाश प्राप्त (Ret. CJ of India) न्यायाधीश हो सकते हैं।

833. भारतीय प्रेस परिषद् (Press Council Of India) के संबंध में निम्न में से कौन सा वाक्य गलत है?

(क) प्रेस परिषद् को सरकार सहित किसी अधिकारी के विरुद्ध प्रेस की स्वतंत्रता में हस्तक्षेप करने के लिए टिप्पणी करने का अधिकार है।

(ख) न्यायालय में विचाराधीन मामलों पर भी प्रेस परिषद् को विचार करने का अधिकार प्राप्त है।

(ग) प्रेस परिषद् का निर्णय अंतिम होता है। उन्हें किसी भी न्यायालय में चुनौती नहीं दी जा सकती।

(घ) प्रेस परिषद् को प्रतिवर्ष अपनी रिपोर्ट केंद्र सरकार को प्रस्तुत करनी होती है।

उत्तर के लिए कृपया पृष्ठ सं. 251 देखें।

834. निम्न में से किस राज्य की सरकार ने सूचना एवं प्रसारण मंत्रालय से प्रादेशिक स्तर पर 'प्रेस परिषद्' के गठन का अनुरोध किया था?
(क) महाराष्ट्र (ख) मध्य प्रदेश
(ग) उत्तर प्रदेश (घ) बिहार

835. निम्न में से सेंसरशिप के संबंध में कौन सा कथन सही नहीं है?
(क) एक स्वतंत्र प्रजातांत्रिक देश में सेंसरशिप को दुर्भाग्यपूर्ण कहा जा सकता है।
(ख) किसी भी प्रकार की अभिव्यक्ति (चाहे समाचार, लेखा-चित्र, साहित्यिक रचना, कार्टून आदि) के मुद्रण, प्रकाशन, प्रदेशन एवं प्रसारण पर कानूनी प्रतिबंध सेंसरशिप कहलाता है।
(ग) सेंसरशिप के अंतर्गत किसी भी समाचार-पत्र को प्रकाशित करने से पूर्व सरकार द्वारा निश्चित एक अधिकारी से पास करवाना पड़ता है। इससे पत्र-पत्रिकाएँ एक तरह से सरकारी समाचार-पत्र बन जाते हैं।
(घ) प्रजातांत्रिक देशों में सेंसरशिप लागू करने की उद्घोषणा केवल राष्ट्रपति ही कर सकता है।

836. भारत के किस प्रधानमंत्री के कार्यकाल में प्रेस पर सेंसरशिप लागू की गई थी?
(क) इंदिरा गांधी (ख) राजीव गांधी
(ग) वी.पी. सिंह (घ) आई.के. गुजराल

837. सन् 1978 में सेल्फ सेंसरशिप के रूप में नैतिक संहिता किसके द्वारा आहत की गई थी?
(क) इंडियन न्यूज पेपर सोसाइटी
(ख) दि ऑल इंडिया न्यूज पेपर एडिटर्स कॉन्फ्रेंस
(ग) दि इंडियन लैंग्वेजेज न्यूज पेपर एसोसिएशन
(घ) भारतीय विज्ञापन मानक परिषद्

□

उत्तर के लिए कृपया पृष्ठ सं. 252 देखें।

मीडिया संगठन

838. 'इंडियन न्यूजपेपर सोसाइटी' (INS), जो भारतीय समाचार-पत्र व पत्रिकाओं की सर्वोच्च संस्था है और उनके हितों के लिए कार्य करती है; की स्थापना किस वर्ष हुई थी?

(क) वर्ष 1926 में (ख) वर्ष 1939 में

(ग) वर्ष 1948 में (घ) वर्ष 1956 में

839. निम्न में से किस पत्रकार/मीडिया संगठन का उद्भव भारत, बर्मा एवं श्रीलंका के प्रयासों से हुआ था?

(क) इंडियन लैंग्वेज न्यूज पेपर्स एसोसिएशन

(ख) दि इंडियन एंड ईस्टर्न न्यूज पेपर सोसाइटी

(ग) ऑल इंडिया न्यूज पेपर एडिटर्स कॉन्फ्रेंस

(घ) इंडियन वर्किंग जर्नलिस्ट यूनियन

840. इंडियन एंड ईस्टर्न न्यूज पेपर सोसाइटी, जिसे संक्षेप में आई.ई.एन.एस. (IENS) कहा जाता है, के संबंध में इनमें से कौन सा कथन गलत है?

(क) 'आई.ई.एन.एस.' नामक संगठन की स्थापना वर्ष 1969 में हुई।

(ख) पत्र-पत्रिकाओं की इस संस्था की सदस्यता व्यक्तिगत रूप से प्रदान नहीं की जाती, बल्कि यह केवल पत्र-पत्रिकाओं के लिए खुली है।

(ग) यह संस्था प्रेस जगत् की विविध समस्याओं के समाधान हेतु सरकार का समय-समय पर सहयोग करती रही है।

(घ) इस संस्था का मुख्य पत्र 'इडियन प्रेस' है तथा मुख्यालय नई दिल्ली में स्थित है।

उत्तर के लिए कृपया पृष्ठ सं. 252 देखें।

841. इनमें से कौन सा संगठन भारतीय पत्रकारों का व्यावसायिक संगठन नहीं है?
(क) प्रेस इंस्टीट्यूट ऑफ इंडिया
(ख) ऑल इंडिया एडिटर्स एसोसिएशन
(ग) द प्रेस गिल्ड ऑफ इंडिया
(घ) इंडियन वर्किंग जर्नलिस्ट यूनियन

842. 'भारतीय भाषाओं का समाचार-पत्र संगठन' (ILNA) के संबंध में कौन सा कथन सही है?
(क) भारतीय भाषाओं के दैनिक, साप्ताहिक तथा अन्य प्रकार के पत्रों, विशेषकर लघु पत्र-पत्रिकाओं के व्यावसायिक हितों की रक्षा की दृष्टि से सन् 1941 में इस संगठन की स्थापना हुई।
(ख) इसे संक्षेप में 'आई.एल.एन.ए' या 'इल्ना' (ILNA) भी कहते हैं।
(ग) इस संगठन के मूल प्रेरक गुजराती अखबार 'जन्मभूमि' के तत्कालीन प्रबंध संपादक श्री अमृतलाल सेठ थे।
(घ) उपर्युक्त सभी।

843. 'भारतीय भाषाओं 'समाचार-पत्र संगठन' (ILNA) का मुख्य कार्यालय कहाँ स्थित है?
(क) नई दिल्ली (ख) मुंबई
(ग) लखनऊ (घ) हैदराबाद

844. 'भारतीय भाषाओं का समाचार-पत्र संगठन' या 'इल्ना' द्वारा किस मासिक का प्रकाशन किया जाता है?
(क) लैंग्वेज प्रेस बुलेटिन (ख) स्वतंत्र प्रेस बुलेटिन
(ग) भारतीय/इंडियन प्रेस (घ) फोर्थ एस्टेट

845. प्रेस इंफॉरमेशन ब्यूरो (पत्र सूचना कार्यालय—PIB) के संबंध में कौन सा वाक्य गलत है?
(क) प्रेस इंफॉरमेशन ब्यूरो (PIB) केंद्र सरकार के अधीन एक संस्था है और सरकार की नीतियों, कार्यक्रम पहल और उपलब्धियों के संबंध में समाचार-पत्रों तथा इलेक्ट्रॉनिक मीडिया को सूचना देनेवाली प्रमुख एजेंसी है।
(ख) प्रेस इंफॉरमेशन ब्यूरो का मुख्यालय नई दिल्ली में स्थित है।
(ग) पी.आई.बी. (PIB) का सर्वोच्च भारतीय सूचना अधिकारी होता है, जो भारत सरकार का 'प्रेस एडवाइजर' भी होता है।
(घ) पी.आई.बी. 'ग्लोबल इंडियन' नामक साप्ताहिक भित्ति पत्र का प्रकाशन भी करता है।

उत्तर के लिए कृपया पृष्ठ सं. 252 देखें।

846. 'एडिटर्स गिल्ड ऑफ इंडिया' की स्थापना किस वर्ष हुई थी?

(क) सन् 1948 में (ख) सन् 1958 में

(ग) सन् 1968 में (घ) सन् 1978 में

847. 'एडिटर्स गिल्ड ऑफ इंडिया' का प्रमुख उद्देश्य क्या है?

(क) प्रेस/जन-संचार माध्यमों की स्वतंत्रता की रक्षा करना।

(ख) व्यावसायिक मानदंडों के विकास को प्रोत्साहित करना।

(ग) संपादकीय स्वतंत्रता एवं दायित्व की रक्षा करना।

(घ) उपर्युक्त सभी।

848. 'एडिटर्स गिल्ड ऑफ इंडिया' के संबंध में कौन सा कथन गलत है?

(क) एडीटर्स गिल्ड ऑफ इंडिया का गठन ट्रेड यूनियन के आधार पर नहीं हुआ है।

(ख) समाचार-पत्रों तथा समाचार एजेंसियों के केवल संपादक ही इसके सदस्य हो सकते हैं।

(ग) हाउस जर्नलों (House Journals) तथा व्यापारिक पत्रों के संपादकों को इसकी सदस्यता नहीं दी जाती।

(घ) गिल्ड का मुख्यालय मुंबई में स्थित है।

849. अखिल भारतीय समाचार-पत्र संपादक सम्मेलन (ऑल इंडिया न्यूज पेपर एडिटर्स कॉन्फ्रेंस), जिसे संक्षेप में 'ए.आई.एन.ई.सी.' (AINEC) भी कहते हैं, की स्थापना किस वर्ष हुई थी?

(क) सन् 1940 में (ख) सन् 1955 में

(ग) सन् 1965 में (घ) सन् 1978 में

850. 'ऑल इंडिया न्यूज पेपर एडिटर्स कॉन्फ्रेंस (AINEC) के प्रथम सम्मेलन की अध्यक्षता किसने की थी?

(क) मीनाक्षी सुंदरम

(ख) कस्तूरी श्रीनिवासन

(ग) अमृतलाल सेठ

(घ) एम. चलपति राव

उत्तर के लिए कृपया पृष्ठ सं. 252 देखें।

851. निम्न में से कौन सा 'ऑल इंडिया न्यूज पेपर एडिटर्स कॉन्फ्रेंस' का प्रमुख उद्देश्य नहीं है?

(क) पत्रकारों हेतु आचार-संहिता (Code of Conduct) का निर्माण करना।

(ख) प्रेस और सरकार तथा प्रेस और जनता के बीच सहयोग व सद्भावना की स्थापना करना।

(ग) विश्व के दूसरे देशों में पत्रकारों के संगठनों से संपर्क स्थापित करना।

(घ) विश्व के विभिन्न देशों में दो वर्ष के अंतराल पर संपादकों का एक सम्मेलन आयोजित करना।

852. 'इंडियन वर्किंग जर्नलिस्ट्स यूनियन' (भारतीय श्रमजीवी पत्रकार संघ) के संबंध में कौन सा कथन सही है?

(क) संघ के प्रथम अधिवेशन (सन् 1950) में पत्रकारों के लिए एक आचार-संहिता स्वीकार की गई।

(ख) सन् 1955 का श्रमजीवी पत्रकार अधिनियम संघ के प्रयत्नों के कारण लागू हो सका।

(ग) भारतीय श्रमजीवी पत्रकार संघ का मुख्यालय नई दिल्ली में स्थित है।

(घ) उपर्युक्त सभी।

853. 'इंडियन वर्किंग जर्नलिस्ट्स यूनियन' के मुखपत्र का नाम क्या है?

(क) नया पत्र (ख) द वर्किंग जर्नलिस्ट

(ग) फ्री प्रेस (घ) जर्नलिस्ट बुलेटिन

854. 'आइसना' (AISNA) का पूरा नाम क्या है?

(क) ऑल इंडिया स्मॉल एंड मीडियम न्यूज पेपर फेडरेशन।

(ख) ऑल इंडिया स्मॉल एंड बिग न्यूज पेपर एसोसिएशन।

(ग) ऑल इंडिया एसोसिएशन ऑफ न्यूज एजेंसी।

(घ) ऑल इंडिया जर्नलिस्ट न्यूज पेपर एसोसिएशन।

उत्तर के लिए कृपया पृष्ठ सं. 252 देखें।

855. निम्नलिखित में से 'प्रेस क्लब ऑफ इंडिया' (भारतीय प्रेस क्लब) के संबंध में कौन सा कथन गलत है?

(क) प्रेस क्लब ऑफ इंडिया की स्थापना सन् 1958 में राजधानी दिल्ली के कुछ संपादकों की पहल पर की गई थी।

(ख) प्रेस क्लब ऑफ इंडिया का अध्यक्ष भारत सरकार का मुख्य सूचना अधिकारी/सलाहकार होता है।

(ग) लगभग 30,000 से अधिक पत्रकार इस प्रेस क्लब के सदस्य हैं।

(घ) भारतीय प्रेस क्बल के सभी राज्यों की राजधानियों में स्थित प्रेस क्लबों से पारस्परिक संबंध हैं।

856. 'प्रेस इंस्टीट्यूट ऑफ इंडिया' (Press Institute of India) की स्थापना किस वर्ष हुई थी?

(क) सन् 1954 (ख) सन् 1958

(ग) सन् 1963 (घ) सन् 1978

857. सामाजिक व सांस्कृतिक संस्था 'द प्रेस गिल्ड ऑफ इंडिया' की स्थापना किस वर्ष हुई थी?

(क) सन् 1939 में (ख) सन् 1954 में

(ग) सन् 1966 में (घ) सन् 1972 में

858. 'इंडियन जर्नलिस्ट यूनियन' के संबंध में कौन सा कथन गलत है?

(क) इंडियन वर्किंग जर्नलिस्ट यूनियन के प्रथम विभाजन के परिणामस्वरूप (वर्ष 1972 में) नेशनल यूनियन ऑफ जर्नलिस्ट की स्थापना हुई।

(ख) वर्ष 2006 में श्रमजीवी पत्रकार संघ का पुनः विभाजन हुआ और 'इंडियन जर्नलिस्ट यूनियन' का गठन हुआ।

(ग) इस संगठन ने प्रगतिशील विचारधारा को अपनाया है।

(घ) यह संगठन अनेक अंतरराष्ट्रीय पत्रकार संगठनों से संबद्ध है।

859. निम्नलिखित में से किस वर्ष 'इंटरनेशनल फेडरेशन ऑफ ऑडिट ब्यूरो ऑफ सर्कुलेशन' (IF-ABC) की स्थापना हुई थी?

(क) सन् 1933 में (ख) सन् 1942 में

(ग) सन् 1955 में (घ) सन् 1963 में

उत्तर के लिए कृपया पृष्ठ सं. 252 देखें।

860. 'एलाइंस फॉर ऑडिटिड मीडिया' (AAM) की स्थापना किस वर्ष 'ऑडिट ब्यूरो ऑफ सर्कुलेशन' के रूप में (इलिनॉइस) अमेरिका में हुई थी?
(क) सन् 1914 में (ख) सन् 1926 में
(ग) सन् 1936 में (घ) सन् 1948 में

861. किस वर्ष ब्रिटेन में 'ऑडिट ब्यूरो ऑफ सर्कुलेशन' की स्थापना (सोसाइटी ऑफ ब्रिटिश एडवरटाइजर के रूप में) हुई थी?
(क) सन् 1921 में (ख) सन् 1931 में
(ग) सन् 1941 में (घ) सन् 1961 में

862. इनमें से भारत के 'ऑडिट ब्यूरो ऑफ सर्कुलेशन' (ABC) के संबंध में कौन सा कथन गलत है?
(क) ए.बी.सी. (ABC) के बड़ी संख्या में समाचार-पत्र व पत्रिकाएँ, प्रकाशक, विज्ञापक एवं विज्ञापन एजेंसियाँ इसके सदस्य हैं?
(ख) यह एक स्वतंत्र संस्था है, जो विभिन्न पत्र-पत्रिकाओं की प्रसार संख्या को प्रमाणित करती है। इसके आँकड़ों को प्रामाणिक तथा वास्तविक माना जाता है।
(ग) भारत में इसकी स्थापना वर्ष 1948 में हुई तथा इसका मुख्यालय मुंबई में स्थित है।
(घ) ए.बी.सी. द्वारा 'एडवरटाइजिंग वर्ल्ड' (Advertising World) नामक जर्नल प्रतिमास प्रकाशित किया जाता है।

863. समाचार-पत्रों तथा पत्रिकाओं के सर्कुलेशन की गणना ए.बी.सी. (ABC) द्वारा किस आधार पर की जाती है?
(क) सूचना एवं प्रसारण मंत्रालय द्वारा किए गए सर्वेक्षण के आधार पर
(ख) ए.बी.सी. स्टाफ द्वारा किए गए स्पॉट स्टडी के आधार पर
(ग) राष्ट्रीय रीडरशिप सर्वेक्षण के आधार पर
(घ) समाचार-पत्र के प्रबंधन निकाय द्वारा किए गए सर्वेक्षण के आधार पर

864. 'इंटरनेशनल प्रेस इंस्टीट्यूट' (International Press Institute) के संबंध में इनमें से कौन सा वाक्य सही नहीं है?
(क) अंतरराष्ट्रीय प्रेस संस्थान (IPI) की स्थापना सन् 1950 में हुई।
(ख) इसका मुख्यालय विएना (ऑस्ट्रिया) में स्थित है।
(ग) यह एक वैश्विक संगठन है, जो प्रेस/पत्रकारिता की स्वतंत्रता एवं संरक्षण हेतु कार्य करता है।
(घ) इस संस्थान द्वारा प्रतिवर्ष पत्रकारिता के क्षेत्र में विश्वविख्यात 'पुलित्जर पुरस्कार' (Pulitzer Prize) प्रदान किया जाता है।

उत्तर के लिए कृपया पृष्ठ सं. 252 देखें।

865. किस वर्ष 'इंटरनेशनल फेडरेशन ऑफ जर्नलिस्ट' (या) अंतरराष्ट्रीय पत्रकार संघ (IFJ) की स्थापना हुई थी?

(क) सन् 1926 में (ख) सन् 1946 में

(ग) सन् 1950 में (घ) सन् 1984 में

866. अंतरराष्ट्रीय पत्रकार संघ (IFJ) ने सन् 1930 के बर्लिन अधिवेशन में 'कोर्ट ऑफ ऑनर' (Honor) की स्थापना की थी। उसका प्रमुख उद्देश्य क्या था?

(क) समाचार-पत्रों में काम करनेवाले कर्मचारियों के लिए आचार-संहिता का निर्धारण करना।

(ख) समाचार-पत्रों के कर्मचारियों के लिए जीवन और नौकरी की सुरक्षा हेतु नियमों का निर्धारण करना।

(ग) अंतरराष्ट्रीय समाचारों का व्यापक प्रचार-प्रसार करना।

(घ) अंतरराष्ट्रीय समाचारों को झूठे रूप में प्रसारित करने का जो तरीका है, उसे रोका जाना।

867. अंतरराष्ट्रीय पत्रकार संघटन (International Federation of Journalist) ने एक देश के पत्रकार संघ को पत्रकारों के प्रशिक्षण हेतु स्कूल चलाने तथा उच्च कोटि के मुद्रण की पत्रिका प्रकाशित करने का भार सौंप रखा है। वह संगठन/संघ कौन सा है?

(क) कोरियाई पत्रकार संघ

(ख) हंगेरियाई पत्रकार संघ

(ग) अमेरिकी राष्ट्रीय पत्रकार संघ

(घ) भारतीय पत्रकार संघ

868. 'वैश्विक समाचार-पत्रों के संगठन' की स्थापना किस वर्ष हुई थी?

(क) सन् 1948 में (ख) सन् 1962 में

(ग) सन् 1972 में (घ) सन् 1984 में

869. इंटरनेशनल ऑर्गेनाइजेशन ऑफ जर्नलिस्ट का मुख पत्र (प्रकाशन) क्या है?

(क) द वर्किंग जर्नलिस्ट (ख) द डेमोक्रेटिक जर्नलिस्ट

(ग) द टाइपिंग जर्नलिस्ट (घ) द पीपुल्स जर्नलिस्ट

उत्तर के लिए कृपया पृष्ठ सं. 253 देखें।

870. 'रिपोर्टर्स विदाउट बॉर्डर' नामक संगठन के संबंध में कौन सा कथन सही है ?

(क) 'रिपोर्टर्स विदाउट बॉर्डर की स्थापना सन् 1985 में हुई

(ख) इसका मुख्यालय पेरिस (फ्रांस) में स्थित है

(ग) यह एक गैर-सरकारी संगठन है, जिसे संयुक्त राष्ट्र संघ द्वारा सलाहकार का दर्जा प्राप्त है। यह संगठन प्रेस की स्वतंत्रता को बढ़ावा देने हेतु कार्यरत है।

(घ) उपर्युक्त सभी।

□

उत्तर के लिए कृपया पृष्ठ सं. 253 देखें।

मीडिया मैनेजमेंट

871. समाचार-पत्रों में स्वामित्व किस प्रकार का होता है?
   (क) एकल स्वामित्व
   (ख) साझेदारी एवं मिश्रित/संयुक्त कंपनी
   (ग) ट्रस्ट एवं समितियाँ
   (घ) उपर्युक्त सभी

872. वर्ष 2013-14 की आर.एन.आई. की रिपोर्ट (RNI Report) के अनुसार, भारत में समाचार-पत्र व पत्रिकाओं का एकल स्वामित्व (Single Ownership) लगभग कितने प्रतिशत है?
   (क) 25 प्रतिशत
   (ख) 35 प्रतिशत
   (ग) 60 प्रतिशत
   (घ) 80 प्रतिशत

873. समाचार-पत्रों की एकल स्वामित्व प्रणाली के संबंध में कौन सा कथन गलत है?
   (क) भारत में समाचार-पत्रों के स्वामित्व की प्रणालियों में एकल स्वामित्व का प्रथम स्थान है तथा अधिकांश समाचार-पत्र इसी पद्धति से ही प्रकाशित होते हैं।
   (ख) जब किसी समाचार-पत्र में एक ही व्यक्ति मालिक होता है तो इस तरह के स्वामित्व को 'एकल स्वामित्व' कहा जाता है।
   (ग) भारत में 'द ट्रिब्यून' (अंग्रेजी दैनिक) समाचार-पत्र एकल स्वामित्व प्रणाली का उदाहरण है।
   (घ) भारत में सर्वाधिक संख्या में परिचालित होनेवाला एकल संस्करण का दैनिक समाचार-पत्र 'द हिंदू' है।

उत्तर के लिए कृपया पृष्ठ सं. 253 देखें।

874. भारत में समाचार-पत्रों की स्वामित्व प्रणालियों में (एकल स्वामित्व के बाद) दूसरा स्थान किसका है?

(क) ट्रस्ट (ख) जॉइंट स्टॉक कंपनी

(ग) साझेदारी (घ) उपर्युक्त में से कोई नहीं

875. समाचार-पत्र की स्वामित्व प्रणाली (जॉइंट स्टॉक कंपनी) के संबंध में कौन सा कथन गलत है?

(क) भारत में कंपनियों का रजिस्ट्रेशन 'आर.एन.आई.' (रजिस्ट्रार ऑफ न्यूज पेपर) द्वारा किया जाता है।

(ख) रजिस्ट्रेशन कराने की दृष्टि से कंपनियाँ दो प्रकार की होती हैं—एक प्राइवेट लिमिटेड, दूसरा पब्लिक लिमिटेड।

(ग) एक प्राइवेट लि. कंपनी में कम-से-कम 2 और अधिक-से-अधिक 20 सदस्य हो सकते हैं, जबकि पब्लिक लि. कंपनी में कम-से-कम 7 सदस्य होते हैं।

(घ) 'द टाइम्स ऑफ इंडिया' व 'नवभारत टाइम्स' जवॉइंट स्टॉक कंपनी के उदाहरण है।

876. इनमें से किस समाचार-पत्र का प्रकाशन एक ट्रस्ट द्वारा किया जाता है?

(क) नवभारत टाइम्स (ख) पंजाब केसरी

(ग) दैनिक जागरण (घ) द ट्रिब्यून

877. हिंदुस्तान टाइम्स मीडिया द्वारा इनमें से किसका प्रकाशन नहीं किया जाता है?

(क) हिंदुस्तान (दैनिक) (ख) नंदन (मासिक)

(ग) कादंबिनी (मासिक) (घ) धर्मयुग (पाक्षिक)

878. इनमें से कौन सा समाचार-पत्र बेनेट कोलमैन एंड कंपनी लि. द्वारा प्रकाशित किया जाता है?

(क) द टाइम्स ऑफ इंडिया (ख) इकोनॉमिक टाइम्स

(ग) नवभारत टाइम्स (घ) उपर्युक्त सभी

879. इनमें से कौन सा इंडियन एक्सप्रेस (प्रा. लि.) का प्रकाशन है?

(क) पंजाब केसरी (ख) सहारा टाइम्स

(ग) जनसत्ता (घ) द ट्रिब्यून

उत्तर के लिए कृपया पृष्ठ सं. 253 देखें।

880. निम्न में से कौन सा पत्र/पत्रिका कस्तूरी एंड संस लि. द्वारा प्रकाशित नहीं किया जाता है?
(क) द हिंदू
(ख) फ्रंटलाइन (अंग्रेजी पाक्षिक)
(ग) स्पोर्ट्र्स स्टार (साप्ताहिक)
(घ) स्पोर्ट्र्स वर्ल्ड

881. कौन सी पत्र/पत्रिका आनंद बाजार पत्रिका (प्रा.लि.) द्वारा प्रकाशित नहीं की जाती है?
(क) टेलीग्राफ (अंग्रेजी दैनिक)
(ख) बिजनेस स्टैंडर्ड (अंग्रेजी दैनिक)
(ग) अमृत बाजार पत्रिका
(घ) स्पोर्ट्र्स वर्ल्ड (अंग्रेजी साप्ताहिक)

882. अंग्रेजी समाचार-पत्र 'पायनियर' के संस्थापक कौन थे?
(क) जॉर्ज एलेन (ख) बेनेट कॉलमैन
(ग) रॉबर्ट नाइट (घ) पीयर्सन पी.एल.सी.

883. समाचार-पत्र के सुचारु संचालन के लिए स्रोत के रूप में 6 एम की चर्चा की जाती है, जिनमें 4 एम हैं—मनी, मशीन, मैथड्स एवं मैटेरियल। इनमें से अन्य 2 एम कौन से हैं?
(क) मैसेज और मैनेजमेंट (ख) मैन एंड वुमैन और मार्केट्स
(ग) मेमोरी और मूवमेंट (घ) मेजरमेंट और मॉनिटर

884. अखबारी कागज की भारत की प्रथम मिल 'नेपा मिल्स' (नेशनल न्यूज प्रिंट एंड पेपर मिल्स लि.) की स्थापना प्रथम पंचवर्षीय योजना अवधि में लगभग 5 करोड़ की लागत से कहाँ की गई?
(क) पुणे (महाराष्ट्र) (ख) खंडवा (मध्य प्रदेश)
(ग) कानपुर (उत्तर प्रदेश) (घ) कोलकाता (प. बंगाल)

885. भारत में एक स्थान से छपनेवाले समाचार-पत्रों में सर्वाधिक प्रसार 'आनंद बाजार पत्रिका' और 'युगांतर' का है। इनमें से ये दोनों दैनिक किस भाषा में प्रकाशित होते हैं?
(क) अंग्रेज़ी (ख) हिंदी
(ग) मराठी (घ) बँगला

उत्तर के लिए कृपया पृष्ठ सं. 253 देखें।

886. इनमें से भारत का वह समाचार-पत्र कौन सा है, जो सबसे पुराना है और आज भी नियमित रूप से छापा जाता है?

(क) समाचार सुधा वर्षण (ख) उदंत मार्तंड

(ग) देशबंधु (घ) मुंबई समाचार

887. 'मुंबई समाचार-पत्र' (जो आज तक छपनेवाले भारत के पत्रों में सबसे पुराना है) इनमें से किस भाषा में प्रकाशित होता है?

(क) अंग्रेजी (ख) मराठी

(ग) हिंदी (घ) गुजराती

888. निम्नलिखित में से किस एक को छोड़कर अन्य सभी अंग्रेजी समाचार-पत्रों ने अपने प्रकाशन के 100 वर्ष पूरे कर लिये हैं। निम्न में से वह कौन पत्र है?

(क) द हिंदू (ख) टाइम्स ऑफ इंडिया

(ग) हिंदुस्तान टाइम्स (घ) द स्टेट्समैन

889. भारत में प्रमुख अंग्रेजी दैनिक समाचार-पत्रों तथा उनके प्रकाशन वर्ष (जिस वर्ष यह पत्र प्रकाशित होना शुरू हुआ) के युग्म में कौन सा ज़ोड़ा गलत है?

समाचार-पत्र		**वर्ष** (जिस वर्ष यह पत्र प्रारंभ हुआ)
(क) टाइम्स ऑफ इंडिया	:	1851
(ख) पायनियर	:	1865
(ग) द स्टेट्समैन	:	1875
(घ) द हिंदू	:	1878

□

उत्तर के लिए कृपया पृष्ठ सं. 253 देखें।

विज्ञापन

890. 'विज्ञापन' शब्द अंग्रेजी के शब्द 'एडवरटाइजमेंट' का हिंदी अनुवाद है। यह 'एडवरटाइजमेंट' शब्द 'एडवर्टर' से बना है। इनमें से 'एडवर्टर' शब्द किस भाषा का है?

(क) अंग्रेजी (ख) फ्रेंच

(ग) ग्रीक (घ) लैटिन

891. इनमें से 'एडवर्टर' (Advertor) शब्द का अर्थ क्या है?

(क) किसी ओर मोड़ना (To Turn to)

(ख) संक्षिप्त करना (Short)

(ग) शोध करना (Research)

(घ) लंबा करना (Long)

892. 'विज्ञापन' (Advertisement) के संबंध के कौन सा कथन सही है?

(क) विज्ञापन शब्द 'वि' तथा 'ज्ञापन' दो शब्दों से मिलकर बना है, जिसके दो अर्थ हैं—एक 'विज्ञापन प्रक्रिया', दूसरा 'विज्ञापन सामग्री'।

(ख) विज्ञापन सूचना प्रदान करता है तथा सूचित क्रय-निर्णय (Informed buying decision) लेने में मदद करता है।

(ग) विज्ञापन को साधारणतया 'भुगतान किया गया—व्यावसायिक जन-संचार' माना जाता है।

(घ) उपर्युक्त सभी।

उत्तर के लिए कृपया पृष्ठ सं. 253 देखें।

893. विज्ञापन का कार्य कौन सा है?

(क) वस्तु को खरीदने एवं उसे अपनाने की प्रेरणा देना।

(ख) नई वस्तुओं एवं सेवाओं की सूचना देना।

(ग) उपयोगिता एवं श्रेष्ठता बताकर वस्तु की ओर व्यक्तियों का ध्यान आकर्षित करना।

(घ) उपर्युक्त सभी।

894. इनमें से 'एडवरटोरियल' का संबंध किससे होता है?

(क) संपादन (ख) मुद्रण

(ग) समाचार (घ) विज्ञापन

895. विज्ञापन और उसके कार्यभार की यह परिभाषा—'उत्पादन में मशीन का जो काम है, वही काम विज्ञापन का वितरण में है। मशीन के उपयोग से हमारी वस्तुओं का उत्पादन बहुत बढ़ जाता है। विज्ञापन जैसे सामूहिक माध्यम के उपयोग से विक्रय के प्रयास में तेजी आ जाती है।' इनमें से किसने दी थी?

(क) जीन रॉबर्ट (ख) रेमंड विलियम्स

(ग) गिलब्रेथ (घ) एफ.आर. गैंबल

896. विज्ञापन के संबंध में इनमें से कौन सा कथन गलत है?

(क) "उत्पादक से उपभोक्ता के बीच छोटी सी सड़क का नाम विज्ञापन है।"—जे. वाल्टर थॉम्पसन

(ख) "विज्ञापन बिना किसी व्यक्तिगत विक्रेता के विक्रय कला है।" — गिलब्रेथ

(ग) "क्रय एवं विक्रय योग्य वस्तुओं को जनता तक पहुँचाने का माध्यम विज्ञापन है।"—फ्रैंक जेपकिंस

(घ) "विज्ञापन जन संप्रेषण माध्यम द्वारा नियंत्रित पहचान योग्य सूचना प्रदान करने तथा मनाने का कार्य करता है।"—आइवर ब्राउन

897. "विज्ञापन वह व्यावसायिक शक्ति है, जिसके अंतर्गत मुद्रित शब्दों द्वारा विक्रय वृद्धि में सहायता मिलती है, ख्याति का निर्माण होता है एवं साख बढ़ती है।"—निम्नलिखित में से किस विद्वान् ने यह विज्ञापन की यह परिभाषा दी है?

(क) मार्टिन वी. मार्शल (ख) शेल्डन

(ग) फ्रैंक प्रेस्बी (घ) जॉन एस. राइट

उत्तर के लिए कृपया पृष्ठ सं. 253 देखें।

898. जॉन डब्ल्यू. क्रेफोर्ड (सन् 1966) के अनुसार, 19वीं शताब्दी में विज्ञापन जगत् में कौन सा महत्त्वपूर्ण परिवर्तन आया था, जिसने विज्ञापन के विकास में योगदान दिया था?
(क) औद्योगिक क्रांति एवं उच्च स्तर पर उत्पादन में प्रगति।
(ख) उत्पादन में अत्यधिक उन्नति होने के कारण वितरण प्रणाली की आवश्यकता।
(ग) ऐसी प्रणाली का विकास होना, जो कि विस्तृत जन-संचार माध्यम के रूप में सरलता से इच्छित वस्तुओं के पास पहुँचा सके।
(घ) उपर्युक्त सभी।

899. सर्वप्रथम अंग्रेजी भाषा में छपा हुआ विज्ञापन (सन् 1473 में) किसके द्वारा निर्मित हुआ?
(क) बेंजामिन फ्रेंकलिन (ख) विलियम कैक्सटन
(ग) हेनरी सैंपसन (घ) वाल्टर डिल स्कॉट

900. इनमें से किसे 'अमेरिकी विज्ञापन का जनक' कहा जाता है?
(क) गिलब्रेथ (ख) टी. एम. मैथ्यू
(ग) जे. वाल्टर थॉम्पसन (घ) बेंजामिन फ्रैंकलिन

901. निम्नलिखित में से अमेरिकी पत्रिका 'एडवरटाइजिंग एज' ने किस वर्ष विज्ञापन की सर्वोत्तम परिभाषा (Defination) पर प्रतियोगिता आयोजित करने के पश्चात् विज्ञापन की एक परिभाषा तैयार की थी?
(क) सन् 1932 में (ख) सन् 1942 में
(ग) सन् 1948 में (घ) सन् 1962 में

902. इनमें से विज्ञापन के संबंध में कौन सा कथन सही नहीं है?
(क) अमेरिका में पहली विज्ञापन एजेंसी (सन् 1841 में) वॉल्नी बी. पाल्मर (Volney B. Palmer) द्वारा स्थापित की गई।
(ख) अमेरिका में पहला विज्ञापन 'बोस्टन न्यूज लेटर' समाचार-पत्र में (सन् 1704 में) विज्ञापित हुआ।
(ग) बेंजामिन फ्रैंकलिन ने पहली बार विज्ञापन को चित्रों के साथ ('पेंसिल्वेनिया गजट' में) प्रकाशित किया।
(घ) विलियम कैक्सटन के अनुसार, सन् 1820 में 'सेवरन-प्रोसीडिंग्स इन पार्लियामेंट' में प्रकाशित वह सर्वप्रथम विज्ञापन है, जिसमें चोरी किए गए 12 घोड़ों को लौटाने पर पुरस्कार देने की खबर प्रकाशित हुई थी।

उत्तर के लिए कृपया पृष्ठ सं. 253 देखें।

903. निम्न में से विज्ञापन की दुनिया में अमेरिका का कौन सा स्थान है?

(क) प्रथम (ख) द्वितीय

(ग) तृतीय (घ) चतुर्थ

904. विश्व का सबसे पहला विज्ञापन, जो भारत में निर्मित हुआ था, गुप्तकाल में 'बुनकर व्यापारी संघ' द्वारा रेशम के एक जोड़े का विज्ञापन किया गया। वह कहाँ दिया गया था?

(क) दशपुर (मध्य प्रदेश) के सूर्य मंदिर की दीवार पर ।

(ख) बिलासपुर (हिमाचल प्रदेश) में पहाड़ी की चोटी पर स्थित नैना देवी के मंदिर की दीवार पर।

(ग) अजंता एवं एलोरा (महाराष्ट्र) की गुफाओं की दीवारों पर।

(घ) अयोध्या (उत्तर प्रदेश) में स्थित भगवान् राम के मंदिर की दीवारों पर।

905. विज्ञापन से संबंधित प्रमुख अधिनियमों एवं उनके पारित वर्ष के जोड़ों में कौन सा जोड़ा गलत है?

	अधिनियम		वर्ष (जिस वर्ष यह अधिनियम पारित हुआ)
(क)	व्यापार एवं माल चिह्न अधिनियम	–	1948
(ख)	औषधि एवं जादुई इलाज (आपत्तिजनक विज्ञापन) अधिनियम	–	1954
(ग)	एकाधिकार तथा अवरोधक व्यापारिक व्यवहार (संशोधन अधिनियम)	–	1969
(घ)	उपभोक्ता संरक्षण अधिनियम	–	1986

906. विज्ञापन व्यवसाय किस आधार पर खड़ा होता है?

(क) विज्ञापन एजेंसियों (ख) जन-संचार माध्यम

(ग) विज्ञापनदाता (घ) उपर्युक्त सभी

उत्तर के लिए कृपया पृष्ठ सं. 254 देखें।

907. राष्ट्रीय स्तर पर वस्तु के विपणन (Marketing) के लिए कौन सा विज्ञापन माध्यम उपयुक्त है?

(क) पत्रिकाएँ (ख) टेलीविजन

(ग) स्थानीय समाचार-पत्र (घ) पोस्टर व पोस्टकार्ड

908. निम्नलिखित में से किस संख्या द्वारा केंद्रीय सरकार के विज्ञापन जारी किए जाते हैं?

(क) डी.ए.वी.पी. (D.A.V.P.)

(ख) प्रसार भारती (Prasar Bharti)

(ग) ए.बी.सी. (A.B.C.)

(घ) पी.आई.बी. (P.I.B.)

909. भारत का दृश्य एवं प्रचार निदेशालय (D.A.V.P.) नामक केंद्रीय एजेंसी के अंतर्गत किसके विज्ञापन का कार्यभार देखना शामिल नहीं किया गया है?

(क) गृह (ख) कृषि

(ग) रेलवे (घ) सूचना एवं प्रसारण मंत्रालय

910. इनमें से 'अंब्रेला ब्रांड' (Umbrella Brand) से क्या तात्पर्य है?

(क) कंपनी के सभी उत्पादों के लिए एक ही ब्रांड।

(ख) कंपनी के डूब जाने की स्थिति में दूसरी कंपनी द्वारा प्राप्त नाम।

(ग) कंपनी के सभी उत्पादों के लिए अलग-अलग रंगों का ब्रांड रखना।

(घ) उपर्युक्त में से कोई नहीं।

911. दूरदर्शन पर व्यावसायिक विज्ञापनों की शुरुआत कब हुई थी?

(क) 1 जनवरी, 1966 (ख) 1 जून, 1972

(ग) 1 जनवरी, 1976 (घ) 1 जून, 1982

912. इनमें से किस वर्ष रेडियो (विविध भारती) पर विज्ञापनों की शुरुआत हुई थी?

(क) सन् 1957 में (ख) सन् 1967 में

(ग) सन् 1977 में (घ) सन् 1993 में

उत्तर के लिए कृपया पृष्ठ सं. 254 देखें।

913. विविध भारती प्रसारण के कुल समय का लगभग कितने प्रतिशत भाग विज्ञापन के लिए आरक्षित है?

(क) 5 प्रतिशत (ख) 10 प्रतिशत
(ग) 20 प्रतिशत (घ) 25 प्रतिशत

914. 'विज्ञापन माध्यम' (Advertising Media) वस्तुत: वे माध्यम होते हैं, जो उत्पाद या सेवा से संबद्ध सूचनाओं को उपभोक्ताओं तक पहुँचाने में सक्षम होते हैं। इनमें से कौन सा विज्ञापन का प्रसारण माध्यम नहीं है?

(क) रेडियो (ख) टेलीविजन
(ग) केबल नेटवर्क (घ) समाचार-पत्र

915. विज्ञापन का आधुनिक माध्यम कौन सा है?

(क) इंटरनेट (ख) मोबाइल (एस.एम.एस.)
(ग) टेलीफोन (घ) उपर्युक्त सभी

916. इनमें से कौन सा विज्ञापन का एक डाक माध्यम है?

(क) डायरेक्ट मेल (ख) पी.ओ.पी.
(ग) होर्डिंग (घ) सिनेमा

917. इनमें से कौन सा विज्ञापन का परंपरागत माध्यम है?

(क) कठपुतली (ख) नौटंकी
(ग) लोक नृत्य (घ) उपर्युक्त सभी

918. इनमें से बाह्य विज्ञापन माध्यम (आउटडोर माध्यम) के संबंध में कौन सा कथन सही है?

(क) प्राय: घर से बाहर निकलने पर जो विज्ञापन दिखाई देते हैं, वे बाह्य विज्ञापनों (आउटडोर) की श्रेणी में आते हैं; जैसे—पोस्टर, होर्डिंग, बैनर, बैलून आदि।

(ख) इन बाह्य माध्यमों की पहुँच काफी विस्तृत होती है, साथ ही अन्य माध्यमों की अपेक्षा निरंतरता भी अधिक होती है। अन्य माध्यमों का जहाँ एक निश्चित समय होता है, वहीं बाह्य विज्ञापन 24 घंटे प्रभावी रहते हैं।

(ग) वर्तमान में 'एयरटेल' व 'रिलांयस' जैसे बड़े ब्रांड बाहरी विज्ञापन के जरिए ही बाजार में वर्चस्व की लड़ाई लड़ रहे हैं।

(घ) उपर्युक्त सभी।

उत्तर के लिए कृपया पृष्ठ सं. 254 देखें।

919. 'कैजुअल एडवरटाइजमेंट' के संबंध में कौन सा कथन गलत है?

(क) 'कैजुअल एडवरटाइजमेंट' को हिंदी में 'आकस्मिक विज्ञापन' कहा जाता है।

(ख) समाचार-पत्रों में छपनेवाला वह विज्ञापन, जो कभी-कभी ही दिया जाता है, कैजुअल विज्ञापन कहलाता है।

(ग) कैजुअल विज्ञापनों में जैसे—कोई पता परिवर्तन, परीक्षा या सभा-समारोह स्थगित होने की सूचना दी जाती है।

(घ) इस प्रकार के विज्ञापन केवल सरकारी राजपत्र (Gazette) में ही दिए जाते हैं।

920. इनमें से 'प्रायोजित विज्ञापन' (Sponsored Advt.) के संबंध में कौन सा कथन सही है?

(क) प्रायोजित विज्ञापन में कोई वस्तु, सेवा, संस्था विशेष आदि विभिन्न कार्यक्रमों का प्रायोजन करते हैं।

(ख) प्रायोजन के लिए उन्हें रेडियो स्टेशन या टी.वी. चैनलों को उस कार्यक्रम के प्रसारण हेतु 'शुल्क' देना होता है।

(ग) इसके बदले रेडियो एवं टी.वी. चैनल प्रायोजक को निःशुल्क व्यावसायिक समय उपलब्ध करवाते हैं। इस (FCT) में प्रायोजक अपने विज्ञापन प्रसारित करवाते हैं।

(घ) उपर्युक्त सभी।

921. लक्षित उपभोक्ता वर्ग के बारे में सभी प्रकार की जानकारी एकत्रित करके उचित रणनीतियों को ठोस अभियोजना के तहत रचनात्मक एवं माध्यम से संबंधित सभी प्रकार के कार्य सुचारु रूप से कार्यान्वित करने की प्रक्रिया क्या कहलाती है?

(क) विज्ञापन अपील (Appeal)

(ख) विज्ञापन अभियान (Campaign)

(ग) विज्ञापन प्रति (Copy)

(घ) विज्ञापन माध्यम (Medium)

उत्तर के लिए कृपया पृष्ठ सं. 254 देखें।

922. विज्ञापनों में अपील के संबंध में कौन सा कथन सही है?

(क) विज्ञापन की अपीलों में विज्ञापित वस्तु से होनेवाले लाभ एवं उपभोक्ताओं की चाहतों व जरूरतों का समन्वय स्थापित किया जाता है।

(ख) विज्ञापन की अपील फायदे का आश्वासन है, जो विज्ञापित वस्तु से उपभोक्ता को मिलनेवाला है।

(ग) विज्ञापन की अपीलें विशेषकर दो प्रकार की होती हैं—एक भावनात्मक अपील, दूसरी तर्क-युक्त अपील।

(घ) उपर्युक्त सभी।

923. इनमें से कौन सा विज्ञापन से संबंधित सिद्धांत नहीं है?

(क) डेगमार (Dagmar)

(ख) एडा (Aida)

(ग) पोस्डकॉर्ब (Posdcorb)

(घ) पापा (Papa)

924. 'हिंगलिश' (Hinglish) क्या है?

(क) 'हिंगलिश' ब्रिटेन का एक प्रतिष्ठित ब्रांड है।

(ख) अमेरिका की एक चर्चित फिल्म है।

(ग) हिंग्रेजी या हिंगलिश शुद्ध हिंदी की जगह एक बाजारी व मिलावटी हिंदी है, जो हिंदी भाषा को एक नया रूप दे रही है।

(घ) ऑस्ट्रेलिया का एक टी.वी. चैनल है।

925. इनमें से विज्ञापन पर लिखित पुस्तक 'द थ्योरी ऑफ एडवरटाइजिंग' (The Theory of Advertising) के लेखक कौन हैं?

(क) अल्बर्ट लास्कर

(ख) वाल्टर डिल स्कॉट

(ग) वॉल्नी बी. पाल्मर

(घ) बेंजामिन फ्रैंकलिन

उत्तर के लिए कृपया पृष्ठ सं. 254 देखें।

926. विज्ञापन से संबंधित प्रमुख पुस्तकें एवं उनके लेखक के युग्म में कौन सा जोड़ा गलत है?

पुस्तकें	लेखक
(क) एड्वरटाइजिंग एंड मार्केट पावर	— टी. विल्सन एवं डब्ल्यू. कॉमनूर
(ख) एडवरटाइजिंग मैनजमेंट	— नील एच. बोर्डन और मार्टन मार्शल
(ग) साइंटिफिक एडवरटाइजिंग	— क्लाउड हॉपकिंस
(घ) भारतीय प्रसारण विविध आयाम	— एम.बी. कामथ

927. सर्वाधिक विज्ञापन इनमें से किस प्रचार माध्यम के अंतर्गत आता है?
(क) रेडियो (ख) टेलीविजन
(ग) समाचार-पत्र (घ) सिनेमा

928. विज्ञापन के दीर्घकालीन प्रभाव के लिए कौन सा माध्यम उपयुक्त है?
(क) टेलीविजन (ख) रेडियो
(ग) समाचार-पत्र (घ) पत्रिकाएँ

929. विज्ञापन प्रति के विभिन्न अंग कौन से हैं?
(क) शीर्षक (ख) उपशीर्षक
(ग) वस्तु का नाम (घ) उपर्युक्त सभी

930. वर्गीकृत विज्ञापन इनमें से किससे जुड़े नहीं होते हैं?
(क) विवाह योग्य लड़का या लड़की दूँढ़ने हेतु
(ख) मकान बेचने तथा किराए पर देने हेतु
(ग) कानूनी नोटिस हेतु
(घ) सरकारी मंत्रालयों की उपलब्धियों हेतु

931. विज्ञापन निर्माण का पहला चरण इनमें से क्या होता है?
(क) विज्ञापन का संपादन करना
(ख) विज्ञापन का ले-आउट बनाना
(ग) विज्ञापन की मार्केटिंग करना
(घ) विज्ञापन का प्रकाशन करना

उत्तर के लिए कृपया पृष्ठ सं. 254 देखें।

932. इनमें से एक साइड पर मुद्रित सिंगल सीट विज्ञापन को किस नाम से जाना जाता है?

(क) फ्लेयर्स (ख) पोस्टर्स

(ग) ब्रॉशर (घ) लीफलेट्स

933. साधारण स्पॉट (Spot) किस प्रकार के विज्ञापन होते हैं?

(क) सुबह 5 बजे के बाद प्रसारित होनेवाले विज्ञापन।

(ख) रात्रि 10 बजे के बाद प्रसारित होनेवाले विज्ञापन।

(ग) वे विज्ञापन, जिन्हें (बुक किए हुए कार्यक्रम में) किसी भी समय प्रसारित किया जा सकता है।

(घ) वे विज्ञापन, जो निश्चित समय पर प्रसारित किए जाते हैं।

934. पत्रकारिता में आय का प्रमुख स्रोत इनमें से क्या है?

(क) सरकार से प्राप्त अनुदान (ख) विज्ञापन

(ग) समाचार-पत्रों की बिक्री (घ) उपर्युक्त में से कोई नहीं

935. समाचार-पत्रों के सस्ते में बिकने का प्रमुख कारण क्या है?

(क) विज्ञापन (ख) सरकारी अनुबंध

(ग) कागज पर सब्सिडी (घ) प्रकाशक की परोपकारी भावना

936. इनमें से किसने विपणन (Marketing) मिश्रण को चार (P) उत्पाद (Product), स्थान (Place), संवर्द्धन (Promotion) एवं कीमत (Price) के संदर्भ में वर्णित किया है?

(क) जीरोम मैकार्थी (ख) इलियड नॉल

(ग) फिलिप कोटलर (घ) मैल्कम मैकनेयर

937. ब्रांड (Brand) के संबंध में कौन सा कथन सही है?

(क) 'ब्रांड' शब्द किसी वस्तु के नाम या उसकी पहचान करानेवाले किसी शब्द प्रतीक आदि को दरशाता है।

(ख) 'ब्रांड' एक ऐसा व्यापारिक चिह्न है, जो वस्तु की छवि को किसी प्रतीक या विचार द्वारा उपभोक्ता के मन में स्थापित कर देता है।

(ग) ब्रांड उपभोक्ता को उत्पाद की गुणवत्ता की गारंटी देता है।

(घ) उपर्युक्त सभी।

□

उत्तर के लिए कृपया पृष्ठ सं. 254 देखें।

विज्ञापन एजेंसी

938. निम्न में से किसी विज्ञापन एजेंसी (Advt. Agency) में कौन सा विभाग नहीं होता है?
   (क) माध्यम योजना विभाग
   (ख) प्रकाशन विभाग
   (ग) रचनात्मक विभाग
   (घ) निर्माण विभाग

939. विज्ञापन एजेंसियाँ किसके बीच मध्यस्थ का काम करती हैं?
   (क) विज्ञापन एवं उपभोक्ता के बीच
   (ख) विज्ञापन एवं विज्ञापनदाता के बीच
   (ग) विज्ञापन एवं समाचार-पत्रों के बीच
   (घ) विज्ञापन एवं सरकार के बीच

940. विज्ञापन एजेंसी के संबंध में कौन सा कथन सही है?
   (क) 'विज्ञापन एजेंसी विज्ञापन व्यवसाय से जुड़े विशेषज्ञों का समूह होता है' (अथवा) इन्हें 'विज्ञापन विशेषज्ञों का संगठन' भी माना जाता है।
   (ख) विज्ञान एजेंसी विज्ञापन की योजना, उसकी तैयारी और प्रसारण से संबंधित सृजनात्मक व व्यावसायिक सेवाएँ उपलब्ध करवाती है।
   (ग) विज्ञापन एजेंसियाँ दो प्रकार की होती हैं—एक स्वतंत्र, दूसरी अपनी एजेंसी। इन्हें 'हाउस एजेंसी' (House Agency) भी कहते हैं।
   (घ) उपर्युक्त सभी।

उत्तर के लिए कृपया पृष्ठ सं. 254 व 255 देखें।

941. सर्वप्रथम सन् 1841 में अमेरिका (फिलाडेल्फिया) में पहली विज्ञापन एजेंसी किसने स्थापित की थी?
(क) पॉल जूलियस रॉयटर (ख) वॉल्नी बी. पाल्मर
(ग) चार्ल्स आवास (घ) ई. डब्ल्यू. स्क्रिप्स

942. भारत में पहली विज्ञापन एजेंसी (बंबई में) 'दत्ताराम एंड कंपनी' के नाम से किस वर्ष खोली गई थी?
(क) सन् 1895 में (ख) सन् 1905 में
(ग) सन् 1915 में (घ) सन् 1927 में

943. "विज्ञापन एजेंसी एक स्वतंत्र कंपनी है, जो सामान्यतः विज्ञापन और विशेषतः विज्ञापन को विशिष्ट सेवाएँ प्रदान करने के लिए स्थापित की गई है।"—यह कथन इनमें से किसका है?
(क) विलियम जे. स्टॉटन (ख) गिलब्रेथ
(ग) विलियम बेक्सटन (घ) निकोलस बोर्न

944. 20वीं शताब्दी में कौन सी कंपनी विश्व की सर्वाधिक चर्चित विज्ञापन एजेंसी मानी जाती थी?
(क) ओजिल्वी (ख) लॉर्ड एंड थॉमस
(ग) लिंटास (घ) लियो बर्नेट

945. भारत की सबसे पुरानी विज्ञापन एजेंसी निम्नलिखित में से कौन सी है?
(क) ओ. एंड एम.
(ख) हिंदुस्तान थॉमसन एसोसिएशन (HTA)
(ग) जे. डब्ल्यू. टी.
(घ) लियो बर्नेट (इंडिया)

946. निम्न में से कौन सी विज्ञापन एजेंसी रिलायंस (Reliance) समूह की है?
(क) मुद्रा कम्युनिकेशन लि. (ख) ओ. एंड एम.
(ग) मैककॉन इरिक्सन (घ) लिंटास

947. निम्न में से कौन सी कंपनी विज्ञापन पर सर्वाधिक व्यय करनेवाली है?
(क) आई.टी.सी. (ITC) (ख) नेस्ले (Nestle)
(ग) हिंदुस्तान लीवर (घ) गोदरेज

उत्तर के लिए कृपया पृष्ठ सं. 255 देखें।

948. विज्ञापन एजेंसियों के काम के बँटवारे को इनमें से किस श्रेणी में बाँटा गया है?
(क) एग्जीक्यूटिव
(ख) क्रिएटिव
(ग) उपर्युक्त (क) और (ख) दोनों
(घ) उपर्युक्त में से कोई नहीं

949. इनमें से कौन सी विज्ञापन एजेंसी है?
(क) एफ.सी.बी. -अल्का (ख) आर.के. स्वामी-बी.बी.डी.ओ.
(ग) मैक-केन-एरिक्सन प्रा.लि. (घ) उपर्युक्त सभी

950. विश्व की सबसे बड़ी विज्ञापन एजेंसी इनमें से कौन सी है?
(क) मैक-कोन एरिक्सन वर्ल्ड वाइड
(ख) जे. वॉल्टर थॉम्पसन
(ग) डेविड ओजिल्वी इंक
(घ) साटेही एंड साटेही

951. निम्न विज्ञापन अभिकरणों का कालक्रमानुसार सही अनुक्रम क्या है?
(क) बी.बी.डी., ओ. एंड एम., लिंटास, मुद्रा
(ख) मुद्रा, बी.बी.डी., लिंटास, ओ. एंड एम.
(ग) लिंटास, मुद्रा, ओ. एंड एम., बी.बी.डी.ओ.
(घ) ओ. एंड एम., बी.बी.डी.ओ., मुद्रा, लिंटास

952. निम्न में से कौन सी भारत की पहली पूर्णतः सुसज्जित विज्ञापन एजेंसी बनी?
(क) नेशनल एडवरटाइजिंग एजेंसी
(ख) नेशनल एडवरटाइजिंग सर्विसेज
(ग) ओरिएंटल एडवरटाइजिंग एजेंसी
(घ) आई.टी.सी. (ITC)

953. जब कोई विज्ञापन एजेंसी कई तरह की विशिष्ट सेवाएँ प्रदान करे तो उसे क्या कहते हैं?
(क) गुच्छक (बुके) (ख) छाता (अंब्रेला)
(ग) पत्रिकाएँ (मैगजीन) (घ) दुकान (स्टीक)

उत्तर के लिए कृपया पृष्ठ सं. 255 देखें।

954. इनमें से किस विज्ञापन संस्था की स्थापना सन् 1945 में हुई थी?
(क) एडवरटाइजिंग काउंसिल ऑफ इंडिया (ACT)
(ख) एडवरटाइजिंग एजेंसीज एसोसिएशन ऑफ इंडिया (AAAI)
(ग) सोसाइटी ऑफ एडवरटाइजिंग प्रैक्टिशनर्स (ASP)
(घ) उपर्युक्त में से कोई नहीं

955. इनमें से कौन सी संस्था भारत की प्रमुख सर्वेक्षण संस्था है?
(क) मार्ग (MARG) (ख) डी.ए.वी.पी. (D.A.V.P.)
(ग) आई.एन.एस. (INS) (घ) इंफा (INFA)

956. इनमें से कौन सी विज्ञापन व्यवसाय से संबंधित संस्था 'प्रमोशन' (Promotion) नामक एक जर्नल प्रकाशित करती है, जिसमें विज्ञापन से संबंधित समाचारों का समावेश होता है?
(क) इंफा (INFA) (ख) ए.बी.सी. (A.B.C.)
(ग) डी.ए.वी.पी. (D.A.V.P.) (घ) ए.ए.आई. (A.A.I.)

957. इनमें से किस संस्था के सदस्य विज्ञापनदाताओं और समाचारों के प्रतिनिधि होते हैं?
(क) एडवरटाइजिंग काउंसिल ऑफ इंडिया
(ख) इंडियन सोसाइटी ऑफ एडवरटाइजर्स
(ग) एडवरटाइजिंग एजेंसीज एसोसिएशन ऑफ इंडिया
(घ) इंडियन न्यूज पेपर सोसाइटी

958. 'विज्ञापन एवं दृश्य प्रचार निदेशालय' (D.A.V.P.) के संबंध में इनमें से कौन सा कथन सही नहीं है?
(क) डी.ए.वी.पी. विभिन्न संचार माध्यमों, जैसे प्रेस विज्ञापनों, मुद्रित सामग्री, दृश्य-श्रव्य कार्यक्रम बाय प्रचार व प्रदर्शनियों के जरिए लोगों तक शासकीय संदेश पहुँचाता है।
(ख) यह निदेशालय जनता को सरकार की नीतियों और कार्यक्रमों की जानकारी देता है।
(ग) डी.ए.वी.पी. केंद्र सरकार की प्रमुख विविध प्रचार माध्यम विज्ञापन एजेंसी है।
(घ) डी.ए.वी.पी. का मुख्यालय मुंबई में स्थित है।

□

उत्तर के लिए कृपया पृष्ठ सं. 255 देखें।

जन-संपर्क

959. निम्नलिखित में से किसे 'आधुनिक जन-संपर्क का जनक' (Father of Modern Public Relation) माना जाता है?
(क) वॉल्नी बी. पाल्मर (ख) वॉल्टर डिल स्कॉट
(ग) आई.वी.ली. (घ) बेंजामिन फ्रैंकलिन

960. अमेरिका के किस राष्ट्रपति ने (सन् 1807 में) सर्वप्रथम जन-संपर्क (Public Relation) माना जाता है?
(क) जॉर्ज वॉशिंगटन (ख) बॉब एडम्स
(ग) थॉमस जेफरसन (घ) जेम्स मेडिसन

961. किसने सर्वप्रथम 'पब्लिक रिलेशन काउंसिल' शब्द का प्रयोग (सन् 1923 में) अपनी पुस्तक में किया था?
(क) एडवर्ड एल. बर्नेज (ख) ब्लेज पास्कल
(ग) विलियम एलाविक (घ) आई.वी.ली.

962. भारत में जन-संपर्क की आधुनिक रूप में स्थापना किस वर्ष में टाटा आयरन एंड स्टील कंपनी ने सामुदायिक संपर्क कार्यक्रम से प्रारंभ की थी?
(क) सन् 1897 में (ख) सन् 1912 में
(ग) सन् 1927 में (घ) सन् 1936 में

963. 'पब्लिक रिलेशंस सोसाइटी ऑफ इंडिया' (P.R. Society of India) की स्थापना किस वर्ष हुई थी?
(क) सन् 1938 में (ख) सन् 1948 में
(ग) सन् 1958 में (घ) सन् 1972 में

उत्तर के लिए कृपया पृष्ठ सं. 255 देखें।

964. सन् 1968 में अखिल भारतीय जन-संपर्क सम्मेलन कहाँ आयोजित किया गया था, जिसमें जन-संपर्क को व्यावसायिक रूप प्रदान करने की सिफारिश की गई थी?

(क) बंबई (ख) भोपाल

(ग) कलकत्ता (घ) दिल्ली

965. निम्नलिखित में से जन-संपर्क के संबंध में कौन सा कथन सही है?

(क) जन-संपर्क के बिना जन-संचार का कोई अर्थ नहीं होता है।

(ख) जन-संचार माध्यमों का सर्वाधिक समुन्नत, परिष्कृत, प्रायोजित एवं व्यवस्थित माध्यम जन-संपर्क ही है।

(ग) जन-संपर्क में विभिन्न माध्यमों का प्रयोग करके प्रचार के पूर्व नियोजित लक्ष्य को प्राप्त किया जाता है।

(घ) उपर्युक्त सभी

966. निम्नलिखित का एक सही व्यवस्थित क्रम क्या है?

(क) नीतियाँ, मूल्यांकन, योजनाएँ, जनमत, जन-संपर्क

(ख) जन-संपर्क, मूल्यांकन, जनमत, नीतियाँ, योजनाएँ

(ग) योजनाएँ, नीतियाँ, जन-संपर्क, मूल्यांकन, जनमत

(घ) जनमत, जन-संपर्क, नीतियाँ, योजनाएँ, मूल्यांकन

967. जन-संपर्क के संबंध में कौन सा वाक्य सही है?

(क) जन-संपर्क की प्रक्रिया में फीडबैक (Feedback) की महत्त्वपूर्ण भूमिका होती है।

(ख) जन-संपर्क में फीडबैक के लिए 'आगंतुक पुस्तिका' का सहारा लिया जाता है।

(ग) उपर्युक्त 'क' एवं 'ख' दोनों सही हैं।

(घ) उपर्युक्त सभी गलत हैं।

968. "जन-संपर्क विभिन्न सामाजिक विज्ञानों का सम्मिश्रण है, जो व्यक्ति और समूह की प्रतिक्रिया से अवगत कराता है तथा संप्रेषण का वह विज्ञान है, जो तनाव-रहित संबंधों की स्थापना कर सहमति का निर्माण करता है।" उपर्युक्त जन-संपर्क के संबंध में यह कथन किसका है?

(क) जॉर्ज क्रील (ख) आई.वी.ली.

(ग) सैम ब्लैक (घ) ऑर्थर रॉलमैन

उत्तर के लिए कृपया पृष्ठ सं. 255 देखें।

969. जन-संपर्क को विद्वानों ने किस रूप में परिभाषित किया है?
(क) जनता से संपर्क स्थापित करने की कला के रूप में
(ख) द्विपक्षीय संप्रेषण के रूप में
(ग) जनमत के निर्माण का सुव्यवस्थित प्रयास
(घ) उपर्युक्त सभी

970. 'जन-संपर्क' और 'विज्ञापन' (PR & Advt.) दोनों ही अपनी द्विपक्षीय संप्रेषण प्रक्रिया के द्वारा जन-अभिवृत्ति का निर्माण कार्य करते हैं। दोनों में घनिष्ठ संबंध है, परंतु दोनों में कुछ अंतर भी हैं। निम्न में से जन-संपर्क एवं विज्ञापन में से कौन सा प्रमुख अंतर नहीं है?
(क) विज्ञापन जन-संपर्क का एक महत्त्वपूर्ण अंग है।
(ख) जन-संपर्क में जन-कल्याण की भावना सर्वोपरि होती है, वहीं विज्ञापन मूलत: वस्तु/सेवा की बिक्री से प्रेरित होता है।
(ग) जन-संपर्क को विज्ञापन का सरल व सस्ता विकल्प माना जाता है।
(घ) जन-संपर्क को अल्पकालिक प्रयास तथा विज्ञापन को दीर्घकालीन प्रयास माना जाता है।

971. निम्न में से जन-संपर्क के संबंध में कौन सा वाक्य सही है?
(क) जन-संपर्क को सूचना व्यवस्थापन विज्ञान कहा जाता है।
(ख) जन-संपर्क को जनमत के निर्माण का विज्ञान कहा जाता है।
(ग) जन-संपर्क को जनमत/लोकमत की इंजीनियरिंग कहा जाता है।
(घ) उपर्युक्त सभी

972. इनमें से कौन सा कथन जन-संपर्क के संबंध में सही है?
(क) जन-संपर्क को पी.आर. (संक्षिप्त में) भी कहा जाता है।
(ख) कॉरपोरेट तथा मीडिया क्षेत्र में पी.आर. (क्क) शब्द ही ज्यादा प्रचलित है।
(ग) उपर्युक्त 'क' और 'ख' दोनों सही हैं।
(घ) उपर्युक्त में से कोई भी नहीं

उत्तर के लिए कृपया पृष्ठ सं. 255 देखें।

973. अंतरराष्ट्रीय जन-संपर्क संस्था (IPRA) द्वारा इनमें से किस स्थान पर एक नियमावली (आचार-संहिता) पारित की गई थी, जिसमें कहा गया था कि मानव जाति के मूल अधिकारों को ध्यान में रखते हुए संयुक्त राष्ट्र संघ के सभी सहमत राष्ट्र एक जन-संपर्क आचार-संहिता का पालन करेंगे?

(क) पेरिस (फ्रांस) (ख) न्यूयॉर्क (सं.रा. अमेरिका)

(ग) एथेंस (यूनान) (घ) ब्रुसेल्स (बेल्जियम)

974. इनमें से किस सोसाइटी ने जन-संपर्क अधिकारी के कार्यों पर गहन अध्ययन किया है?

(क) ऑस्ट्रेलियाई सोसाइटी फॉर पब्लिक रिलेशन

(ख) फ्रांसीसी सोसाइटी फॉर पब्लिक रिलेशन

(ग) अमेरिकन सोसाइटी फॉर पब्लिक रिलेशन

(घ) यूरोपीय सोसाइटी फॉर पब्लिक रिलेशन

975. 'इंटरनेशनल पब्लिक रिलेशन एसोसिएशन' (IPRA) की स्थापना किस वर्ष हुई थी?

(क) सन् 1946 में (ख) सन् 1955 में

(ग) सन् 1965 में (घ) सन् 1977 में

976. इंटरनेशनल पब्लिक रिलेशन एसोसिएशन (अंतरराष्ट्रीय जन-संपर्क संघ) के संबंध में कौन सा कथन गलत है?

(क) यह जन-संपर्क (PR) का एक विश्वव्यापी संगठन है, जो समूचे विश्व में जन-संपर्क के प्रचार-प्रसार, मानकीकरण तथा स्तर सुधारने में संलग्न है।

(ख) आई.पी.आर.ए. (IPRA) प्रत्येक तीन वर्ष पर 'विश्व जन-संपर्क कांग्रेस' का प्रायोजन करता है।

(ग) ऐसी पहली जन-संपर्क कॉन्फ्रेंस सन् 1968 में मॉस्को (रूस) में आयोजित की गई।

(घ) सन् 1964 में संयुक्त राष्ट्र संघ ने यूनेस्को (UNESCO) के लिए सलाहकार के रूप में इसे मान्यता दी है।

उत्तर के लिए कृपया पृष्ठ सं. 255 देखें।

977. इनमें से किस वर्ष लंदन में 'इंस्टीट्यूट ऑफ पब्लिक रिलेशन की स्थापना हुई थी?

(क) सन् 1926 में (ख) सन् 1936 में
(ग) सन् 1948 में (घ) सन् 1972 में

978. इनमें से किस वर्ष ऑस्ट्रेलिया में पब्लिक रिलेशन इंस्टीट्यूट ऑफ ऑस्ट्रेलिया' की स्थापना हुई?

(क) सन् 1948 में (ख) सन् 1962 में
(ग) सन् 1972 में (घ) सन् 1978 में

979. निम्नलिखित में से गृह पत्रिका (House Journal) के संबंध में कौन सा कथन सही है?

(क) गृह पत्रिका (House Journal) जन-संपर्क (PR) का एक महत्त्वपूर्ण उपकरण है।
(ख) यह पत्रिका संस्था अपने कर्मचारियों तथा जनता से संपर्क स्थापित करने के उद्देश्य से प्रकाशित करती है।
(ग) गृह पत्रिका को किसी भी संगठन, संस्था/कंपनी में त्रि-मार्गी संप्रेषण का एक प्रमुख साधन माना जाता है।
(घ) गृह पत्रिका का प्रकाशन केवल लाभ की दृष्टि से ही किया जाता है।

980. गृह पत्रिका इनमें से किस प्रकार की होती है?

(क) आंतरिक गृह पत्रिका
(ख) बाह्य गृह पत्रिका
(ग) उपर्युक्त 'क' और 'ख' दोनों
(घ) उपर्युक्त में से कोई नहीं

981. सबसे पहली गृह पत्रिका, जो सन् 1840 में अमेरिका में प्रकाशित हुई थी, कौन सी थी?

(क) यू.एस. जर्नल (ख) कॉटन जर्नल
(ग) अमेरिकी न्यूज लेटर (घ) लावेल ऑफरिंग

982. इनमें से किसे भारत की पहली गृह पत्रिका माना जाता है, जो सन् 1906 में प्रकाशित हुई थी?

(क) इंडियन कॉटन (ख) एलांटर्स क्रॉनिकल
(ग) इंडियन जर्नल (घ) ट्रेड इंडिया

उत्तर के लिए कृपया पृष्ठ सं. 255 व 256 देखें।

983. गृह पत्रिका को इनमें से किस अन्य रूप/नाम से भी जाना जाता है?
(क) न्यूज लेटर (News Letter)
(ख) हाउस जर्नल (House Journal)
(ग) संस्था पत्रिका
(घ) उपर्युक्त सभी

984. विश्व की पहली गृह पत्रिका, जो सन् 1609 में एक जर्मन व्यापारी द्वारा प्रकाशित की गई, इनमें से कौन सी थी?
(क) द कॉटन (ख) द वर्ल्ड
(ग) द फर्मस (घ) द हाइट्स

985. इनमें से 'स्वागत' गृह पत्रिका किसके द्वारा प्रकाशित की जाती है?
(क) प्रकाशन विभाग (ख) भारतीय रेलवे
(ग) जेट एयरवेज (घ) इंडियन एयरलाइंस

986. विभिन्न घरेलू तथा अंतरराष्ट्रीय एयरलाइनों द्वारा अपने ग्राहकों के प्रयोगार्थ प्रकाशित की जानेवाली पत्रिका 'एयरलाइंस पत्रिका' कही जाती है। इस प्रकार की पत्रिकाओं की प्रमुख विशेषता क्या नहीं है?
(क) ग्राहकों/यात्रियों को मुफ्त वितरण
(ख) पर्यटन, होटल, फैशन आदि पर पर्याप्त सामग्री
(ग) सर्वोत्तम ग्लेज्ड पेपर पर संपूर्ण रंगीन छपाई
(घ) सस्ते विज्ञापनों की प्रमुखता

987. निम्न में से जन-संपर्क पर पहली पुस्तक (सन् 1923 में) एडवर्ड एल. बर्नेज द्वारा कौन सी लिखी गई थी?
(क) द पब्लिक रिलेशंस हैंडबुक
(ख) क्रिस्टलाइजिंग पब्लिक ओपिनियन
(ग) इफेक्टिव पब्लिक रिलेशंस
(घ) पब्लिक रिलेशंस प्रोपेगेंडा एंड एडवरटाइजिंग

988. वर्तमान में जन-संपर्क को किस रूप में मान्यता दी जा रही है?
(क) प्रचार (ख) कला
(ग) व्यवसाय (घ) सेवा

उत्तर के लिए कृपया पृष्ठ सं. 256 देखें।

989. प्रेस सम्मेलन (पत्रकार सम्मेलन) के संबंध में इनमें से कौन सा कथन सही है?

(क) राजनीतिक दलों, सामाजिक संगठनों, व्यावसायिक प्रतिष्ठानों या प्रमुख सार्वजनिक हस्तियों द्वारा विशिष्ट योजनाओं, घोषणाओं/नीतियों के प्रचार या किसी खास मामले में स्पष्टीकरण के उद्देश्य से प्रेस सम्मेलन का आयोजन कराया जाता है।

(ख) प्रेस सम्मेलन में किसी एक पत्रकार का एकमात्र अधिकार नहीं होता, क्योंकि इसमें सभी समाचार-पत्रों तथा न्यूज एजेंसियों के प्रतिनिधियों (मान्यता प्राप्त संवाददाताओं) को निमंत्रण भेजे जाते हैं।

(ग) प्रेस सम्मेलन के दौरान पत्रकार किसी महत्त्वपूर्ण व्यक्ति, राजनेता, शासन के प्रवक्ता, अधिकारी से प्रश्न पूछ सकते हैं।

(घ) उपर्युक्त सभी।

990. उस सामग्री को क्या कहते हैं, जो प्रेस/पत्रकार सम्मेलन के दौरान वहाँ उपस्थित पत्रकारों/मीडियाकर्मियों को दी जाती है?

(क) प्रेस कम्युनिक्स (Press Communiques)

(ख) प्रेस नोट (Press Note)

(ग) प्रेस किट (Press Kit)

(घ) प्रेस रिलीज (Press Release)

991. 'प्रेस रिलीज' (Press Release) के संबंध में इनमें से कौन सा कथन गलत है?

(क) 'प्रेस रिलीज' सरल तथा सुस्पष्ट लिखित सूचना या समाचार से संबद्ध वह अभिलेख होता है, जिसे समाचार-पत्रों को छापने के लिए दिया जाता है।

(ख) शासकीय समाचारों से संबंधित प्रेस रिलीज/विज्ञप्तियाँ चार प्रकार की होती हैं—'हैंड आउट' (Hand out), 'अन ऑफिशियल हैंड आउट', 'प्रेस कम्युनिक्स' (Press Communiques) तथा प्रेस नोट (Press Note) आदि।

(ग) उपर्युक्त (क) व (ख) दोनों सही हैं।

(घ) उपर्युक्त में से कोई नहीं।

उत्तर के लिए कृपया पृष्ठ सं. 256 देखें।

992. इनमें से कौन सा युग्म/जोड़ा गलत है?

(क) हैंडबिल (या) हैंड आउट : इसे अधिकृत प्रवक्ता जारी नहीं करता है, बल्कि यह प्रेस सूचना ब्यूरो (PIB) द्वारा जारी किया जाता है।

(ख) अनऑफीशियल हैंड आउट : इसमें जारीकर्ता या रिलीजिंग कंपनी का नाम जारी रहता है। इनकी भाषा भी कठिन होती है।

(ग) प्रेस नोट्स : यह शीर्षक व उपशीर्षक देकर छापा जाता है।

(घ) प्रेस कम्युनिक्स : समाचारों में औपचारिकता ज्यादा रहती है।

993. 'प्रेस ब्रीफिंग' (Press Briefing) के संबंध में कौन सा कथन गलत है?

(क) 'प्रेस कॉन्फ्रेंस' तथा 'प्रेस ब्रीफिंग' पर्यायवाची/समानधर्मा शब्द हैं। दोनों में विशिष्ट व्यक्ति द्वारा पत्र प्रतिनिधि या पत्रकार आमंत्रित किए जाते हैं।

(ख) पत्रकार/प्रेस कॉन्फ्रेंस अधिक औपचारिक होता है, जबकि ब्रीफिंग कम औपचारिक होती है।

(ग) प्रेस ब्रीफिंग में सवाल-जवाब नहीं होते, बल्कि पत्रकार समूह को जानकारी दी जाती है।

(घ) पत्रकार सम्मेलन जहाँ जन-संपर्क (PR) का एक सर्वोत्तम माध्यम होता है, वहीं प्रेस ब्रीफिंग जन-संपर्क का एक माध्यम नहीं है।

994. 'प्रेस कम्युनिक्स' के संबंध में कौन सा कथन सही नहीं है?

(क) शासन के अति महत्त्वपूर्ण निर्णय जैसे मंत्रिमंडल में हेरफेर/बदलाव, विदेशी राज्याध्यक्षों के साथ हुए समझौते और अन्य विशिष्ट मामलों पर 'प्रेस कम्युनिक्स' जारी होते हैं।

(ख) प्रेस कम्युनिक्स में विशेष संपादन (Editing) की आवश्यकता नहीं होती है।

(ग) इसमें शीर्षक और उपशीर्षक भी दिए जाते हैं।

(घ) इसे जारी करने हेतु राष्ट्रपति, राज्यपाल, विदेश मंत्रालय, पत्र सूचना कार्यालय (PIB), विदेशी दूतावास आदि प्राधिकृत हैं।

उत्तर के लिए कृपया पृष्ठ सं. 256 देखें।

995. 'प्रेस नोट' (Press Note) के संबंध में इनमें से कौन सा कथन/वाक्य सही है?

(क) 'प्रेस कम्युनिक्स' की अपेक्षा 'प्रेस नोट' कम औपचारिक होता है।

(ख) प्रेस नोट शासक, अधीनस्थ कर्मचारियों, सरकारी कार्यालयों, अधिकारियों और सामान्य व्यक्तियों तक सूचना पहुँचाने हेतु समाचार-पत्रों या सरकारी गजट में प्रकाशित किया जाता है।

(ग) प्रेस नोट रेल भाड़ा या ब्याज दरों में वृद्धि एवं कराधान संबंधी परिवर्तन आदि से संबंधित प्रमुख शासकीय मसलों पर जारी किया जाता है।

(घ) उपर्युक्त सभी।

996. 'प्रेस नोट' के संबंध में कौन सा कथन गलत है?

(क) प्रेस नोट्स को जारी करने का अधिकार केवल 'प्रेस इंफॉरमेशन ब्यूरो' (PIB) को ही प्राप्त है।

(ख) प्रेस नोट को जारी करने का अधिकार कुछ विशिष्ट अधिकारियों को ही प्राप्त है, जो सरकारी कार्यों से संबद्ध हैं। केंद्र/राज्य का सर्वोच्च अधिकारी ही उसके लिए प्राधिकृत है।

(ग) प्रेस नोट को संपादक घटा-बढ़ा सकता है तथा शीर्षक और उपशीर्षक देकर छापा जाता है।

(घ) प्रेस नोट के अंत में जारी करनेवाले के हस्ताक्षर तथा मंत्रालय का नाम व तिथि दी जाती है।

997. निम्न में से 'मीट द प्रेस' (Meet The Press) के संबंध में कौन सा कथन सही है?

(क) प्रेस कॉन्फ्रेंस और 'प्रेस ब्रीफिंग' से बिलकुल अलग कार्यक्रम 'प्रेस से मिलिए' कार्यक्रम होता है।

(ख) 'मीट द प्रेस' (प्रेस से मिलिए) का आयोजन प्रेस क्लबों, प्रेस एसोसिएशनों, न्यूज एजेंसियों या समाचार-पत्र की ओर से व्यवस्थित किया जाता है।

(ग) पत्रकार सम्मेलन प्रायः मंत्रियों, अधिकारियों एवं व्यावसायिक संस्थानों द्वारा आहूत किए जाते हैं; परंतु 'प्रेस से मिलिए' कार्यक्रम न तो प्रेस कॉन्फ्रेंस होता है और न ही प्रेस ब्रीफिंग।

(घ) उपर्युक्त सभी।

उत्तर के लिए कृपया पृष्ठ सं. 256 देखें।

998. भारत के जन-संपर्क संगठनों का सही अनुक्रम इनमें से क्या है?
(क) पी.आर.सी.—पी.आर.एस.आई.—पी.आर.सी.—पी.आर.सी.ए.आई.
(ख) पी.आर.सी.ए.—आई.पी.आर.सी.पी.आर.एस.आई.—पी.आर.सी.आई.
(ग) पी.आर.एस.आई.—पी.आर.सी.—पी.आर.सी.आई.—पी.आर.सी.ए.आई.
(घ) पी.आर.सी.—पी.आर.एस.आई.—पी.आर.सी.ए.आई.—पी.आर.सी.आई.

999. जन-संपर्क की विश्व कांग्रेस में व्यक्तिगत आचरण के सात सूत्र के रूप में स्वीकृत किए गए 'जन-संपर्क के 7 C's''(Seven.' Cs For PR) में निम्न में से कौन से दो (सी) शामिल नहीं हैं?
(क) Concise तथा Correct
(ख) Complete तथा Clear
(ग) Continuity तथा Commentary
(घ) Couteous, Condign तथा Concerned

1000. 'इवेंट मैनेजमेंट' (Event Managment) के संबंध में कौन सा वाक्य गलत है?
(क) 'इवेंट मैनेजमेंट' का प्रोफेशन के तौर पर मुख्य रूप मीटिंग, प्रोजेक्ट की योजना और प्रबंधन होता है।
(ख) इवेंट मैनेजमेंट में आमतौर पर विचारों का विकास, योजना, बजट, प्रदर्शनकारी गतिविधियाँ, स्टेज शो, ब्रांड लॉञ्च व स्पोर्ट्स इवेंट जैसे कुछ कार्य शामिल होते हैं।
(ग) पहले कभी एडवरटाइजिंग या पब्लिक रिलेशन के रूप में पहचाना जानेवाला इवेंट मैनेजमेंट अब लाइव एंटरटेनमेंट बिजनेस के रूप में विकसित होकर कंपनियों व युवाओं को लुभा रहा है।
(घ) इवेंट मैनेजमेंट टी.वी., रेडियो या प्रिंट मीडिया के विज्ञापनों से कहीं महँगा होता है।

□

उत्तर के लिए कृपया पृष्ठ सं. 256 देखें।

उत्तर-सूची

मीडिया : एक परिचय में

1. (ग) इबोला
2. (ख) अंतरराष्ट्रीय प्रकाश वर्ष व मृदा वर्ष
3. (ख) इंपिऑन (द. कोरिया)
4. (क) विजय शेषाद्रि
5. (क) अहमत सिक (टर्की)
6. (ख) न्यूज ऑफ द वर्ल्ड
7. (ख) न्यूज वीक।
8. (घ) सन् 2012 से
9. (ख) वॉशिंगटन पोस्ट।
10. (ख) इक्वाडोर
11. (ख) रूस
12. (ग) स्कॉटलैंड
13. (क) भारत के मंगल यान को।
14. (घ) सन् 2014 में
15. (घ) 1 करोड़
16. (घ) उपर्युक्त सभी
17. (घ) सत्या नाडेला
18. (ख) 25 वर्ष
19. (ग) सूर्य प्रकाश
20. (क) किरण बी. वडोदरिया
21. (ख) पहलाज निहलानी
22. (ग) गोवा
23. (क) 3 मई, 2013
24. (ख) डेनमार्क के 'जायलैंड पोस्ट' में
25. (ग) चार्ली एबदो
26. (घ) द न्यूयॉर्क टाइम्स।
27. (घ) प्राण
28. (ख) मुंतजर अल जैदी
29. (घ) रोना फेयरहेड
30. (ख) डेनियल क्रेग
31. (ख) लीबिया
32. (घ) खुशवंत सिंह को वर्ष 1999 में (गुरुदयाल सिंह के साथ) 'ज्ञानपीठ पुरस्कार' से सम्मानित किया गया।
33. (ग) रासीपुरम कृष्णस्वामी-लक्ष्मण
34. (क) फ्री डिश
35. (ग) 250 शब्द
36. (ख) वेब 2.0 (Web 2.0)
37. (क) द पैट्रियॉट न्यूज

38. (घ) 92 करोड़
39. (ग) 28.1 प्रतिशत
40. (घ) उपर्युक्त सभी
41. (ग) 140वाँ
42. (ख) पेड न्यूज छापनेवाले प्रकाशन का पंजीकरण रद्द कर दिया जाए।
43. (ग) टेलीग्राम
44. (ख) इंडियन न्यूज पेपर सोसाइटी (INS)
45. (ग) 24 अगस्त, 2013
46. (ग) समाचार-पत्र—रेडियो—टी.वी.—इंटरनेट
47. (घ) उपर्युक्त सभी
48. (क) भोपाल (मध्य प्रदेश)
49. (ग) चतुर्थ स्तंभ
50. (घ) उपर्युक्त सभी
51. (ग) 30 मई
52. (घ) प्रिंट मीडिया स्थान-अभिप्रेरित है, जबकि ब्रॉडकास्टिंग मीडिया समय-अभिप्रेरित है।
53. (ग) प्रिंटिंग प्रेस-नैरोकास्टिंग-बी कास्टिंग- वेब कास्टिंग
54. (ग) भारत
55. (घ) उपर्युक्त सभी
56. (घ) उपर्युक्त सभी
57. (ख) सेल्युलर संचार प्रणाली, उपग्रह संचार प्रणाली, जलगर्भीय संचार प्रणाली, मोबाइल संचार प्रणाली
58. (घ) फिनलैंड
59. (ग) आकाश
60. (क) पी. साईंनाथ तथा अरुण पुरी
61. (ग) मार्शल मैक्लुहान
62. (घ) उपर्युक्त सभी
63. (ख) मार्शल मैक्लुहान
64. (घ) 'गोल्डन ग्लोब पुरस्कार'
65. (घ) उपर्युक्त सभी
66. (घ) यह पुरस्कार मेक्सिको के पत्रकार गुइलेमो कानो की स्मृति में यूनेस्को द्वारा स्थापित किया गया है।
67. (क) वर्ल्ड एसोसिएशन ऑफ न्यूज पेपर (WAN) द्वारा।
68. (घ) सन् 2008 में
69. (क) सिद्धार्थ मुखर्जी
70. (ख) शांतिस्वरूप भटनागर पुरस्कार

विश्व पत्रकारिता

71. (ग) रोम
72. (क) जर्मन
73. (ख) डेली करेंट
74. (घ) लंदन डेली यूनिवर्सल रजिस्टर
75. (ग) पॉर्टन लेटर्स और सिडनी पेपर्स
76. (ग) डेली न्यूज
77. (घ) उपर्युक्त सभी
78. (घ) डेली स्टैंडर्ड—सन् 1887

79. (क) फ्लीट स्ट्रीट की क्रांति का संबंध रूस से है।
80. (ग) नेपोलियन बोनापार्ट (फ्रांस)
81. (घ) उपर्युक्त सभी
82. (घ) न्यूयॉर्क वर्ल्ड
83. (घ) सन् 1877 में
84. (ख) पेंटागन पेपर्स
85. (ग) 8 जुलाई, 1889
86. (ख) 24 अप्रैल, 1704 को बोस्टन से
87. (ख) संयुक्त राज्य अमेरिका
88. (ग) जेम्स फ्रेंकलिन ने
89. (क) सन् 1733 में
90. (घ) उपर्युक्त सभी
91. (क) 'न्यूयॉर्क गजट' सन् 1775
92. (क) सन् 1645 में
93. (ग) स्वीडन
94. (ग) स्वीडन
95. (घ) उपर्युक्त सभी
96. (घ) उपर्युक्त सभी
97. (क) साम्यवादी विचारधारा
98. (घ) बीटाविया शिमाउन
99. (ख) चाउबी
100. (ख) सन् 1910 में
101. (ख) फ्रैंकफर्ट एलिजियंस—रोम
102. (घ) उपर्युक्त सभी
103. (ग) भूटान का पहला राष्ट्रीय पत्र 'कुजेसिल क्लेरिटी' सन् 1865 में प्रकाशित हुआ था
104. (क) फिलीपींस में समाचार-पत्रों का प्रकाशन सन् 1911 में प्रारंभ हुआ था
105. (ग) 'मॉर्निंग न्यूज' श्रीलंका

भारतीय पत्रकारिता

106. (क) दैनिक
107. (घ) उपर्युक्त सभी
108. (घ) "पत्रकारिता वह माध्यम है, जिसके द्वारा हम मस्तिष्क में उस दुनिया के बारे में समस्त सूचनाएँ संकलित करते हैं, जिन्हें हम कभी नहीं जान सकते।"—जेम्स मैक्डोनल
109. (घ) उपर्युक्त सभी
110. (क) अंग्रेजी
111. (घ) जेम्स ऑगस्टस हिक्की
112. (ख) बंगाल गजट
113. (ख) 29 जनवरी, 1780 (कलकत्ता)
114. (ग) 30 मई, 1826 (कलकत्ता)
115. (ख) पं. युगल किशोर शुक्ल
116. (ख) दिग्दर्शन
117. (क) सन् 1818 में
118. (क) 'बंगाल गजट'
119. (घ) समाचार सुधा वर्षण
120. (ग) सन् 1854 में श्याम सुंदर सेन द्वारा
121. (ख) बनारस अखबार

122. (घ) उपर्युक्त सभी
123. (ग) कविवचन सुधा
124. (क) सन् 1900 में
125. (ग) प्रताप
126. (घ) देश हितैषी
127. (ख) हंस
128. (घ) उपर्युक्त सभी
129. (घ) नृसिंह (सन् 1907)-तेजबहादुर सप्रू
130. (ग) बॉम्बे टाइम्स, बॉम्बे टेलीग्राफ तथा बॉम्बे स्टैंडर्ड
131. (ख) जाम-ए-जहाँ
132. (ग) मतवाला
133. (ग) प्रदीप
134. (घ) उपर्युक्त सभी
135. (ख) कल्याण
136. (ख) ठाकुर विश्व नारायण सिंह
137. (घ) उपर्युक्त सभी
138. (ख) रास्त गोफ्तार
139. (ग) संयुक्त राज्य अमेरिका
140. (ख) गदर
141. (ग) सन् 1907 में
142. (ख) सन् 1903 में
143. (ग) नेशनल हेरॉल्ड
144. (ग) सन् 2007 में इसका प्रकाशन साप्ताहिक के स्थान पर पाक्षिक किया गया।

मुद्रण

145. (ग) भारत में मुद्रण कला के माध्यम से छापी गई पहली पुस्तक 'दौक्त्रीना मेंजाला थी।
146. (घ) सरकारी छापाखाना सन् 1669 में स्थापित किया गया।
147. (ख) कलकत्ता
148. (घ) चीन
149. (ख) जॉन गुटेनबर्ग जर्मनी
150. (घ) उपर्युक्त सभी
151. (घ) उपर्युक्त सभी
152. (क) 'लिथोग्राफी' शब्द फ्रेंच भाषा के 'लिथो' से बना है।
153. (ख) खाड़ के ब्लैंफेट में
154. (घ) छपाई के अक्षरों को जोड़ने वाले व्यक्ति को 'कंपोजीटर' कहते हैं।
155. (घ) उपर्युक्त सभी
156. (ख) नई दुनिया, इंदौर
157. (घ) उपर्युक्त सभी
158. (ख) इस मुद्रण पद्धति में बहुरंगी छपाई नहीं हो सकती है।
159. (क) ड्रांक राइटिंग (शुल्क लेखन)
160. (ख) एक रिम में लगभग 200 शीट्स होती हैं
161. (ख) स्क्रीन प्रिंटिंग—सन् 1957
162. (क) पहले से मुद्रित पृष्ठ में कॉपी जोड़ना।
163. (क) प्रोसेज रेड
164. (क) हैंड प्रेस—एक हजार तक

165. (ख) एक सामान्य टाइप के 6 अंग होते हैं।

समाचार-पत्र

166. (ग) 'एनसाइक्लोपीडिया ब्रिटेनिका' द्वारा
167. (क) 1 जुलाई, 1956
168. (घ) पी.आर. (प्रेस रजिस्ट्रार)
169. (ख) "सब दिशाओं की घटनाओं को समाचार कहा जाता है।" —जे. डब्ल्यू. जॉनसन
170. (ग) चार्ल्स डाना
171. (ख) एडविन एल. शुमैन
172. (घ) रुडयार्ड किपलिंग
173. (घ) ग्रेट ब्रिटेन
174. (ख) विलोम पिरामिड/स्तूपी
175. (घ) उपर्युक्त सभी
176. (ख) क्रिया
177. (क) समाचार के शीर्षक को
178. (क) हैडलाइन-लीड-बाइलाइन-बॉडी
179. (ख) सोर्स-रिपोर्टर-संपादक-प्रिंट
180. (ग) विद्वान् एडविन एल. शुमैन के अनुसार, "समाचार-पत्र का शीर्षक समाचार का दर्पण होता है।"
181. (घ) मार्क ट्वेन
182. (घ) उपर्युक्त सभी
183. (घ) ले-आउट
184. (घ) उपर्युक्त सभी
185. (ग) डमी निर्माण विज्ञापन का ही अंग होता है
186. (घ) उपर्युक्त सभी
187. (ख) संपादकीय विभाग
188. (घ) उपर्युक्त सभी
189. (ग) प्रधान संपादक—संयुक्त संपादक—सहायक संपादक—समाचार संपादक।
190. (घ) उपर्युक्त सभी
191. (ग) लॉग बुक
192. (ग) विज्ञापन
193. (ग) संपादकीय लेख लगभग 2,000 से 2,500 शब्दों का होता है
194. (घ) उपर्युक्त सभी
195. (ख) संपादक
196. (क) प्रत्युत्तर (Rejonder)
197. (ख) समाचार-लेख-संपादकीय-संपादक के नाम पत्र।
198. (ग) उप-संपादक
199. (घ) सब एडिटर
200. (ग) इंटरनेट से
201. (ख) प्रूफ रीडर
202. (ख) संवाददाता से
203. (घ) संपादन
204. (घ) उपर्युक्त सभी
205. (ख) बीट (Beet)

206. (ग) अंशकालिक संवाददाता
207. (ग) बुल डॉग
208. (ग) स्तंभ लेखक
209. (ग) 25 प्रतिशत
210. (ख) 26 प्रतिशत
211. (घ) उपर्युक्त सभी
212. (ग) बेची गई प्रतियों की संख्या
213. (घ) ऐसा समाचार-पत्र, जिसकी प्रकाशित प्रति को इंटरनेट पर पढ़ा जा सके।
214. (घ) उपर्युक्त सभी
215. (ग) 'नई दुनिया' (इंदौर से)
216. (घ) ई-पत्रिकाएँ/जर्नल मुद्रित संस्करण की अपेक्षा महँगी होती हैं तथा इन्हें डाउनलोड नहीं किया जा सकता।
217. (घ) उपर्युक्त सभी
218. (घ) टैबलॉयड समाचार-पत्र में केवल राजनीतिक समाचार ही प्रकाशित होते हैं।
219. (घ) उपर्युक्त सभी
220. (ख) 'हिंदू' (चेन्नई)
221. (ख) इंडिया टुडे
222. (क) पत्रिकाओं में
223. (क) साप्ताहिक पत्रिका
224. (क) इंडिया टुडे
225. (क) तहलका
226. (ख) मलयाला मनोरमा
227. (घ) कोट्टायम
228. (क) द हिंदू
229. (घ) द स्टेट्समैन
230. (क) इंडियन एक्सप्रेस
231. (ख) अरुणाचल प्रदेश
232. (ख) उत्तर प्रदेश
233. (ग) दैनिक जागरण

फीचर

234. (ख) लैटिन
235. (क) रिपोर्ताज
236. (ख) फीचर
237. (ख) पाँच या छह सौ शब्द
238. (ग) समाचार और फीचर तो लगभग सभी समाचार-पत्रों में एक जैसे ही होते हैं और दोनों में कोई प्रमुख अंतर नहीं होता है।
239. (घ) फीचर समाचार-पत्र को आत्मा के रूप में परिभाषित किया है—स्टेनलो वॉकर
240. (ख) एलेक्संस मैकिनी
241. (घ) उपर्युक्त सभी
242. (ग) शून्य पठनीयता
243. (ख) लेख छोटा होता है, वहीं फीचर लेख की तुलना में बड़ा व लंबा होता है।
244. (घ) उपर्युक्त सभी
245. (ख) किंग्स फीचर सिंडिकेट
246. (ग) इंडियन न्यूज फंड फीचर एलायंस (INFA) की स्थापना वर्ष 1974 में हुई

247. (ख) डेनियल आर. विलियम

248. (क) रायपॉल नेलसन

249. (ग) रिपोर्ताज को डायरी, फीचर, संस्मरण तथा यात्रा-वृत्तांत भी कहा जाता है।

250. (घ) उपर्युक्त सभी

कार्टून

251. (घ) उपर्युक्त सभी

252. (घ) खुशवंत सिंह

253. (ख) 'कैरिकेयर' शब्द का सर्वप्रथम प्रयोग अमेरिका में हुआ

254. (ग) प्राण शर्मा

255. (ख) वॉल्ट डिजनी

256. (ग) 'चोंच की बातें', कार्टून कॉलम 'नवभारत टाइम्स' में प्रकाशित होता है।

257. (ग) फ्री प्रेस जर्नल (मुंबई)

258. (ग) दि इलेस्ट्रेटेड वीकली

259. (क) कॉमिक्स का कांसेप्ट मेक्सिको से आया।

260. (ख) लिमांडो

261. (घ) यूजीन एल. रॉबर्ट्स

रेडियो

262. (घ) वायरलेस टेलीग्राफ

263. (घ) सन् 1888 ली.डी. फॉरेष्ट के कहा कि विद्युत तरंगें सीधी रेखा में चलती हैं।

264. (घ) मार्कोनी कंपनी ने सन् 1906 में चेम्सफोर्ड से रेडियो का विधिवत् प्रसारण प्रारंभ किया।

265. (क) सन् 1901 : रेडियो पर पहली बार मनुष्य की आवाज सुनी गई।

266. (क) पिट्सबर्ग

267. (घ) रेडियो की जिस ध्वनि (आवास) से क्रिया का बोध होता है, उसे 'तरंग' कहते हैं।

268. (क) 13 फरवरी

269. (क) अमेरिका-ब्रिटेन-जर्मनी-भारत

270. (ग) सन् 1922 में

271. (ग) बी.बी.सी. ने वर्ष 1963 में ब्रिटेन की महारानी एलिजाबेथ द्वितीय की ताजपोशी का टी.वी. पर सर्वप्रथम प्रसारण किया।

272. (ख) बी.बी.सी. ने अपना दूसरा चैनल बी.बी.सी.-2 वर्ष 1984 में प्रारंभ किया।

273. (क) लाइसेंस शुल्क

274. (ग) सन् 1942 में

275. (ग) वॉयस ऑफ अमेरिका का मुख्यालय न्यूयॉर्क में स्थित है।

276. (ख) सन् 1925
277. (ग) एस.एल.बी.सी. (SLBC)
278. (घ) उपर्युक्त सभी
279. (ख) सन् 1921 में
280. (ख) सन् 1927
281. (ख) सन् 1930
282. (ग) उद्योग और श्रम विभाग
283. (ख) सन् 1936 में
284. (घ) सन् 1957 में ऑल इंडिया रेडियो का पद नाम 'कंट्रोलर ऑफ ब्रॉडकास्टिंग' से बदलकर 'निदेशक' किया गया।
285. (ख) ऊषा मेहता
286. (घ) जर्मनी, सिंगापुर तथा रंगून।
287. (ग) लखनऊ तथा त्रिचनापल्ली
288. (घ) आकाशवाणी
289. (ग) सन् 1977 से विविध भारती में वाणिज्यिक कार्यक्रमों (विज्ञापन सेवा) की शुरुआत की गई।
290. (घ) आकाशवाणी पर प्रसारित 'हवा महल' कार्यक्रम का संबंध समाचार से है।
291. (घ) 'युवा वाणी' नामक कार्यक्रम का प्रारंभ 2 अक्तूबर, 1981 को हुआ।
292. (ग) रेडियो सिलोन
293. (ख) ए.आई. आर-एफ.एम-डिजिटल ऑडियो प्रसारण -इंटरनेट रेडियो
294. (घ) 232 रेडियो स्टेशन और उनकी पहुँच 99.1 प्रतिशत भारतीयों तक
295. (घ) आकाशवाणी पर राष्ट्रीय चैनल की शुरुआत वर्ष 1998 में हुई।
296. (ख) बहुजन हिताय बहुजन सुखाय
297. (घ) प्राथमिक चैनल, राष्ट्रीय चैनल, विज्ञापन प्रसारण सेवा—एफ.एम. चैनल एवं विदेश प्रसारण सेवा।
298. (ख) वर्ल्ड एंड आई (World & I)
299. (ग) हैलो जयमाला
300. (ग) सन् 1995 में
301. (घ) गामा, एक्स-रे, अल्ट्रा-वॉयलेट दृश्य प्रकाश व इन्फ्रारेड तरंगें
302. (क) रेडियो
303. (घ) उपर्युक्त सभी
304. (ख) समाचार बुलेटिन को पढ़ना
305. (क) नैरोकास्टिंग
306. (घ) भारत में सामुदायिक रेडियो सर्वाधिक बच्चों के समूह द्वारा चलाया जाता है।
307. (घ) उपर्युक्त सभी
308. (घ) (वर्ष 2001 में) उत्तराखंड के चंबा जिले में 90.4 मेगाहर्ट्ज पर
309. (ग) हैम रेडियो इंटरनेट की

सहायता से ऑडियो प्रसारण करनेवाली एक सेवा है।

310. (घ) उपर्युक्त सभी
311. (क) मुकुल बोस ने
312. (घ) उपर्युक्त सभी
313. (ग) स्काई रेडियो पर परंपरागत रेडियो के समान ट्यूनिंग करना संभव होता है।
314. (घ) उपर्युक्त सभी
315. (ग) सैटेलाइट रेडियो को 'सब्सक्रिप्शन रेडियो' भी कहते हैं, क्योंकि इसको सुनने के लिए वार्षिक फीस देनी होती है।
316. (घ) उपर्युक्त सभी
317. (ग) रेडियो कोरिया

एफ.एम. चैनल

318. (क) फ्रीक्वेंसी मॉड्यूलेशन
319. (ग) एफ.एम. की (भारत में) फ्रीक्वेंसी 550 किलो हर्ट्ज तक होती है।
320. (ग) 88 से 108 मेगाहर्ट्ज
321. (घ) उपर्युक्त सभी
322. (ख) सन् 1962
323. (घ) वर्तमान में केवल आकाशवाणी (प्रसारभारती) के एफ.एम. चैनलों का वर्चस्व है।
324. (घ) उपर्युक्त सभी
325. (क) क्योंकि ये ए.एम. तरंगें बिना क्षय हुए लंबी दूरी तक जा सकती हैं।
326. (घ) 550 किलो हर्ट्ज तक
327. (घ) उपर्युक्त सभी
328. (क) 23 जुलाई, 1977 को
329. (ख) अहमदाबाद
330. (ग) 3 जुलाई, 2001 को
331. (क) रेडियो सिटी
332. (क) कोलकाता
333. (ख) 26 जून, 1998
334. (ग) रेड एफ.एम. (Red FM)
335. (ग) रेड एफ.एम. भास्कर समूह
336. (क) इंडिया टुडे
337. (घ) रेड एफ.एम.
338. (ग) ईट्स हॉट
339. (घ) म्याँऊ-म्याँऊ

टेलीविजन

340. (घ) सन् 1926 : मार्कोनी ने 27 जनवरी के दिन टेलीविजन का आविष्कार किया।
341. (क) जॉन लॉगी बेयर्ड
342. (घ) उपर्युक्त सभी
343. (क) डी.टी.एच. (DTH)
344. (क) अमेरिका और जापान में प्रयुक्त रंगीन टी.वी. प्रणाली
345. (ख) संयुक्त राज्य अमेरिका
346. (घ) टेलीविजन को

347. (घ) उपर्युक्त सभी
348. (क) चाइना सेंट्रल टेलीविजन
349. (ग) चीन में रंगीन टेलीविजन का प्रारंभ वर्ष 1953 में ही हो गया था
350. (घ) उपर्युक्त सभी
351. (क) सन् 1991 में
352. (घ) फिलीपींस, वर्ष 1968
353. (घ) उपर्युक्त सभी
354. (ग) वर्ष 1968 में मालदीव में टेलीविजन की शुरुआत हुई थी
355. (घ) वर्ष 1994 में ऑस्ट्रेलिया ब्रॉडकास्टिंग ट्रिब्यूनल को खत्म करके ब्रॉडकास्टिंग सर्विसेज एक्ट बनाया गया। बाद में वर्ष 2002 में ऑस्ट्रेलिया ब्रॉडकास्टिंग अथॉरिटी का गठन किया गया
356. (ख) सन् 1991 में
357. (ग) ब्राजील
358. (ग) यूनेस्को (UNESCO)
359. (ख) फिलिप्स
360. (क) 15 सितंबर, 1959
361. (ख) डॉ. राजेंद्र प्रसाद
362. (घ) वर्तमान में दूरदर्शन के लगभग 225 केंद्र/विभाग केंद्र तथा 80 चैनल हैं।
363. (घ) उपर्युक्त सभी
364. (ग) 2 अक्तूबर 1972
365. (ग) सन् 1976 में
366. (ख) वर्ष 1982
367. (घ) उपर्युक्त सभी
368. (घ) 10 जुलाई, 1999
369. (घ) सैटेलाइट इंस्ट्रक्शनल टेलीविजन एक्सपेरीमेंट
370. (घ) उपर्युक्त सभी
371. (ख) इस परियोजना के तहत देश के नौ बड़े राज्यों के 3,400 सबसे पिछड़े गाँवों में उपग्रह के जरिए प्रसारण किया गया था
372. (ग) टेलीविजन, अखबार, कैटलॉग तथा ब्रॉशर में
373. (क) वर्ष 1975-76
374. (ग) संचालन एवं कवरेज दोनों बढ़ाने के लिए
375. (ग) इलेक्ट्रॉनिक्स में
376. (ग) डी.डी. स्पोर्ट्स चैनल का प्रारंभ वर्ष 2007 में खेल-प्रेमियों की जरूरतों को ध्यान में रखकर किया गया
377. (क) कार्टून
378. (घ) सन् 2004 में
379. (ख) 26 जनवरी, 2002
380. (ग) आउटसाइड ब्रॉडकास्ट वैन (OB VAN)
381. (ग) ओ.बी. वैन द्वारा
382. (घ) ओ.बी. वैन को चार भागों में बाँटा जा सकता है—प्रोडक्शन पैनल, कंट्रोल

सेक्शन, इनपुट सेक्शन तथा आउटपुट सेक्शन।

383. (ग) उपर्युक्त 'क' व 'ख' दोनों

384. (ख) घटना-प्रधान समाचार को

385. (ख) विश्लेषण-प्रधान समाचार को

386. (क) ब्रेकिंग न्यूज

387. (ख) उभयलिंगी शब्द

388. (ख) यह एक ऐसी स्क्रिप्ट होती है, जिसमें किसी समाचार से संबंधित दृश्य सामग्री उपलब्ध नहीं होती है।

389. (ग) कटिंग्स

390. (क) किसी कार्यक्रम के शुरू होने से पूर्व

391. (ख) वॉयस ओवर

392. (ग) समाचार के प्रसारण के दौरान अनेक छोटे-छोटे चित्रों के साथ प्रदर्शन से

393. (ख) क्लॉक टाइम्स

394. (क) जब टी.वी. पर विज्ञापन प्रसारित होता है, तब दर्शक/रिकॉर्ड कर्ता डिजिटल रिकॉर्डर को बंद कर देता है, लेकिन प्रसारण होने पर फिल्म रिकॉर्ड करता है। इस तरह रिकॉर्डिंग के दौरान वह विज्ञापन को छोड़ देता है।

395. (ग) टेलीविजन एक श्रव्य-दृश्य माध्यम है और इसीलिए यह अधिक प्रभावशाली है; जबकि रेडियो केवल श्रव्य माध्यम होने के कारण श्रोताओं से इच्छित प्रतिक्रिया प्राप्त नहीं कर पाता है।

396. (क) टेलीविजन समाचारों की प्रस्तुति हेतु

397. (ख) इडियट कार्ड्स (Idiot Cards)

398. (घ) 12 टंकित पंक्तियों के बराबर

399. (घ) बी.बी.सी. को

400. (घ) द यूरोपियन यूनियन

401. (क) न्यूज पढ़नेवाले को

402. (ख) सुपर

403. (ख) बैक पोजेक्शन

404. (क) संयुक्त राष्ट्र संघ की विशिष्ट एजेंसी यूनेस्को द्वारा

405. (ख) दोपहर 2 से 3 बजे तक तथा शाम 5 से 7 बजे तक का समय 'प्राइम टाइम' कहलाता है।

406. (क) दूरदर्शन/टेलीविजन के रिपोर्टर को कई बार जब ऑनलाइन रिपोर्टिंग करनी पड़ती है तो इसको 'हॉट स्वीचिंग' कहते हैं।

407. (घ) बर्लिन

408. (ख) लिक्विड क्रिस्टल डिस्प्ले

409. (घ) उपर्युक्त सभी
410. (ग) प्लाज्मा में दो ग्लास प्लेट में मौजूद स्थान में बिजली का प्रवाह किया जाता है, जबकि LCD में छोटे-छोटे गैस सेल्स में पिक्चर बनाने के लिए बिजली प्रवाहित की जाती है।

टेलीविजन चैनल

411. (ख) दोहा (कतर)
412. (घ) उपर्युक्त सभी
413. (ग) वर्ष 1999 में 'न्यूज कॉरपोरेशन' ने एशियाई कंपनी स्टार टी.वी. (Star TV) को खरीदा
414. (घ) मल्टीकास्ट
415. (घ) ए.एम. तथा एफ.एम. के माध्यम से बहुत सारे चैनलों को टी.वी. पर देखना संभव होता है।
416. (क) प्रोमो
417. (ख) टिकर
418. (ग) रेडियो को 'छोटा परदा' कहा जाता है।
419. (ख) थोड़ी देर के लिए एक चैनल पर ठहरना, फिर अगले चैनल की तरफ बढ़ना।
420. (क) ऐसा समाचार, जो किसी अन्य चैनल पर उपलब्ध न हो।
421. (ग) दूरदर्शन, स्टार, जी, सोनी
422. (घ) सी.एन.एन. (CNN)
423. (ग) जी-टी.वी. (Zee TV) वर्ष 1992
424. (क) एक ऐसा नया टी.वी. सीरियल, जिसे पहले सीरियल से किए गए तत्त्वों द्वारा सृजित किया गया हो।
425. (ग) ब्रूजोन जाँच
426. (ख) विश्व का सबसे लंबा धारावाहिक 'बोल्ड एंड ब्यूटीफुल' है।
427. (घ) इसकी शुरुआत सर्वप्रथम टी.वी. प्रसारणों में हुई थी। बाद में रेडियो में इन धारावाहिकों का प्रचार किया गया
428. (घ) 'हम लोग' धारावाहिक के लेखक पी. कुमार वासुदेव थे।
429. (ग) एम.टी.वी. (MTV) एक समाचार चैनल है।
430. (घ) उपर्युक्त सभी
431. (ग) कैराली टी.वी.
432. (घ) रिएलिटी शो सीरियल तथा फीचर फिल्म की तरह कलात्मक कथा-वस्तु पर ही आधारित होते हैं। इनमें

वास्तविकता सीमित होती है।

433. (ग) टेलीविजन रेटिंग पॉइंट (TRP)
434. (क) सात दिनों के लिए
435. (घ) उपर्युक्त सभी
436. (क) टेलीविजन ऑडिएंस मेजरमेंट
437. (घ) उपर्युक्त सभी
438. (ग) टैम इंडिया जिन मशीनों के सहारे सैंपल एकत्रित करती है, उन्हें 'प्रेस मीटर' कहा जाता है
439. (घ) उपर्युक्त सभी
440. (ग) वर्ष 1990
441. (क) टी.वी. चैनल 'एच बी ओ (HBO) का पूर्ण विस्तार 'होम ब्रॉडकास्टिंग ऑफिस है
442. (ख) एंटरटेनमेंट स्पोर्ट्स प्रोग्राम नेटवर्क
443. (घ) उपर्युक्त सभी
444. (क) सैटेलाइट टी.वी. की व्यवस्थित शुरुआत लगभग सन् 1960 के दशक में प्रारंभ हुई।
445. (घ) सन् 1990 के खाड़ी युद्ध ने केबल टी.वी. में एक नए युग का सूत्रपात किया था। विश्व में पहली बार स्टार टी.वी. ने इस युद्ध का सीधा प्रसारण किया।
446. (ग) सामुदायिक टी.वी.
447. (घ) उपर्युक्त सभी
448. (ग) सन् 1995 में
449. (घ) डी.टी.एच. में प्राप्त टी.वी. फोटो, वीडियो एवं ध्वनि साफ व स्पष्ट नहीं होती है और इसमें चैनलों की संख्या भी सीमित होती है।
450. (ख) प्रसार भारती ने
451. (ख) जी-टी.वी. (Zee TV)
452. (घ) बाहर
453. (क) वर्गीज समिति
454. (क) चंद्रा समिति
455. (ख) ब्रॉडकास्टिंग कॉरपोरेशन ऑफ इंडिया
456. (घ) आकाशवाणी तथा दूरदर्शन से
457. (घ) सन् 2000 में यह अधिनियम (प्रसार भारती एक्ट) लागू हुआ।

खोजी पत्रकारिता

458. (ख) खोजी पत्रकारिता
459. (घ) खोजपूर्ण पत्रकारिता में काल्पनिक अफवाहों के लिए महत्त्वपूर्ण स्थान होता है।
460. (ग) करटिस डी. मैकडेगल
461. (ग) अश्विनी सरीन

462. (ग) द हिंदू
463. (क) द वॉशिंगटन पोस्ट
464. (ख) स्टिंग जर्नलिज्म
465. (ग) स्टिंग पत्रकारिता की शुरुआत विश्व में सर्वप्रथम भारत में हुई।
466. (घ) उपर्युक्त सभी
467. (ग) रक्षा सौदों में दलाली (तहलका डॉट कॉम)
468. (घ) आज तक
469. (ग) संसद् निधि की राशि के दुरुपयोग का।
470. (ख) वर्ष 2008 में
471. (ख) पीत पत्रकारिता
472. (घ) उपर्युक्त सभी
473. (ख) सेंट लुइस पोस्ट डिस्पैच
474. (घ) पीत पत्रकारिता को 'विकास पत्रकारिता' के नाम से भी जाना जाता है।
475. (ख) हरी पत्रकारिता
476. (क) एन.डी.टी.वी.- हत्यारा कौन
477. (ख) विकास पत्रकारिता
478. (ग) पेज थ्री पत्रकारिता
479. (क) संदर्भ पत्रकारिता
480. (घ) व्याख्यात्मक पत्रकारिता

फिल्म

481. (ख) दादा साहेब फाल्के
482. (ख) धुंडीराज गोविंद फाल्के
483. (ख) 3 मई, 1913
484. (ग) मोहिनी भस्मासुर
485. (घ) 14 मार्च, 1931
486. (ग) आलमआरा
487. (घ) आर्देशिर ईरानी
488. (ग) ल्यूमिएर बंधुओं को
489. (ग) फ्रांसीसियों को
490. (ख) 7 जुलाई, 1896
491. (क) सन् 1907 में
492. (घ) उपर्युक्त सभी
493. (घ) फीचर फिल्म की अवधि दो से तीन घंटे की होती है, वहीं डॉक्यूमेंट्री फिल्म की अवधि चार से पाँच घंटे की होती है।
494. (घ) उपर्युक्त सभी
495. (ग) किसान कन्या
496. (ख) ताल
497. (ग) छोटा चेतन
498. (ग) दि इंग्लैंड रिटर्न
499. (घ) प्रसिद्ध फिल्म निर्माता-निर्देशक यश चोपड़ा का निधन 12 जुलाई, 2012 को हुआ।
500. (ग) बलदेवराज विलायती राम चोपड़ा
501. (ग) वेनिस (इटली)
502. (घ) उपर्युक्त सभी
503. (क) सन् 1952 में
504. (ग) सन् 1969

505. (ख) फ्रांस में
506. (ग) फिल्म
507. (घ) पहेली—अनिल कपूर
508. (घ) वर्ष 2009 में फिल्म 'स्लमडॉग मिलियनेयर' में केरल के भानु अथैया को भी एक ऑस्कर इस फिल्म में उनके योगदान के लिए मिला।
509. (ख) प्राण को
510. (घ) उपर्युक्त सभी
511. (ग) पापाराजी (Paparazzi)
512. (ग) एकता कपूर
513. (क) गुलजार
514. (क) सन् 1995 (इस एक्ट के द्वारा सभी केबल ऑपरेटरों (Cable Operator) का पंजीकरण अनिवार्य किया गया)
515. (क) सन् 1952
516. (घ) उपर्युक्त सभी
517. (ग) एंडी रेडमायने एवं जूलियन मूर (सर्वश्रेष्ठ अभिनेता का ऑस्कर पुरसकार (वर्ष 2016 एंडी रेडमायने को फिल्म 'द थ्योरी ऑफ एवरीथिंग' के लिए तथा सर्वश्रेष्ठ अभिनेत्री का पुरस्कार जूलियन मूर को फिल्म 'स्टिल एलिस' में भूमिका के लिए प्रदान किया गया।
518. (ग) ए/यू (A/U)
519. (ख) पुणे महाराष्ट्र
520. (घ) सत्यजीत रे फिल्म एवं टेलीविजन संस्थान मुंबई में स्थित है। इसकी स्थापना वर्ष 1973 में हुई। सत्यजीत रे फिल्म संस्थान (टी.वी.) कोलकाता में स्थित है तथा यह वर्ष 1995 में स्थापित हुआ था
521. (ख) सन् 1973 में
522. (ख) वर्ष 1980 में
523. (घ) उपर्युक्त सभी

विश्व पत्रकारिता

524. (घ) उपर्युक्त सभी
525. (ग) भारत में सर्वप्रथम सितंबर 1998 में 'हिंदुस्तान टाइम्स' ने अपनी वीडियो पत्रिका 'आई विटनेस' प्रारंभ की थी।
526. (ख) सन् 1988 में
527. (घ) उपर्युक्त सभी
528. (ग) वीडियो कॉन्फ्रेंसिंग का प्रयोग सबसे पहले सियोल (द. कोरिया) में किया गया था।
529. (ग) 48 बाइट्स
530. (ग) मल्टीमीडिया जन-संचार का एक खर्चीला एवं

कठिन माध्यम है।

531.(घ) उपर्युक्त सभी

532. (घ) उपर्युक्त सभी

533. (घ) उपर्युक्त सभी

534. (ख) डी.वी.डी. (DVD) लेजर द्वारा इस्तेमाल मानक तरंगदैर्घ्य 780 hm होता है।

535. (क) कॉम्पेक्ट डिस्क गोल, पतली व चमकीली एक डिस्क होती है, जिस पर सूचनाएँ और ध्वनियाँ डिजिटल रूप में अंकित होती हैं।

536. (ख) वी.सी.आर. (VCR) का निर्माण और पहली बार बाजार में लाने का काम वर्ष 1986 में पैनासोनिक कंपनी द्वारा किया गया।

विश्व प्रमुख न्यूज एजेंसियाँ

537. (ख) चॉर्ल्स लुइस आवास

538. (घ) समाचार प्रकाशित करना।

539. (ख) एनसाइक्लोपीडिया ऑफ ब्रिटेनिका

540. (घ) उपर्युक्त सभी

541. (ग) न्यूज एजेंसी द्वारा

542. (क) कंप्यूटर

543. (ख) सन् 1961

544. (ख) दूसरी वर्ल्ड कॉन्फ्रेंस बीजिंग वर्ष 2007

545. (ग) फ्रांस प्रेस एजेंसी (AFP)

546. (घ) चार्ल्स लुइस आवास

547. (क) सन् 1835 में

548. (ख) आवास एजेंसी

549. (ग) ए.एफ.पी.-ए.पी.-रॉयटर्स -यू.पी.आई.

550. (क) एसोसिएटेड प्रेस

551. (ग) सन् 1846

552. (क) न्यूयॉर्क

553. (घ) उपर्युक्त सभी

554. (घ) सन् 2008 में

555. (ख) सन् 1851 में

556. (घ) पॉल जूलियस रॉयटर्स

557. (ख) लंदन (UK)

558. (ग) रॉयटर्स की स्थापना एक ब्रिटिश संसद् के एक्ट द्वारा हुई थी।

559. (घ) सन् 1907 में

560. (क) अमेरिका

561. (ख) एडवर्ड विल्स स्क्रिप्स

562. (ग) उपर्युक्त सभी

563. (ग) सन् 2000 में

564. (क) सन् 1935 में। यह ऑस्ट्रेलिया की न्यूज एजेंसी है।

565. (घ) उपर्युक्त सभी

566. (घ) एन.जेड.पी.ए. (NZPA)

567. (घ) संयुक्त राज्य अमेरिका।

568. (क) वित्तीय सरकार

569. (ग) निकोलस पॉम मुगनॉड

570. (क) सेनेगल

571. (ख) सापा (SAPA)
572. (क) साउथ अफ्रीकन प्रेस एसोसिएशन
573. (क) सन् 1938 में
574. (ग) यमन
575. (ख) सन् 1961
576. (ग) नामीबिया
577. (ग) तंजानिया
578. (ख) सन् 1976 में।
579. (ग) कैरेबियन न्यूज एजेंसी
580. (घ) वेनेजुएला
581. (घ) सन् 2007
582. (घ) उपर्युक्त सभी
583. (घ) उपर्युक्त सभी
584. (ग) नोटीमैक्स
585. (घ) क्यूबा
586. (क) अर्जेंटीना
587. (घ) ए.एन.पी—डेनमार्क
588. (ग) हंगरी
589. (ख) ग्रीक ——
590. (ग) आर्मन प्रेस (Armen Press)
591. (ख) सन् 1912
592. (घ) रिट्स ब्यूरो
593. (घ) उपर्युक्त सभी
594. (ख) ल्यूसा (Lusa)
595. (ग) बेल्गा (BELGA)
596. (क) पी.ए.पी (PAP)
597. (क) सन् 1898 में
598. (ख) बेल्जियम
599. (ख) यूगोस्लाविया
600. (घ) सोवियत संघ
601. (ख) 'टेलीग्राफ एजेंसी ऑफ द सोवियत यूनियन
602. (ख) सन् 1925 में।
603. (क) इतार-तास (ITAR-TASS)
604. (ग) सन् 1941 में
605. (घ) 9 दिसंबर, 2013
606. (क) इंटरफैक्स (Inter Fax)
607. (क) बहरीन न्यूज एजेंसी—शारजाह
608. (ग) वाम WAM
609. (ख) मोरक्को
610. (क) अरब रिवोल्यूशनरी न्यूज एजेंसी
611. (क) सीरिया
612. (ग) इसलामिक रिपब्लिक न्यूज एजेंसी
613. (घ) उपर्युक्त सभी
614. (ख) सन् 2005 में
615. (क) माअन न्यूज एजेंसी (Ma'on)
616. (ख) खामा प्रेस
617. (ख) एम.ई.एन.ए.
618. (ग) बँगलादेश
619. (घ) श्रीलंका
620. (क) राष्ट्रीय संवाद समिति
621. (ख) पी.पी.आई. (P.P.I)
622. (ख) सन् 1963 में
623. (ख) अंतारा (ANTARA)
624. (क) सोवियत आर्मिस्टक द्वारा

625. (ग) मिडिल न्यूज
626. (घ) चीन
627. (ख) सन् 1931 में
628. (क) सन् 1946 में
629. (ख) बेरनामा
630. (ख) 1 मार्च, 1973।
631. (क) कंबोडिया
632. (ख) गुटनिरपेक्ष समाचार एजेंसी पूल
633. (ख) सन् 1976 में
634. (क) भारत
635. (ग) प्रेस ट्रस्ट ऑफ इंडिया
636. (ग) सन् 2005
637. (ख) कुआलालंपूर (मलेशिया)
638. (ग) सन् 1977 में
639. (ग) यूनेस्को
640. (क) जॉर्ज वर्गीज
641. (ख) वह यूनेस्को के अध्यक्ष थे।
642. (ख) 'मैनी वॉयसेज वन वर्ल्ड' (Many Voices One World)
643. (क) सन् 1980 में
644. (क) संयुक्त राज्य अमेरिका
645. (घ) उपर्युक्त सभी
646. (ख) 'न्यू वर्ल्ड इंफॉरमेशन कम्युनिकेशन ऑर्डर'
647. (ख) सन् 1973 में अल्जीयर्स के नाम सम्मेलन में
648. (ग) वी.आई.एस-एन.डब्ल्यू.एस. (VIS-NWS)
649. (ग) बी.बी.सी. ने वर्ष 1957 में
650. (क) यू.पी.आई.-टी.एन. (UPI-TN)

भारतीय न्यूज एजेंसियाँ

651. (ख) द स्टेट्समैन तथा पॉयनियर
652. (ग) के.सी. राय
652. (ग) एसोसिएटेड प्रेस ऑफ इंडिया (API)
654. (ख) ए.पी.आई.-इंडिया प्रेस ऑफ इंडिया
655. (क) बॉम्बे टाइम्स
656. (क) रॉयटर्स (Reuters)
657. (ग) ब्रिटिश ऑफिशियल वायरलेस
658. (क) एशिया न्यूज इंटरनेशनल
659. (घ) प्रेस इंफॉरमेशन ब्यूरो (PIB)
660. (क) अर्थ और वाणिज्य तथा भाषण और वक्तव्य
661. (ख) प्रेस ट्रस्ट ऑफ इंडिया
662. (ग) 27 अगस्त, 1947
663. (घ) उपर्युक्त सभी
664. (घ) उपर्युक्त सभी
665. (घ) उपर्युक्त सभी
666. (घ) उपर्युक्त सभी
667. (ग) पीटीआई-टीवी (PTI-TV)
668. (क) यूनाइटेड न्यूज ऑफ इंडिया (UNI)
669. (घ) यू.एन.आई. का मुख्यालय मुंबई में स्थित है।

670. (घ) यूनिवार्ता
671. (ख) हिंदुस्तान समाचार
672. (ग) हिंदुस्तान समाचार समिति के संस्थापक स्वामीनारायण सदानंद थे।
673. (ख) सन् 1966
674. (घ) उपर्युक्त सभी
675. (ख) समाचार
676. (क) कुलदीप नैयर
677. (ख) यू.पी.आई. की स्थापना सन् 1942 में भारत छोड़ो आंदोलन से कुछ दिन पूर्व हुई।
678. (ख) एशियन न्यूज इंटरनेशनल

सोशल मीडिया

679. (ख) सन् 2004 में
680. (घ) उपर्युक्त सभी
681. (क) 120 करोड़
682. (घ) एमबेडिग फीचर, वर्ष 2012
683. (घ) फेसबुक (Facebook)
684. (ख) फेसबुक (Facebook)
685. (ख) फेसबुक
686. (ख) यू.ट्यूब (You tube) की स्थापना वर्ष 2004 में जैक डोर्सी के द्वारा की गई।
687. (क) यू.ट्यूब की वीडियो प्लेबैक (Video Play Back) तकनीक मैक्रोमीडिया (Macromedia) के फ्लैश प्लेयर पर आधारित है।
688. (घ) ब्लॉग विचार-विमर्श के मंच नहीं होते हैं। इन्हें 'समाचारों का दूत' माना जाना चाहिए।
689. (घ) उपर्युक्त सभी
690. (ख) लिंक्ड इन (Linked In)
691. (घ) 140
692. (ग) वर्तमान में ट्विटर (Tweeter) सेवा केवल अंग्रेजी भाषा में ही उपलब्ध है
693. (ख) डू नॉट ट्रैक
694. (घ) उपर्युक्त सभी
695. (घ) उपर्युक्त सभी
696. (क) ब्राजील
697. (ग) स्काइप (Skype) ग्रुप का मुख्यालय बसाओ-पाउलो (ब्राजील) में स्थित है।
698. (घ) माइक्रोसॉफ्ट
699. (ख) चैट
700. (घ) उपर्युक्त सभी
701. (घ) एप्पल इंक के सभी मुख्यालय सेंट लुइस शिकागो अमेरिका में स्थित है।
702. (क) एप्पल इंक (Apple Inc) ने मैकिंटोश सबसे पहले सन् 1992 में बाजार में उतारा

703. (घ) उपर्युक्त सभी
704. (ग) 1 जनवरी, 2015 से सभी केंद्रीय विश्वविद्यालयों में वाई-फाई (WiFi) की सुविधा मुफ्त में शुरू की गई है।
705. (ग) लाई-फाई (LiFi)
706. (घ) उपर्युक्त सभी
707. (क) वर्ष 2009 में जर्मन तथा ब्रिटिश वैज्ञानिकों ने विश्व भर में इंटरनेट हेतु उपयोग की जानेवाली वाई-फाई (WiFi) की अपेक्षा एक कहीं अधिक तेज व सस्ती इंटरनेट तकनीक लाई-फाई (LiFi) की खोज की है।
708. (ख) 3जी वर्ष 1991 में लॉञ्च की गई तथा इसकी गति 64 KBPS होती है
709. (घ) एयरटेल (AIRTEL)
710. (ग) विकीपीडिया इंटरनेट आधारित एक निःशुल्क विश्वकोश है।
711. (क) 15 जनवरी, 2001 को जिमी वेल्स द्वारा।
712. (ग) विकिपीडिया एनसाइक्लो-पीडिया ऑफ ब्रिटेनिका फाउंडेशन द्वारा संचालित होता है, जो एक गैर-लाभकारी संस्था है।
713. (ख) जूलियन असांजे
714. (ग) विकिलीक्स में कोई भी व्यक्ति ऐसी जानकारी इलेक्ट्रॉनिक ड्रॉप बॉक्स के जरिए नहीं दे सकता है, जो सेंसर हो (या) प्रतिबंधित हो (या) पहले प्रकाशित कभी न हुई हो।
715. (ग) सर्गेई ब्रिन एवं लैरी पेज द्वारा
716. (ग) ट्विटर
717. (घ) 28 जून, 2011
718. (ख) गूगल
719. (ग) वर्ष 2006
720. (घ) याहू (Yahoo)
721. (क) जेरी यॉग तथा डेविड फिलो
722. (ख) Yet Another Hierarchical of Fictitious Oracle
723. (क) याहू

सूचना प्रौद्योगिकी

724. (घ) उपर्युक्त सभी
725. (ग) बेंगलुरु (कर्नाटक)
726. (क) चार्ल्स बैवेज
727. (ख) 2 दिसंबर
728. (घ) World Wide Web
729. (ख) टिम बर्न्स ली
730. (क) सन् 1969 में
731. (ग) 40 वर्ष
732. (ग) सन् 1995 में

733. (घ) 20 करोड़
734. (घ) सूचना प्रौद्योगिकी
735. (ख) वर्ष 1972 में
736. (ख) हॉटमेल
737. (ख) जंक मेल
738. (ख) इंटरनेट सर्विस प्रोवाइडर
739. (घ) उपर्युक्त सभी
740. (ग) प्रिंटर
741. (ग) वर्तमान में इलेक्ट्रॉनिक मीडिया में ई-कॉमर्स का बहुत अधिक इस्तेमाल होता है।
742. (घ) उपर्युक्त सभी
743. (ख) नोकिया (Nokia)
744. (ग) विंडोज 10
745. (ख) इंटेल (Intel)
746. (ख) अल गोर
747. (ख) ब्लूटूथ तार आधारित एक डिजिटल प्रौद्योगिकी है।
748. (घ) उपर्युक्त सभी
749. (घ) वर्चुअल प्राइवेट नेटवर्क—यह विश्व की बड़ी बहुराष्ट्रीय कंपनियों का एक विस्तृत नेटवर्क होता है।
750. (घ) उपर्युक्त सभी
751. (ख) इंटरनेट प्रोटोकॉल
752. (ख) Personal Computer
753. (क) एक ऐसा सॉफ्टवेयर, जिसकी मदद से इंटरनेट पर सूचनाओं की तलाश की जाती है।
754. (घ) उपर्युक्त सभी
755. (घ) सर्वप्रथम भारत में अंग्रेजी समाचार-पत्रों में दिल्ली से प्रकाशित 'हिंदुस्तान टाइम्स' ने (सन् 1997) अपना इंटरनेट संस्करण प्रारंभ किया था।
756. (ख) 56वाँ

दूरसंचार

757. (ख) दूरसंचार
758. (घ) अंतरराष्ट्रीय दूरसंचार संघ का मुख्यालय न्यूयॉर्क में स्थित है।
759. (ख) टेलीकॉम रेग्युलेटरी अथॉरिटी ऑफ इंडिया
760. (ग) ट्राई (TRAI)
761. (ख) ब्रॉडकास्टिंग कॉरपोरेशन ऑफ इंडिया। यह दूरसंचार विभाग का संगठन नहीं है।
762. (ग) भारतीय टेलीफोन उद्योग लि. (ITIL)।
763. (ख) सन् 1960 में
764. (ख) सन् 1978 में
765. (घ) उपर्युक्त सभी
766. (घ) एम.टी.एन.एल. (MTNL) ने सन् 2011 में दिल्ली और कोलकाता दोनों स्थानों पर

डॉलफिन नाम से सेल्युलर मोबाइल टेलीफोन सेवा शुरू की है।

767. (घ) बी.एस.एन.एल. (BSNL) की मोबाइल सेवा शुरू करने वाला भारत का प्रथम राज्य राजस्थान है।

768. (क) सन् 1999 में

769. (क) टेलीग्राफ का आविष्कार गुग्लीमो मार्कोनी ने सन् 1895 में किया था।

770. (घ) उपर्युक्त सभी

771. (ख) बी.बी.सी.

772. (घ) उपर्युक्त सभी

773. (घ) भारत में सर्वप्रथम STD सेवा का प्रारंभ लखनऊ और मुंबई के बीच 26 दिसंबर, 1972 में हुआ था।

774. (ख) स ब स क । इ ब र आई.एन.टी.टी. मॉड्यूल कार्ड

775. (ख) यह वायर रिकॉर्डर यंत्र है, जो संवाद के संप्रेषण का सरल व सुगम माध्यम है।

776. (घ) उपर्युक्त सभी

777. (घ) उपर्युक्त सभी

778. (क) 'टेलीफोन' फ्रेंच भाषा का एक शब्द है।

779. (घ) आई.बी.एम. (IBM)

780. (ग) सन् 1985 में मोबाइल फोन पर पहली बार पूर्ण इंटरनेट सेवा की सुविधा प्रारंभ की गई।

781. (ग) रोहतक (हरियाणा)

782. (घ) पेजर के द्वारा संदेश को विश्व के किसी भी कोने में भेजा जा सकता है।

783. (क) एंड्रॉइड फोन सर्वप्रथम 23 सितंबर, 1998 को रिलीज किया गया।

784. (ख) फिनलैंड

785. (क) इंडियन पोस्टल ऑर्डर का प्रारंभ।

786. (घ) सन् 2004 में

मीडिया कानून

787. (ख) स्वीडन

788. (ख) सन् 1927 में

789. (ग) सन् 1946 में

790. (ख) सन् 1953 में

791. (घ) 1 जनवरी, 1991 को

792. (ग) इंग्लैंड

792. (ग) एशियन साइबर लॉ इंस्टीट्यूट

794. (घ) उपर्युक्त सभी

795. (क) एडिसन कमीशन

796. (क) इंग्लैंड

797. (क) ऑटो सेंसर

798. (क) लॉर्ड वैलेजली

799. (ख) अमृत बाजार पत्रिका

800. (ख) वर्नाकुलर प्रेस अधिनियम

1878 में लॉर्ड कर्जन के कार्यकाल में पारित किया गया।

801. (ख) शासकीय गोपनीयता से
802. (ग) पुस्तक और समाचार-पत्र परिदान अधिनियम (DBL Act.)
803. (क) पुस्तक पंजीकरण अधिनियम, 1867
804. (क) प्रेस एंड बुक्स रजिस्ट्रेशन एक्ट, 1867
805. (ख) धारा 5 (1)
806. (ख) सन् 1956 में
807. (ख) सन् 1962 में
808. (ग) इंडियन एक्सप्रेस
809. (ग) सन् 1995 में
810. (ग) संसदीय कार्यवाही (प्रकाशन का संरक्षण) अधिनियम, 1956
811. (ग) 44वें
812. (ग) अनुच्छेद 105
813. (घ) उपर्युक्त सभी
814. (क) न्यायालय की अवमानना अधिनियम, 1971 की धारा 2 में
815. (क) अनुच्छेद 122
816. (ख) सन् 1955 में
817. (क) सन् 1951 में
818. (ख) संघ सूची
819. (क) भारत के संविधान के अनुच्छेद 19 के खंड 2 के अंतर्गत
820. (क) अनुच्छेद 19(1) (क) के अंतर्गत
821. (क) रामेश थापर बनाम (VS) स्टेट बैंक ऑफ इंडिया
822. (ख) द्वितीय प्रेस आयोग
823. (क) श्रमजीवी पत्रकार सेवा शर्तें अधिनियम,1955
824. (ग) वेज बोर्ड का गठन— सरकार द्वारा 10 वर्ष के अंतराल पर किया जाना अनिवार्य है।
825. (ख) तीसरा वेज बोर्ड (1968) न्यायमूर्ति पी. कृष्णमूर्ति
826. (ग) नारायण कुरुप
827. (घ) उपर्युक्त सभी
828. (घ) प्रसार भारती
829. (क) द्वितीय प्रेस आयोग का गठन 29 जनवरी, 1968 को हुआ था।
830. (ख) सरकारी गोपनीयता अधिनियम, 1923
831. (ग) प्रेस परिषद् के प्रथम अध्यक्ष न्यायमूर्ति जी.एस. राजाध्यक्ष थे।
832. (ग) प्रेस परिषद् में अध्यक्ष के अलावा 18 सदस्य होते हैं
833. (ख) न्यायालय में विचाराधीन मामलों पर भी प्रेस परिषद् को विचार करने का अधिकार प्राप्त है।

834. (ग) उत्तर प्रदेश
835. (घ) प्रजातांत्रिक देशों में सेंसरशिप लागू करने की उद्घोषणा केवल राष्ट्रपति ही कर सकता है।
836. (क) इंदिरा गांधी
837. (ख) दि ऑल इंडिया न्यूज पेपर एडिटर्स कॉन्फ्रेंस

मीडिया संगठन

838. (ख) वर्ष 1939
839. (ख) दि इंडियन एंड ईस्टर्न न्यूज पेपर सोसाइटी
840. (क) 'आई.ई.एन.एस.' नामक संगठन की स्थापना वर्ष 1969 में हुई।
841. (ख) ऑल इंडिया एडिटर्स एसो.
842. (घ) उपर्युक्त सभी
843. (ख) मुंबई
844. (क) लैंग्वेज प्रेस बुलेटिन
845. (घ) पी.आई.बी. 'ग्लोबल इंडियन' नामक साप्ताहिक भित्ति पत्र का प्रकाशन भी करता है।
846. (घ) सन् 1978 में
847. (घ) उपर्युक्त सभी
848. (घ) गिल्ड का मुख्यालय मुंबई में स्थित है।
849. (क) सन् 1940 में
850. (ख) कस्तूरी श्रीनिवासन
851. (घ) विश्व के विभिन्न देशों में दो वर्ष के अंतराल पर संपादकों का एक सम्मेलन आयोजित करना।
852. (घ) उपर्युक्त सभी
853. (ख) द वर्किंग जर्नलिस्ट
854. (क) ऑल इंडिया स्मॉल एंड मीडियम न्यूज पेपर फेडरेशन
855. (ख) प्रेस क्लब ऑफ इंडिया का अध्यक्ष भारत सरकार का मुख्य सूचना अधिकारी होता है।
856. (ग) सन् 1963 में
857. (ख) सन् 1954 में
858. (ख) वर्ष 2006 में श्रमजीवी पत्रकार संघ का पुनः विभाजन हुआ और इंडियन जर्नलिस्ट यूनियन का गठन हुआ
859. (घ) सन् 1963
860. (क) सन् 1914 में
861. (ख) सन् 1931 में
862. (घ) ए.बी.सी. द्वारा 'एडवर-टाइजिंग वर्ल्ड' नामक जर्नल प्रतिमास प्रकाशित किया जाता है।
863. (ग) राष्ट्रीय रीडरशिप सर्वेक्षण के आधार पर।
864. (घ) इस संस्थान द्वारा प्रतिवर्ष पत्रकारिता के क्षेत्र में विश्व=विख्यात 'पुलित्जर

पुरस्कार' प्रदान किया जाता है।

865. (क) सन् 1926 में

866. (घ) अंतरराष्ट्रीय समाचारों को जो झूठ रूप में प्रसारित करने का जो तरीका है, उसे रोका जाए।

867. (ख) हंगेरियाई पत्रकार संघ

868. (क) सन् 1948 में

869. (ख) द डेमोक्रेटिक जर्नलिस्ट

870. (घ) उपर्युक्त सभी

मीडिया मैनेजमेंट

871. (घ) उपर्युक्त सभी

872. (ग) 60 प्रतिशत

873. (ग) भारत में 'हिंदुस्तान टाइम्स' समाचार-पत्र एकल स्वामित्व प्रणाली का उदाहरण है।

874. (ख) जॉइंट स्टॉक कंपनी

875. (क) भारत में कंपनियों का रजिस्ट्रेशन 'आर.एन.आई.' द्वारा किया जाता है।

876. (घ) द ट्रिब्यून

877. (घ) धर्मयुग (पाक्षिक)

878. (घ) उपर्युक्त सभी

879. (ग) जनसत्ता

880. (घ) स्पोर्ट्स वर्ल्ड

881. (ग) अमृत बाजार पत्रिका

882. (क) जॉर्ज एलेन

883. (ख) मैन एंड वुमैन और मार्क्रेट्स।

884. (ख) खंडवा (मध्य प्रदेश)

885. (घ) बँगला

886. (घ) मुंबई समाचार

887. (घ) गुजराती

888. (ग) हिंदुस्तान टाइम्स

889. (क) टाइम्स ऑफ इंडिया 1951

विज्ञापन

890. (घ) लैटिन

891. (क) किसी ओर मोड़ना

892. (घ) उपर्युक्त सभी

893. (घ) उपर्युक्त सभी

894. (घ) विज्ञापन

895. (घ) एफ.आर.गैंबल

896. (घ) "विज्ञापन जन संप्रेषण माध्यम द्वारा नियंत्रित पहचान योग्य सूचना प्रदान करने तथा मनाने का कार्य करता है।"—आइवर ब्राउन

897. (ख) शेल्डन

898. (घ) उपर्युक्त सभी

899. (ख) विलियम कैक्सटन

900. (घ) बेंजामिन फ्रेंकलिन

901. (क) सन् 1932 में

902. (घ) विलियम कैक्सटन के अनुसार, सन् 1820 में 'सेवरन प्रोसीडिंग्स इन

पार्लियामेंट' में प्रकाशित वह सर्वप्रथम विज्ञापन है, जिसमें चोरी किए गए 12 घोड़ों को लौटाने पर पुरस्कार देने की खबर प्रकाशित हुई थी।

903. (क) प्रथम
904. (क) दशपुर (मध्य प्रदेश) के सूर्य मंदिर की दीवार पर।
905. (क) व्यापार एवं माल चिह्न अधिनियम 1948
906. (घ) उपर्युक्त सभी
907. (ख) टेलीविजन
908. (क) डी.ए.वी.पी. (DAVP)
909. (ग) रेलवे
910. (क) कंपनी के सभी उत्पादों के लिए एक ही ब्रांड।
911. (ग) 1 जनवरी, 1976 को
912. (ख) सन् 1967 में
913. (क) 5 प्रतिशत
914. (घ) समाचार-पत्र
915. (घ) उपर्युक्त सभी
916. (क) डायरेक्ट मेल
917. (घ) उपर्युक्त सभी
918. (घ) उपर्युक्त सभी
919. (घ) इस प्रकार के विज्ञापन केवल सरकारी राजपत्र (Gazette) में ही दिए जाते हैं।
920. (घ) उपर्युक्त सभी
921. (ख) विज्ञापन अभियान
922. (घ) उपर्युक्त सभी
923. (ग) पोस्टकोर्ब
924. (ग) हिंग्रेजी/हिंगलिश शब्द हिंदी की जगह एक बाजारी व मिलावटी हिंदी है, जो हिंदी भाषा को एक नया रूप दे रही है।
925. (ख) वॉल्टर डिल स्कॉट
926. (घ) भारतीय प्रसारण : विविध आयाम—एम.बी कामत
927. (ग) समाचार-पत्र
928. (घ) पत्रिकाएँ
929. (घ) उपर्युक्त सभी
930. (घ) सरकारी मंत्रालयों की उपलब्धियों हेतु
931. (ख) विज्ञापन का ले-आउट बनाना।
932. (क) फ्लेयर्स
933. (ख) रात्रि 10 बजे के बाद प्रसारित होनेवाले विज्ञापन
934. (ख) विज्ञापन
935. (क) विज्ञापन
936. (क) जीरोम मैकार्थी
937. (घ) उपर्युक्त सभी

विज्ञापन एजेंसी

938. (ख) प्रकाशन विभाग
939. (ग) विज्ञापन एवं समाचार-पत्रों के बीच

940. (घ) उपर्युक्त सभी
941. (ख) वॉल्नी बी. पाल्मर
942. (ख) सन् 1945 में
943. (क) विलियम जे. स्टॉटन
944. (ख) लॉर्ड एंड थॉमस
945. (ख) हिंदुस्तान थॉमसन एसोसिएशन
946. (क) मुद्रा कम्युनिकेशन लि.
947. (ग) हिंदुस्तान लीवर
948. (ग) उपर्युक्त (क) और (ख) दोनों
949. (घ) उपर्युक्त सभी
950. (क) मैक-कोन एरिक्सन वर्ल्ड वाइड
951. (घ) ओ. एंड एम., बी.बी.डी.ओ. मुद्रा, लिंटास
952. (ख) नेशनल एडवरटाइजिंग सर्विसेज
953. (क) गुच्छक (बुके)
954. (ख) एडवरटाइजिंग एजेंसीज एसोसिएशन ऑफ इंडिया
955. (क) मार्ग (MARG)
956. (घ) ए.ए.आई. (AAI)
957. (क) एडवरटाइजिंग काउंसिल ऑफ इंडिया
958. (घ) डी.ए.वी.पी. (DAVP) का मुख्यालय मुंबई में स्थित है

जन-संपर्क

959. (ग) आइवी.ली. को जन-संपर्क (PR) का जनक माना जाता है।
960. (ग) थॉमस जेफरसन
961. (क) एडवर्ड एल. बर्नेज
962. (ख) सन् 1912 में
963. (घ) सन् 1958 में
964. (घ) दिल्ली
965. (घ) उपर्युक्त सभी
966. (ख) जन-संपर्क, मूल्यांकन, जनमत, नीतियाँ, योजनाएँ
967. (ग) उपर्युक्त (क) और (ख) दोनों
968. (ग) सैम ब्लैक
969. (घ) उपर्युक्त सभी
970. (घ) जन-संपर्ककोअल्पकालिक प्रयास तथा विज्ञापन का दीर्घकालिक प्रयास माना जाता है
971. (घ) उपर्युक्त सभी
972. (ग) उपर्युक्त 'क' और 'ख' दोनों सही हैं।
973. (ग) एथेंस (यूनान)
974. (ग) अमेरिका सोसाइटी फॉर पब्लिक रिलेशन
975. (ख) सन् 1955।
976. (ग) ऐसी पहली जन-संपर्क कॉन्फ्रेंस सन् 1968 में मॉस्को (रूस) में आयोजित की गई।
977. (ग) सन् 1948 में

978. (क) सन् 1948 में
979. (घ) गृह पत्रिका का प्रकाशन केवल लाभ की दृष्टि से ही किया जाता है।
980. (ग) उपर्युक्त 'क' और 'ख' दोनों
981. (घ) लावेल आफरिंग
982. (ख) एलांटर्स क्रॉनिकल
983. (घ) उपर्युक्त सभी
984. (ग) द फर्मस
985. (घ) इंडियन एयरलाइंस
986. (घ) सस्ते विज्ञापनों की प्रमुखता
987. (ख) क्रिस्टलाइजिंग पब्लिक ओपिनियन
988. (ग) व्यवसाय
989. (घ) उपर्युक्त सभी
990. (ग) प्रेस किट
991. (ग) उपर्युक्त (क) एवं (ख) दोनों
992. (ख) अनऑफिशियल हैंड आउट। इसमें जारीकर्ता या रिलीज़िंग कंपनी का नाम जारी रहता है। इनकी भाषा कठिन होती है।
993. (घ) पत्रकार सम्मेलन जहाँ जन-संपर्क का एक सर्वोत्तम माध्यम होता है, वहीं प्रेस ब्रीफिंग जन-संपर्क का एक माध्यम नहीं है।
994. (ग) इसमें शीर्षक और उपशीर्षक भी दिए जाते हैं।
995. (घ) उपर्युक्त सभी
996. (क) प्रेस नोट्स को जारी करने का अधिकार केवल 'प्रेस इंफॉरमेशन ब्यूरो (PIB) को ही प्राप्त है।
997. (घ) उपर्युक्त सभी
998. (ग) पी.आर.एस.-
आई.पी.आर.सी.-
पी.आर.आई.-
पी.आर.सी.आई.-
999. (ग) Continuity तथा Commentary
1000. (घ) इवेंट मैनेजमेंट टी.वी., रेडियो या प्रिंट मीडिया के विज्ञापनों से कहीं महँगा होता है।

□□□